Die Verbrechen der Diener des Staats im Allgemeinen Landrecht für die Preußischen Staaten von 1794 und ihre Entwicklung zu den Vergehen und Verbrechen im Amte im Strafgesetzbuch für die Preußischen Staaten von 1851

AF815294

Rechtshistorische Reihe

Herausgegeben von den Prof. Dres.
H.-J. Becker, W. Brauneder, P. Caroni, A. Cordes, B. Diestelkamp, G. Dilcher, J. Eckert,
H. Hattenhauer, R. Hoke, D. Klippel, G. Köbler, G. Landwehr, G. Lingelbach, M. Lipp, K. Muscheler,
H. Nehlsen, G. Otte, T. Repgen, St. Saar, K.O. Scherner, J. Schröder, R. Schröder,
W. Schubert, D. Schwab, E. Wadle, J. Weitzel, D. Willoweit

Band 287

Peter Lang
Frankfurt am Main · Berlin · Bern · Bruxelles · New York · Oxford · Wien

Heiko Lüpkes

Die Verbrechen der Diener des Staats im Allgemeinen Landrecht für die Preußischen Staaten von 1794 und ihre Entwicklung zu den Vergehen und Verbrechen im Amte im Strafgesetzbuch für die Preußischen Staaten von 1851

Peter Lang
Europäischer Verlag der Wissenschaften

Bibliografische Information Der Deutschen Bibliothek
Die Deutsche Bibliothek verzeichnet diese Publikation in der Deutschen Nationalbibliografie; detaillierte bibliografische Daten sind im Internet über <http://dnb.ddb.de> abrufbar.

Zugl.: Hamburg, Univ., Diss., 2004

Diese Arbeit wurde von Herrn Prof. Dr. Götz Landwehr zur Aufnahme in die Reihe empfohlen.

D 18
ISSN 0344-290X
ISBN 3-631-51863-3

© Peter Lang GmbH
Europäischer Verlag der Wissenschaften
Frankfurt am Main 2004
Alle Rechte vorbehalten.

Das Werk einschließlich aller seiner Teile ist urheberrechtlich geschützt. Jede Verwertung außerhalb der engen Grenzen des Urheberrechtsgesetzes ist ohne Zustimmung des Verlages unzulässig und strafbar. Das gilt insbesondere für Vervielfältigungen, Übersetzungen, Mikroverfilmungen und die Einspeicherung und Verarbeitung in elektronischen Systemen.

www.peterlang.de

Meinen Eltern

Vorwort

Die vorliegende Arbeit wurde im Wintersemester 2003/2004 als Dissertation vom Fachbereich Rechtswissenschaft der Universität Hamburg angenommen.

Besonders danken möchte ich meinem Doktorvater, Herrn Prof. Dr. Götz Landwehr, auf dessen Anregung das Thema dieser Arbeit zurückgeht und der mich hervoragend betreut hat. Ihm danke ich auch für die Aufnahme dieser Arbeit in die „Rechtshistorische Reihe“. Herrn Prof. Dr. Rainer Keller gebührt Dank für die Erstellung des Zweitgutachtens.

Ferner danke ich den Mitarbeitern des Staatsarchivs - Preußischer Kulturbesitz in Berlin und den Mitarbeitern der Staatsbibliothek zu Berlin für ihre Freundlichkeit und Hilfsbereitschaft.

Meinen Freunden danke ich für die Geduld, die sie in den letzten Jahren für mich aufgebracht haben. Schließlich danke ich meinen Eltern für ihre großzügige Unterstützung.

Berlin, im Februar 2004 — Heiko Lüpkes

INHALTSVERZEICHNIS

ABKÜRZUNGEN

a.A.	anderer Ansicht
a.a.O.	am angegebenen Ort
Abs.	Absatz
Abschn.	Abschnitt
Abt.	Abteilung
a.F.	alte Fassung
ALR	Allgemeines Landrecht für die Preußischen Staaten von 1794
AGO	Allgemeine Gerichtsordnung für die Preußischen Staaten
ArchCrimR	Archiv des Criminalrechts
ArchCrimR (NF)	Archiv des Criminalrechts (Neue Folge)
BBG	Bundesbeamtengesetz
Bd.	Band
BDG	Bundesdisziplinargesetz
Bl.	Blatt
bzw.	beziehungsweise
CCM	Corpus Constitutionum Marchicarum
ders.	derselbe
Diss.	Dissertation
dt.	deutsch
ebd.	ebenda
f.	folgender, folgende, folgendes
ff.	folgende
GA	Archiv für preußisches Strafrecht (ab 1953: Goltdammer's Archiv für Strafrecht
GS	Der Gerichtssaal
GStA	Geheimes Staatsarchiv preußischer Kulturbesitz
H.	Heft
HabilSchr.	Habilitationsschrift
Hirths Annalen	Annalen des Deutschen Reiches
Hitzigs Zeitschrift	Zeitschrift für die Criminalrechtspflege in den Preußischen Staaten
hrsg.	herausgegeben

i.E.	im Einzelnen
Jhdt.	Jahrhundert
Kamptz' Annalen	Annalen der Preußischen inneren Staatsverwaltung, hrsg. von Karl Albert von Kamptz
JMBl	Justiz-Ministerial-Blatt für die Preußische Gesetzgebung und Rechtspflege, hrsg. im Bureau des Justiz-Ministeriums, zum Besten der Justiz-Offizianten-Witwen-Kasse, Berlin ab 1839
Kamptz' Jahrbücher	Jahrbücher für die Preußische Gesetzgebung, Rechtswissenschaft und Rechtsverwaltung, hrsg. i.A. des kgl. Justizministeriums von Karl Albert von Kamptz
JZ	Juristenzeitung
Kleins Annalen	Annalen der Gesetzgebung und Rechtsgelehrsamkeit in den Preußischen Staaten
Mathis Zeitschrift	Allgemeine juristische Monatsschrift für die preußischen Staaten
m.w.H.	mit weiteren Hinweisen
NArchCrimR	Neues Archiv des Criminalrechts
NCC	Novum corpus Constitutionum Prussico-Brandeburgensium Marchiarum
NF	Neue Folge
Nr.	Nummer
preuß.	preußisch
PrStGB	Strafgesetzbuch für die Preußischen Staaten von 1851
Rdn.	Randnummer
Rep.	Repositur
Roßhirts Zeitschrift	Zeitschrift für Civil- und Criminalrecht
RS	Rückseite
RStGB	Strafgesetzbuch für das Deutsche Reich von 1871
S.	Seite
Sp.	Spalte
StGB	Strafgesetzbuch
Tit.	Titel
u.a.	und andere
u.a.	und anderswo
u.a.	unter anderem
u.ä.	und ähnliches
u.ö.	und öfter
usw.	und so weiter

v.a.	vor allem
VerwA	Verwaltungsarchiv
vgl.	vergleich
VS	Vorderseite
WStG	Wehrstrafgesetz
ZBR	Zeitschrift für Beamtenrecht
ZStW	Zeitschrift für die gesamte Strafrechtswissenschaft

Einleitung

Seit einigen Jahren wird nicht nur die Wirksamkeit des gesamten öffentlichen Dienstes, sondern auch die der einzelnen Staatsdiener in Frage gestellt. Dabei wird nach härteren Strafen gerufen und nach der Möglichkeit, Beamte leichter entlassen zu können als bisher. Daß aber gerade der Grundsatz der Lebenslänglichkeit des Beamtenverhältnisses im 18. und 19. Jahrhundert erkämpft werden mußte und daß gerade dieser Grundsatz einen unabhängigen Staatsdienst ermöglicht hat,[1] wird dabei häufig übersehen. Eher wird die Vergangenheit nostalgisch verklärt.[2] „Wer einen Bestechungsfall in der Bauverwaltung für symptomatisch hält, traktiert uns mit der Legende vom nicht korrumpierbaren preußischen Geheimrat.“[3]

Welche Mittel aber standen dem preußischen Staat wirklich zur Verfügung, um seine Beamten zu disziplinieren? Das materielle Fundament der Disziplinierung wurde im achten Abschnitt des landrechtlichen Strafrechts gelegt. „Der [...] preußische Beamtenstaat mit seinem heiligen Eifer für ein pflichtgetreues Beamtentum kam hier zum ersten Male und mit großer Beredsamkeit kriminalistisch zu Worte.“[4] Die landrechtlichen Amtsdelikte waren einerseits die abschließende Kodifikation des gemeinen Strafrechts,[5] andererseits waren die landrechtlichen Amtsdelikte auch Grundlage für die weitere Entwicklung.[6]

Materiellrechtlich waren die Amtsdelikte des ALR Vorläufer der Amtsdelikte des PrStGB, jedoch ist die Fortbildung bestimmter Tatbestände der landrechtlichen Amtsdelikte zu den „Vergehen und Verbrechen im Amte“ des PrStGB nicht gradlinig verlaufen. Seit 1826 wurde der Gesetzgebungsprozeß zuerst von zwei einzelnen Personen, Bode und Kamptz, dominiert. Ab 1838 ging die Strafrechtsreform auf den Staatsrat über, der verschiedene Kommissionen bildete, welche Strafrechtsentwürfe diskutierten und weiterentwickelten. Während das landrechtliche Strafrecht noch vom gemeinen

---

[1] Vgl. Hattenhauer, Geschichte, S. 153.

[2] Wehler, S. 17.

[3] Wehler, S. 16 f.

[4] Binding, GS, Bd. 64 (1904), S. 2.

[5] Banke, Bd. 1, S. 20, bezeichnet II 20 ALR als „Personifikation“ des gemeinen Strafrechts.

[6] Binding, GS, Bd. 64 (1904), S. 2.

Strafrecht ausging, hat dieses in der Reform der Amtsdelikte keine nennenswerte Rolle mehr gespielt.

Im PrStGB finden sich nur noch einige Tatbestände des ALR wieder, denn die meisten im landrechtlichen Strafrecht verpönten Handlungen wurden spätestens seit den zwanziger Jahren des 19. Jahrhunderts disziplinarisch geahndet. Das materielle Disziplinarrecht bestand allerdings seit den vierziger Jahren des 19. Jahrhunderts nur noch aus einer Generalklausel, die ebenfalls aus den landrechtlichen Amtsdelikten übernommen wurde.

Die Diskussion um die Amtsdelikte in der ersten Hälfte des 19. Jahrhunderts war von der Frage beherrscht, welche Pflichtverletzung im Strafverfahren und welche im administrativen Disziplinarverfahren geahndet werden soll. Die verfahrensrechtliche Lage im ausgehenden 18. Jahrhundert war verwirrend und wurde erst in den kommenden Jahrzehnten geklärt. Am Ende dieses Prozesses stand im Jahr 1849 die Feststellung, daß Straf- und Disziplinarverfahren nebeneinander stattfinden können. Was heute selbstverständlich erscheint, hat im 19. Jahrhundert erhebliche Schwierigkeiten bereitet.

Schwierig war auch die Festlegung, daß Kriminalstrafen nur allgemeine auf jedermann anwendbare Maßnahmen sein können, während solche Maßnahmen, die das Dienstverhältnis der Beamten unmittelbar betreffen, keine strafrechtlichen Sonderstrafen sind, sondern nur Disziplinarmaßnahmen.

Diese Arbeit untersucht ausgehend vom landrechtlichen Strafrecht die Frage, wie die landrechtlichen Amtsdelikte entstanden sind, wie sie sich in der Praxis bewährt haben und wie sie fortgebildet wurden. Dabei ist nicht nur auf das materielle Recht einzugehen, sondern auch auf die Verfahrensarten, mit denen der staatliche Disziplinierungsanspruch durchgesetzt wurde.

Der erste Teil dieser Arbeit schildert zunächst die Instrumente zur Disziplinierung von Beamten vor Inkrafttreten des ALR. Daran schließt sich eine Darstellung der Kodifikation des ALR und der in den zwanziger Jahren des 19. Jahrhunderts begonnenen Strafrechtsreform, die 1851 mit dem Inkrafttreten des PrStGB endete, an. Bei der Erörterung der Entstehungsgeschichte der beiden Strafgesetze wird besonders auf die Grundsätze eingegangen, die für die Kodifikation der Amtsdelikte tragend waren.

Der zweite Teil der Arbeit beschäftigt sich mit den allgemeinen Grundsätzen, die bei der Durchsetzung von Amtsdelikten zu befolgen waren. Dazu gehörte unter anderem die Frage, wer als Täter und wer als Teilnehmer eines Amtsdelikts strafbar war. Im Mittelpunkt des zweiten Teils steht jedoch die Auseinandersetzung von Straf- und Disziplinarrecht. Diese Auseinandersetzung war weniger von materiellrechtlichen als von formellrechtlichen Fragen beherrscht.

Während in Strafverfahren gegen Beamte nur in einzelnen Punkten von den allgemeinen Regeln abgewichen werden mußte, ist mit dem Disziplinarverfahren ein Sonderverfahren geschaffen worden, das ausschließlich Beamten vorbehalten war. Das Disziplinarverfahren ist nicht erst durch die entsprechenden Gesetze und Verordnungen seit den vierziger Jahren entstanden. Seine Entstehungsgeschichte reicht bis in die Zeit der Kodifikation des ALR zurück. Seine wesentliche Ausprägung erhielt das Disziplinarverfahren aber erst seit 1822. Die Entwicklung des Disziplinarrechts wird durch die Schilderung verschiedener Einzelfälle illustriert. Diese Einzelfälle werfen jedoch nicht nur ein Licht auf die Entstehungsgeschichte des Disziplinarrechts, sondern vor allem auf das politische Umfeld, in dem sich diese Entwicklung vollzog.[7] Der Abschluß des zweiten Teils widmet sich der Entwicklung der Sonderstrafen, die im ALR zumindest auch Kriminalstrafen sein konnten, zu reinen Disziplinarmaßnahmen.

Im dritten Teil werden bestimmte Gruppen von Straftatbeständen der landrechtlichen Amtsdelikte und deren Fortbildung zu den Amtsdelikten des PrStGB geschildert.

Die Entstehung des Disziplinarverfahrens und das Verhältnis von Straf- und Disziplinarrecht wurde in der Literatur vor allem um 1900 bearbeitet. 1963 erschien außerdem ein Aufsatz des damaligen Bundesdisziplinaranwalts Behnke. Diese Abhandlungen sind staatsrechtlich geprägt und setzen sich mit der materiellen Grundlage der Verfahren gegen Beamte, den landrechtlichen Amtsdelikten, kaum auseinander. Eine Auseinandersetzung mit dem materiellen Recht ist die 1932 erschienene Arbeit Stocks, die eine Fülle an kasuistischem Material vor allem aus dem 17. und 18. Jahrhundert ausbreitet. Die Kodifikation der landrechtlichen Amtsdelikte wird in der Arbeit Stocks als Endpunkt einer Entwicklungsgeschichte angesehen. Bei der Bearbeitung des 19. Jahrhunderts wendet sich auch Stock der Abgrenzung von Straf- und Disziplinarrecht zu. Die Entstehung der Amtsdelikte im PrStGB wird nicht beschrieben.

Die Entstehungsgeschichte der landrechtlichen Amtsdelikte kann am besten durch die im Staatsarchiv Preußischer Kulturbesitz lagernden Akten zum ALR nachvollzogen werden.[8] In diesem Archiv befinden sich auch Bestände zur Strafrechtsreform.[9] Die meisten Materialien zur Gesetzrevision wurden

[7] Die wenigen veröffentlichen Entscheidungen zu Amtsdelikten sind nicht aufschlußreich.
[8] GStA, Rep. 84, Abt. XVI, Nr. 7.
[9] GStA, Rep. 84. II. 4. I.

gedruckt. Besonders hinzuweisen ist in diesem Zusammenhang auf die in den Jahren 1981-1996 erschienene Neuausgabe der zwischen 1825 und 1848 zur Revision des Strafrechts gedruckten amtlichen Schriftstücke.

Neben diesen Quellen zum ALR und zur Strafrechtsreform wurden auch die wichtigsten zeitgenössischen Monographien des gemeinen Strafrechts verwandt.[10] In diesen wurden auch die landrechtlichen Amtsdelikte als Sonderfall des gemeinen Strafrechts behandelt. Die Kodifikatoren des ALR sind davon ausgegangen, daß die wissenschaftliche Erfassung auch des landrechtlichen Strafrechts weiter vom gemeinen Strafrecht geleistet werden soll.[11] In der Reform der Amtsdelikte spielte das gemeine Strafrecht des 19. Jahrhunderts kaum mehr eine Rolle.

---

[10] Vor 1794 erschienen u.a. die Monographien von Dorn und Quistorp; nach 1794 waren vor allem die Werke Feuerbachs, Martins, und Henkes bedeutend.

[11] Vgl. Hälschner, Geschichte, S. 229.

1. Teil: Entwicklung der Amtsdelikte bis zum PrStGB

Die landrechtlichen Amtsdelikte waren der erste Versuch, eine vorher nur bruchstückhaft und verstreut geregelte Materie vollständig und zusammenfassend zu normieren. Das Ergebnis in §§ 323-504 II 20 ALR[1] waren 142 Paragraphen[2] mit der Überschrift „Von den Verbrechen der Diener des Staats".

A. Historischer Befund vor dem 18. Jahrhundert

I. Römisches Strafrecht

Schon im römischen Recht waren pflichtwidrige Handlungen von Amtsträgern strafbar. Die Verfehlungen waren meistens nur besondere Erscheinungsformen allgemeiner Tatbestände; zum Beispiel wurden Ungerechtigkeiten in der Rechtspflege als falsum oder injuria bestraft.[3] Eng mit der Ämterverfassung der römischen Republik hing jedoch der ambitus zusammen, der die rechtswidrige Bewerbung um öffentliche Ämter unter Strafe stellte.[4] In der späteren Kaiserzeit wurde auch die rechtswidrige Erteilung eines Amtes durch einen anderen Beamten unter den Begriff des ambitus subsumiert, wodurch er zumindest teilweise eine sonderrechtliche Qualität erlangte.[5] Das ältere römische Strafrecht kannte nur zwei Sondertatbestände der Amtsträger: das crimen de residuis, die rechtswidrige Verwaltung öffentlicher Gelder[6], und das crimen de repetundarum, das später mit „Amtsmißbrauch"[7] übersetzt wurde und alle mögliche Handlungen, vor allem die Annahme von Geschenken mit Strafe bedrohte.[8]

---

[1] Die Vorschriften des ALR werden in der Reihenfolge Paragraph, Teil und Titel zitiert.

[2] Zum achten Abschnitt des landrechtlichen Strafrechts gehören neben diesen 142 Vorschriften 36 Normen über Desertion und vier über Medizinalpersonen, die nicht Gegenstand dieser Arbeit sind.

[3] Schmidt-Speicher, S. 16.

[4] Mommsen, S. 865 ff.

[5] Z.B. Temme, Lehrbuch (1876), S. 234.

[6] Abegg, Lehrbuch, S. 640 f.

[7] Jagemann, Criminallexikon, S. 34 (Amtsmißbrauch).

[8] I.E. Mommsen, S. 705 ff.

II. Deutsches Strafrecht

Eine Staatsgewalt im modernen Sinne, deren Verwaltung nicht durch die Inhaber von Lehnsämter[9], sondern von vertraglich verpflichteten Amtsträgern ausgeübt wurde, hat sich in Deutschland erst seit der frühen Neuzeit herausgebildet.[10] Dagegen wurde bereits seit der fränkischen Zeit Gerichtsgewalt ausgeübt.[11] Daher beschränkten sich die fränkischen Volksrechte und die mittelalterlichen Rechtsbücher auf Vorschriften gegen ungerechte Richter.[12] Diese Vorschriften hatten nicht immer einen eindeutig straf-, sondern zum Teil auch einen zivilrechtlichen Charakter.[13] Die Karolina von 1532 setzte sich in Brandenburg sehr schnell durch[14]; sie enthielt sowohl Straf- als auch Schadensersatzvorschriften gegen ungerechte Mitarbeiter der Justiz.[15] Diese lassen sich in vier Gruppen einteilen, nämlich mißbräuchliche Prozeßführung, Folterexzesse, ungerechte Urteile und Geschenkannahme.[16]

III. Gemeines Strafrecht

Mit der Entwicklung eines hierarchischen Staatsbeamtentums spätestens seit dem 17. Jahrhundert[17] wurden Mittel gesucht, um die Ordnung im „öffentlichen Dienst“[18] aufrechtzuerhalten. Diese Mittel stellte das gemeine Strafrecht zur Verfügung, indem es die römisch-rechtlichen Tatbestände umarbeitete und erweiterte, so daß sie auf die Verwaltungsverhältnisse der frühen Neuzeit angewandt werden konnten.[19] Ein getreues Abbild dieser Bemühungen war das im Herzogtum Preußen geltende „Verbesserte Landrecht“ von 1721.[20] Dort gab es durch die Amtseigenschaft des Täters qualifizierte Fälschungen; die rechtswidrige Verwaltung öffentlicher Gelder war als Anhang zum Diebstahl behandelt, und die Opfer von Folterexzessen wurden auf den Weg der Injurienklage verwiesen.[21]

---

[9] Vgl. Hattenhauer, Geschichte, S. 6 ff.

[10] Vgl. 2. Teil, A. I. 1. a).

[11] Buchda, HRG, Bd. 1, Sp. 1552 ff. (Gerichtsverfahren).

[12] I.E. Schmidt-Speicher, S. 16 ff.

[13] Wilda, S. 484.

[14] Hälschner, Geschichte, S. 115.

[15] Schmidt-Speicher, S. 21.

[16] Aufzählung einzelner Tatbestände bei Schmidt-Speicher, S. 20 ff.

[17] Schmoller, Umrisse, S. 297.

[18] Der Begriff „öffentlicher Dienst“ wird hier vor allem aus stilistischen Gründen gebraucht. Er wird zuerst 1833 von Heffter, Lehrbuch, S. 558, verwandt.

[19] Meves, Holtzendorffs Handbuch, Bd. 3, S. 917.

[20] Vgl. Stock, S. 122.

[21] Übersicht über die Tatbestände bei Stock, S. 122 ff.

IV. Lehre von delicta ministorum principis im 18. Jahrhundert

Die gemeinrechtliche Doktrin entwickelte im Anschluß an Leyser seit dem 18. Jahrhundert die Lehre der „delicta ministorum principis", die Lehre von den Straftaten der fürstlichen Diener.[22] Leyser und seine Nachfolger schufen jedoch kein neues Sonderstrafrecht der Beamten, sondern stellten das vorhandene kasuistische Material neu zusammen; dabei ließen sie sich von der Amtseigenschaft des Täters leiten.[23] Die so entstandenen Aufzählungen strafbarer Pflichtwidrigkeiten[24] sollten die Beamten vor allem vor der Willkür ihrer Dienstherren schützen.[25]

Die Straftaten der Beamten wurden unterteilt in delicta communia und propria.[26] Delicta communia standen mit dem Amt des Täters in keiner Beziehung; für sie galten keine speziellen Regeln.[27] Delicta propria waren reine Verletzungen der Dienstpflicht, die in delicta nominata und innominata unterschieden wurden.[28] Delicta nominata, benannte Straftaten der Beamten, waren die römischen crimina ambitus, repetundarum und residuis.[29] Das Innominatdelikt war ein Teil des arbiträren Strafrechts, mit dem Strafbarkeitslücken geschlossen wurden. Während das Innominatdelikt im allgemeinen nur absichtliche Handlungen erfaßte, wurden Rechtsverletzungen der Beamten unabhängig vom Verschuldensgrad unter den Tatbestand des Innominatdelikts subsumiert.[30] Das umfassende Innominatdelikt diente nicht nur der Ahndung aller rechtswidrigen Handlungen von Beamten, sondern auch dazu, die Beamtenschaft zu positiver Pflichterfüllung anzuhalten.[31]

Die Lehre von den delicta ministorum principis war Bestandteil des gemeinen Strafrechts. Obwohl die Beamten sich in dieser Zeit „vom Fürsten- zum Staatsdiener"[32] entwickelten[33], blieb die Ahndung ihrer Pflichtverletzungen weiter

[22] I.E. Labes, Hirths Annalen, Bd. 22 (1889), S. 218 ff.; Stock, S. 88 ff.
[23] Stock, S. 89.
[24] Die von Leyser aufgezählten strafwürdigen Verfehlungen der Beamten sind dargestellt bei Stock, S. 94 ff.; eine weitere Aufzählung strafbarer Handlungen bei J.C. Koch, Institutiones, S. 450 ff.
[25] Stock, S. 93; Hattenhauer, Geschichte, S. 149.
[26] Z.B. J.C. Koch, Institutiones, S. 450.
[27] Stock, S. 89.
[28] Stock, S. 89 f.
[29] J.C. Koch, Institutiones, S. 450 ff.
[30] Stock, S. 102.
[31] Stock, S. 103; Motive (1827-30), Bd. 3/I, S. 117.
[32] Stirken, S. 153.
[33] Hintze, Soziologie und Geschichte, S. 78 ff.

dem Strafrecht vorbehalten.[34] Lediglich Kreiß sah zumindest den Strafgrund im Dienstverhältnis des Täters: In der Bestallungsurkunde habe er sich zur sorgfältigen Amtsführung verpflichtet, was die Bestrafung von Pflichtwidrigkeiten rechtfertige.[35]

Die Pflichten preußischer Beamten waren in Amtsinstruktionen und in speziellen Diensteidesformeln festgelegt[36]; 1799 wurde eine allgemeine Diensteidesformel eingeführt, mit welcher der Beamte die Erfüllung der in der Instruktion seines jeweiligen Amtes dargestellten Pflichten beschwor.[37] Dadurch wurde eine erneute Vereidigung bei einem Wechsel der Dienststelle überflüssig. Aus dem 18. Jahrhundert sind zahlreiche Einzelfälle überliefert, in denen alle möglichen Verletzungen der Dienstpflicht bestraft wurden.[38] Die Strafen reichten von einfachen Geldstrafen bis hin zur Todesstrafe, ohne daß bei der Strafzumessung die besonderen Strafen, die sich nur auf das Dienstverhältnis des Täters auswirkten, namentlich die Entlassung aus dem Dienst, von den allgemeinen Strafen unterschieden wurden.[39] Die Milderung der Strafpraxis unter Friedrich II. wirkte sich auch auf die gegen Beamte verhängten Strafen aus.[40]

B. Kodifikation der Amtsdelikte im ALR

Die aufklärerische Strafrechtswissenschaft stellte die bisherige Strafpraxis grundsätzlich in Frage und verlangte mildere Strafen, die abschließend in allgemeinverständlichen Gesetzen festgesetzt sein sollten. Ein solches Gesetz durfte nicht mehr religiös motiviertes Talionsstrafrecht enthalten, sondern sollte präventiv wirken.[41] Der „peinliche Gesetzgeber [war] der Arzt des Staats“[42]. Nachdem sich die Aufklärung mit ihren Forderungen in der preußischen Strafpraxis unter Friedrich II. durchzusetzen begann[43], wurde mit dem landrechtlichen Strafrecht die Forderung nach einem umfassenden Strafgesetzbuch verwirklicht. Seine Entstehungsgeschichte unterscheidet sich nicht von der des gesamten ALR.[44] 1780 wurde ein vom neuen Großkanzler

---

[34] Stock, S. 99.
[35] Labes, Hirths Annalen, Bd. 22 (1889), S. 218 ff.; Stock, S. 97.
[36] CCM und NCC enthalten eine Fülle von Amtsinstruktionen.
[37] VO vom 26. Oktober 1799, NCC Bd. 10, Sp. 2663 ff.
[38] I.E. Stock, S. 138 ff.
[39] Stock, S. 128; Beispiele, ebd. S. 138 ff.
[40] Stock, S. 144; vgl. allgemein Schmidt, Einführung, S. 247.
[41] Rüping, S. 59 f.
[42] Globig/ Huster, S. 10.
[43] Vgl. Schmidt, Kriminalpolitik, S. 28 ff.
[44] Vgl. v.a. A. H. Simon, Mathis Zeitschrift, Bd. 11 (1811), S. 191 ff.

Carmer[45] vorgelegter Plan[46], wie bei der Abfassung des Gesetzes zu verfahren sei, durch den König genehmigt.[47]

I. Entstehungsgeschichte des ALR

Eigentlicher Schöpfer des Gesetzestextes war Svarez[48], dem bei der Abfassung des strafrechtlichen Titels Klein[49] zur Seite stand.[50] Nachdem ein erster Entwurf von einer Kommission aus Oberrichtern begutachtet worden war[51], wurde 1786 ein Entwurf gedruckt.[52] Diesen kritisierten Behörden und Privatpersonen.[53] Die für das landrechtliche Strafrecht bedeutendsten Monita, die teilweise mit Geldpreisen belohnt wurden[54], kamen von Globig, Eggers und Hippel.[55] Alle Monita zum Strafrecht wurden vom späteren Justizminister Beyme zusammengefaßt[56] und vom Präsidenten des Obertribunals, Grolmann[57], bewertet.[58] Grolmann regte außerdem weitere Änderungen des Gesetzes an. Ob die Monita zum Strafrecht und ihre Bewertung ebenfalls wie die übrigen Titel des ALR einer Schlußrevision durch Svarez unterzogen wurden, ist unklar; ein entsprechender Band fehlt in den Materialien zum ALR.[59] Meistens wurden bei der Bearbeitung der Amtsdelikte auch berechtigte Kritiken übergangen, ohne daß ein Grund hierfür

---

[45] Johann Heinrich Casimir Carmer (1720-1801); vgl. Döhring, NDB, B d. 3, S. 150.

[46] Abgedruckt in ALR, S. 42 ff.

[47] Abgedruckt in ALR, S. 42 ff.

[48] Carl Gottlieb Svarez (1746-1798), nach dem Studium zunächst im Staatsdienst in Schlesien, später in Berlin. 1791 und 1792 erteilte er dem Kronprinzen Unterricht in Rechts- und Staatskunde („Kronprinzenvorträge"); vgl. Wolf, S. 429 ff.

[49] Ernst Ferdinand Klein (1744-1810). 1796 erschien sein Lehrbuch des gemeinen Strafrechts, das auf das landrechtliche Strafrecht besondere Rücksicht nahm; vgl. Kleinheyer, NDB, Bd. 11, S. 734 ff.

[50] GStA, Rep. 84, Abt. XVI, Nr. 7, Bd. 80, Vorbemerkung; vgl. v.a. auch Abegg, Versuch, S. 180, Hälschner, Geschichte, S. 191; Berner, Strafgesetzgebung, S. 35, Schmidt, Einführung, S. 251; Schild, Gemeinwohl - Freiheit - Vernunft - Rechtsstaat, S. 46; nach Conrad, S. 16, hat Klein vor allem zu Beginn einen großen Einfluß auf die Kodifikation gehabt. Schriftstücke Kleins finden sich in den Materialien zum ALR nicht, jedoch wird in Simons Vorberichten zu den jeweiligen Aktenstücken, die aus dem ersten Jahrzehnt des 19. Jhdts. stammen, darauf hingewiesen, daß ein von Klein erarbeiteter Plan bereits zu Beginn des 19. Jhdts. verschollen war, GStA, Rep. 84, Abt. XVI, Nr. 7, Bd. 20, Vorbemerkung. Gegen die Verfasserschaft Kleins lediglich Krause, Gemeinwohl - Freiheit - Vernunft - Rechtsstaat, S. 107.

[51] Vgl. A. H. Simon, Mathis Zeitschrift, Bd. 11 (1811), S. 209.

[52] 1786 erschien der das Strafrecht umfassende Teil des Entwurfs.

[53] GStA, Rep. 84, Abt. XVI, Nr. 7, Bde. 52-55.

[54] I.E. A. H. Simon, Mathis Zeitschrift, Bd. 11 (1811), S. 216 ff.

[55] A. H. Simon, Mathis Zeitschrift, Bd. 11 (1811), S. 220.

[56] GStA, Rep. 84, Abt. XVI, Nr. 7, Bd. 78 a, für die Amtsdelikte, Bl. 94 VS ff.

[57] Heinrich Dietrich Grolmann, nicht Karl Grolmann.

[58] GStA, Rep. 84, Abt. XVI, Nr. 7, Bd. 78 a, für die Amtsdelikte Bl. 395 VS.

[59] Vgl. GStA, Rep. 84, Abt. XVI, Nr. 7, Bd. 80, Vorbemerkung.

ersichtlich ist. Tatsächlich unterscheiden sich die Amtsdelikte im ersten handschriftlichen Entwurf nicht wesentlich vom Endergebnis.

II. Strafrecht in II 20 ALR

Das landrechtliche Strafrecht war „das Gesetzbuch des ängstlichen wohlmeinenden Polizeistaats, der überzeugt ist, in allen und jeden Beziehungen durch Belehrung und wenn nöthig Bestrafung nicht nur Verbrechen zu verhüten, sondern auch das Wohlbefinden der Bevölkerung heben zu können."[60] Am deutlichsten wird der polizeistaatliche Charakter an der Überschrift „Von den Rechten des Staats zur Vorbeugung und Bestrafung der Verbrechen". Dem entsprachen auch die ersten sechs Paragraphen, wonach der Staat und die Erziehenden die Aufgabe hatten, „Laster und Verbrechen" im Volk zu verhüten. Kennzeichen von II 20 ALR sind über den gesamten Titel verteilte Vorbeugemittel, die oft stark in die Privatsphäre eingriffen, wie zum Beispiel das Verbot, Kochgeschirr aus Kupfer zu gebrauchen (§ 728 ff. II 20 ALR).[61] Im Widerspruch dazu standen §§ 16 ff., wonach nur eine freie Handlung strafbar sein konnte.[62] Hier klingt bereits das für das spätere Strafrecht konstitutive Schuldprinzip an.[63]

Während die allgemeinen Lehren des landrechtlichen Strafrechts von der Wissenschaft der Aufklärung geprägt waren, bildeten die einzelnen Straftatbestände die gemeinrechtlichen Doktrin getreu ab.[64] Auch wenn die einzelnen Tatbestände heute durch ihre Kasuistik mitunter unbeholfen wirken[65], ist gleichwohl hervorzuheben, daß das landrechtliche Strafrecht als erstes alle bisher bekannten Straftaten systematisch darstellt.[66] Deshalb und wegen der in grundlegenden Fragen durchaus vorhandenen Sicherheit der Kodifikatoren[67] wurde II 20 ALR eine feste Grundlage für nachfolgende Strafgesetze und ist so „das einzige gelungene große Strafgesetz der Aufklärungszeit."[68]

---

[60] Bar, Bd. 1, S. 161. Vgl. Svarez, S. 375; vgl. auch Liszt, S. 52.

[61] Übersicht über die Vorbeugemittel des landrechtlichen Strafrechts bei Schmidt, ZStW, Bd. 86 (1974), S. 621 ff. Die Vorbeugemittel wurden unterschiedlich bewertet: Während Bar, Bd. 1, S. 161, und Fischl, S. 202, die Vorbeugemittel kritisieren (Fischl, a.a.O.: „lächerlich"), lobt Rieß, GA 1978, S. 140, die spezialpräventiven Ansätze des landrechtlichen Strafrechts.

[62] Vgl. Svarez, S. 375.

[63] Schild, Gemeinwohl - Freiheit - Vernunft - Rechtsstaat, S. 94 weist zu Recht darauf hin, daß der Widerspruch der §§ 16 ff. zu den übrigen Normen von II 20 ALR den Kodifikatoren zur Ehre gereicht.

[64] Z.B. Abegg, Versuch, S. 180.

[65] Rieß, GA 1978, S. 139.

[66] Mittermaier, S. 9.

[67] Speziell für die Amtsdelikte Wachinger, VDB, Bd. 9, S. 200.

[68] Hippel, Bd. 1, S. 282.

Sein Umfang ist Ausdruck des Bemühens, den Auslegungsspielraum der Richter zu begrenzen.[69] Aber auch der Wissenschaft sollte in der Zukunft der Einfluß auf Entscheidungen der Justiz genommen werden. Schon in den vierziger Jahren des 18. Jahrhunderts wurde die bis dahin gängige Praxis der Aktenversendung weitgehend zurückgedrängt[70], was erst möglich wurde durch die Justizreformen unter Cocceji, welche die Qualität der Gerichte entscheidend verbesserten.[71] § 6 Einleitung ALR ging noch weiter und verbot, die Meinungen bestimmter Rechtslehrer, der communis doctorum, neben das Gesetz zu stellen.[72] Die wissenschaftliche Bearbeitung des Strafrechts sollte indes weiter vom gemeinen Recht ausgehen.[73] Bedeutend waren in diesem Zusammenhang Kleins 1795 erschienene „Grundsätze des gemeinen Deutschen Strafrechts, nebst Bemerkung der Preußischen Gesetze“. Dieses Lehrbuch, dessen Verfasser am Entstehen des ALR mitgewirkt hat, sah das landrechtliche Strafrecht nur als Ausdrucksform des gemeinen Rechts; folgerichtig wurden nur in Anmerkungen die Besonderheiten des preußischen Strafrechts mit dem gemeinen verglichen.[74]

III. Standesstrafrecht der Beamten im ALR

Der inneren Systematik der landrechtlichen Straftatbestände liegt ein Plan Svarez'[75] zugrunde, wonach diese in Staats- und Privatverbrechen eingeteilt sind. Die Amtsdelikte gehörten zu den Staatsverbrechen und nahmen den achten von siebzehn Abschnitten ein. Svarez unterschied allgemeine und besondere Amtsdelikte. Die allgemeinen konnten von allen Beamten verwirklicht werden, während die besonderen Tatbestände eine bestimmte Stellung des Täters innerhalb der Staatsverwaltung, z.B. als Mitarbeiter in der Rechtspflege, erforderten. Es sei, so Svarez, auch nicht möglich, alle bekannten Pflichtverletzungen als Straftatbestände zu kodifizieren, da das Ergebnis unübersichtlich und letztlich doch unvollständig sein werde. Svarez schlug vor, nur bestimmte besonders wichtige Pflichtverletzungen der Beamten als Straftatbestände zu fassen und im übrigen generelle Prinzipien aufzustellen.[76]

Daher enthielten die landrechtlichen Amtsdelikte Generalklauseln, die eine Kodifikation des gemeinrechtlichen Innominatdelikts waren. Wegen ihrer Unbe-

---

[69] Abegg, Versuch, S. 180.

[70] I.E. Isaacsohn, Bd. 3, S. 301 f.

[71] Schmidt, Einführung, S. 275. Vgl. zur preußischen Richterausbildung im 18. Jhdt. Lührig, S. 31.

[72] C.F. Koch, Bd. 1, S. 24.

[73] Berner, Strafrechtsgesetzgebung, S. 43.

[74] Hälschner, Geschichte, S. 229.

[75] GStA, Rep. 84, Abt. XVI, Nr. 7, Bd. 20, Bl. 145 ff., für die Amtsdelikte Bl. 174 ff.; vgl. auch Svarez, S. 380 ff.

[76] GStA, Rep. 84, Abt. XVI, Nr. 7, Bd. 20, Bl. 175 VS.

stimmtheit standen diese Generalklauseln im Widerspruch zur aufklärerischen Forderung nach bestimmten Straftatbeständen; dennoch erschienen sie unverzichtbar, um die Dienstzucht sicherzustellen.[77]

Eine zweite Eigenart der landrechtlichen Amtsdelikte innerhalb des Strafrechts drückt sich in ihrer Überschrift „Von den Verbrechen der Diener des Staats" aus. Während die Überschriften der übrigen Abschnitte das Angriffsobjekt bzw. Schutzgut der jeweiligen Tatbestände bezeichneten, bezog sich die Überschrift des achten Abschnitts auf die Tätergruppe.[78] Deren Mitglieder waren nach §§ 1 f. II 10 ALR in herausragender Weise verpflichtet, die „gute Ordnung und den Wohlstand des Staats" zu fördern, und schuldeten dem Staatsoberhaupt weitgehendere Treue als alle anderen Untertanen.

Amtsdelikte waren Verletzungen dieser besonderen Treuepflicht. Zwar sollten sie auch die Bevölkerung vor obrigkeitlichen Übergriffen schützen, jedoch nur mittelbar, weil diese Übergriffe eine Verletzung der Sonderpflicht des Täters waren.[79] Verletzungen der Treue wurden oft nicht mit Freiheitsstrafen, die im landrechtlichen Strafrecht die bedeutendste Strafart waren[80], geahndet. Im Mittelpunkt des Strafensystems der landrechtlichen Amtsdelikte standen vielmehr solche Strafen, die sich auf das Dienstverhältnis auswirkten, namentlich die Entfernung eines Täters aus seinem Amt.

So waren die landrechtlichen Amtsdelikte nur scheinbar die Zusammenfassung der bisher bekannten Tatbestände. In Wirklichkeit aber haben die Kodifikatoren das erste Sonderstrafrecht der Beamten geschaffen, indem sie sämtliche Pflichtverletzungen als Verletzungen der besonderen Beamtentreue in und außerhalb des Dienstes in einer einheitlichen Tatbestandsgruppe, die an die persönliche Eigenschaft der Täter anknüpfte, zusammengefaßt haben.[81]

Grundsätzliche Kritik an diesem Sonderstrafrecht innerhalb des strafrechtlichen Titels wurde nur vom Gutachter des Westpreußischen Hofgerichts, von Wittke, geübt.[82] Dieser forderte, die strafrechtliche Konstruktion der Amtsdelikte zu unterlassen, denn das Strafrecht solle den „Staatsbürger als solchen" angehen, dagegen seien die Amtsdelikte nicht allgemein anwendbar. In der weiteren Kodifikatoren wurden jedoch nur einige Monita zu einzelnen Vorschriften berücksichtigt, nicht aber Wittkes fundamentale Kritik.

---

[77] Stock, S. 104.
[78] Vgl. Karstedt, S. 9 f.
[79] Hälschner, Geschichte, S. 218.
[80] Fischl, S. 202.
[81] Stock, S. 155.
[82] GStA, Rep. 84, Abt. XVI, Nr. 7, Bd. 54, Bl. 11 RS f.

IV. Geltung und Fortbildung des landrechtlichen Strafrechts

1. Geltungsbereich von II 20 ALR

An sich sollte das neue Gesetzbuch bereits 1792 in Kraft treten, es wurde aber auf Betreiben konservativer Kreise zunächst suspendiert.[83] 1793 eignete sich Preußen polnische Gebiete an, deren Rechtszustand nicht klar war, weshalb sich das neue Gesetzbuch als Ausweg anbot.[84] Es wurde erneut überarbeitet[85] und trat am 1. Juni 1794 als „Allgemeines Landrecht für die preußischen Staaten" in Kraft. Während die übrigen Teile des Gesetzbuchs nur subsidiär galten, setzte sich II 20 ALR sehr bald als einzige Quelle des Strafrechts durch.[86] Seit 1815 war der strafrechtliche Zustand Preußens erneut gespalten, da im neugewonnenen Rheinland seit 1803 französisches Recht galt. Durch die Kabinettsordre vom 21. März 1821[87] wurden jedoch die landrechtlichen Amtsdelikte auch im Rheinland eingeführt, was mit der staatsrechtlichen Qualität dieser Deliktsgruppe und dem Erfordernis eines einheitlichen Staatsrechts begründet wurde.

2. Fortbildung von II 20 ALR

Die Kabinettsordre vom 21. März 1821 war typisch für die Entwicklung des preußischen Strafrechts in den ersten Jahrzehnten des 19. Jahrhunderts. Die Fortbildung des Strafrechts ging nicht mehr von der gemeinrechtlichen Wissenschaft aus, sondern von einer Ministerialbürokratie, die das bestehende Strafrecht durch eine Fülle von Einzelverordnungen ergänzte und änderte. Da diese Verordnungen und einander widerstreitende Gerichtsentscheidungen, wenn überhaupt, nur in der Gesetzsammlung und anderen halboffiziellen Zeitschriften veröffentlicht wurden, erschienen in der ersten Hälfte des 19. Jahrhunderts verschiedene „Kommentare", welche diese Quellen systematisch geordnet zugänglich machten. Der bedeutendste Kommentar zum gesamten ALR wurde von Gräff, Rönne, Simon, Wentzel und Koch herausgegeben; er erschien seit den dreißiger Jahren des 19. Jahrhunderts in mehreren Auflagen.[88] Dieser Kommentar belegt zwar, daß das landrechtliche Strafrecht durchaus fortgebildet und neueren Zeitumständen angepaßt wurde; gleichwohl wurde II 20 ALR sehr bald nach seinem Inkrafttreten als überaltert kritisiert.[89]

---

[83] Conrad, S. 16; i. E. Hattenhauer, ALR, Einführung, S. 10 ff.
[84] Hattenhauer, ALR, Einführung, S. 15.
[85] Auf die Amtsdelikte hatte dies keine Auswirkung.
[86] Abegg, Versuch, S. 188.
[87] prGS 1821, S. 156 ff.
[88] Vgl. Koselleck, Preußen, S. 18.
[89] Vgl. Abegg, Versuch, S. 180 ff.; Hälschner, Geschichte, S. 231 f.; Berner, Strafgesetzgebung, S. 213.

3. Bedeutung der Amtsdelikte in der Rechtspflege

Für die Jahre 1828 -1851 liegt wenig Zahlenmaterial über die preußische Strafrechtspflege vor.[90] Aus diesen Statistiken ergibt sich, daß sich die Zahl der wegen Amtsdelikten eingeleiteten Gerichtsverfahren in den meisten Jahren zwischen 400 und 500 lag.[91] Der Anteil der Verfahren wegen Amtsdelikten machte in der Regel etwas weniger als ein Prozent aller Strafverfahren[92] aus. Etwas genauere Zahlen liegen für die Gerichtsverfahren gegen Justizbeamte für die Jahre 1833-1844 vor. In diesem Zeitraum haben insgesamt 4815 Verfahren geschwebt; zugleich wurden 2815 Verfahren beendet.[93] Rund zwei Drittel der Gerichtsverfahren wurden wegen Amtsdelikten geführt, während Beleidigung und sonstige gemeine Straftaten jeweils zu rund einem Sechstel aller Verfahren Anlaß gaben. Überraschend hoch ist der Anteil der Justizbeamten, gegen die Strafverfahren geschwebt haben.; er nahm jedoch beinahe kontinuierlich ab von 3,6 % im Jahr 1833 auf 2,3 % im Jahr 1841.

C. Strafrechtsreform

I. Reformversuche bis 1817

Wegen der Unzufriedenheit mit dem Gesetzestext des landrechtlichen Strafrechts wurde schon 1799 eine Strafrechtsreform ins Auge gefaßt. Zwischen 1800 und 1817 wurden verschiedene Entwürfe vorgelegt. Die einzige zugängliche Bearbeitung der Amtsdelikte enthält der Entwurf von Kircheisen und Goßler aus dem Jahr 1804[94], der 1805 erneut bearbeitet wurde[95], ohne daß dabei die Amtsdelikte verändert wurden.[96] Dieser Entwurf reformierte die Amtsdelikte nicht grundlegend, sondern war eine Verbesserung des bestehenden Zustands. Dabei wurden vor allem die Monita zum Entwurf von 1786 in den neuen Entwurf einbezogen. An sich sollte das Strafrecht nun aus dem ALR herausgelöst

---

[90] Alle Zahlen in GStA, Rep. 84, Nr. 10107-10116, 10121-10122. Die Art der geführten Statistiken ist nicht in allen Jahren gleich gewesen.

[91] Lediglich das Jahr 1835 war mit 821 eingeleiteten Verfahren ein Extrem.

[92] Ohne Holzdiebstahl.

[93] Der Unterschied der beiden Zahlen ergibt sich vor allem aus Überträgen der Vorjahre.

[94] GStA, Rep. 84. IX. 1801, Nr. 26, Bd. 1 und 2. Die Vollständigkeit dieses Entwurfs war lange umstritten, vgl. Regge, Das nachfriderizianische Preußen, S. 192 ff.

[95] GStA, Rep. 84. II. 4. I, Nr. 21.

[96] Die übrigen Entwürfe behandeln die Amtsdelikte gar nicht; vgl. Banke, Bd. 2, S. 14 ff. Der Entwurf Sacks von 1817 behandelte die Amtsdelikte zwar, ist aber nicht auffindbar, vgl. Regge, Gesetzrevision, Bd. 1, S. 14 ff.

werden und als zweiter Teil des „Kriminalrechts" in Kraft treten.[97] Von diesem Projekt wurde indes nur der erste Teil, die Kriminalordnung von 1805, Wirklichkeit. Eine andere Bearbeitung der landrechtlichen Amtsdelikte war Kleinschrods Strafrechtsentwurf für die bayerische Pfalz von 1802, der die innere Ordnung der Amtsdelikte und die meisten Tatbestände aus dem ALR übernahm, aber an manchen Stellen wesentliche Verbesserungen enthielt.[98]

II. Entstehung des PrStGB

Die Vorarbeiten zum PrStGB von 1851 begannen in den zwanziger Jahren des 19. Jahrhunderts; sie wurden im wesentlichen von Beamten der Justizverwaltung geleistet. 1826 wurde die Revision der bestehenden Gesetze angeordnet mit dem Ziel, die rechtliche Trennung Preußens in französisch-rechtliche und landrechtliche Provinzen zu überwinden.[99] Der Streit um die Fortgeltung des französischen Rechts im Rheinland spielte für die Amtsdelikte keine große Rolle, da seit 1821 die landrechtlichen Amtsdelikte auch im Rheinland galten. Grundsätzlich sollte die Revision eine Verbesserung des bestehenden altpreußischen Rechts sein, jedoch war von Anfang an klar, daß zumindest ein völlig neues Strafgesetzbuch an die Stelle von II 20 ALR treten sollte.[100] Dieser Teil des ALR erschien bereits zu Beginn des 19. Jahrhunderts im Lichte der Arbeiten Feuerbachs und Grolmanns hoffnungslos veraltet.[101] Richtungweisend für die Gesetzgebung in der ersten Hälfte des 19. Jahrhunderts wurde wegen seiner strengen Systematik und begrifflichen Schärfe das von Feuerbach verfaßte bayerische Strafgesetzbuch von 1813.[102]

1. Erste Revision[103]

Im Dezember 1825 hatte der für die Gesetzrevision zuständige Justizminister Danckelmann die Oberlandesgerichte aufgefordert, über ihre Erfahrungen mit dem landrechtlichen Strafrecht zu berichten.[104] Neben II 20 ALR, den ergänzenden Verordnungen sowie den Strafrechtsentwürfen Bayerns, Sachsens und Han-

---

[97] Strampff, Zeitschrift für die wissenschaftliche Bearbeitung des preußischen Rechts, Bd. 1 (1830), S. 221.

[98] Vgl. E. Schneider, S. 127 f.

[99] Bornhak, S. 451 ff.

[100] Beseler, S. 4.

[101] Motive (1827-30), Bd. 1, S. IV.

[102] Motive (1827-30), Bd. 1, S. III ff.; Hälschner, Geschichte, S. 262.

[103] Einteilung der Gesetzrevision in vier Abschnitte nach Beseler, S. 3 ff.

[104] Gutachten in GStA, Rep. 84. II. 4. I, Nr. 1, Bde. 1-4. Ebenfalls 1826 legte der rheinische Generalprokurator Ruppenthal die „Vergleichung der Rheinischen Strafgesetzbücher mit den Strafbestimmungen des Allgemeinen Land-Rechts", GStA, Rep. 84. II. 4. I, Nr. 4, vor.

novers[105] waren vor allem diese Gutachten die Grundlage eines Strafrechtsentwurfs, der zwischen 1827 und 1829[106] gedruckt wurde. Außerdem erschienen zwischen 1827 und 1830 Motive in vier Bänden.[107] Verfasser des Entwurfs und der Motive[108] war der Kammergerichtsrat Bode.[109] Zurecht lobt Beseler die Arbeit Bodes, die den Grundstock zur weiteren Strafrechtsreform gelegt hat: „er übt eine scharfe und doch besonnene Kritik, ist mit der wissenschaftlichen Bearbeitung des gemeinen deutschen Kriminalrechts wohl bekannt, und benutzt die Gutachten der Gerichtshöfe mit Umsicht und Geschick."[110] Für die Amtsdelikte des neuen Entwurfs legte der Revisor die Marschrichtung, die bis 1851[111] beibehalten wurde, fest: nur schwerste Pflichtwidrigkeiten wurden bestraft, alle übrigen disziplinarisch geahndet. Es war die Frage, wie genau das Disziplinarrecht vom Strafrecht unterschieden werden konnte, welche die Reform der Amtsdelikte in der ersten Hälfte des 19. Jahrhunderts beherrschte. Ob eine Pflichtverletzung strafwürdig sei, könne, so Bode, weder an einem inneren Merkmal des Verhaltens noch an den in §§ 323 ff. II 20 ALR angedrohten Strafen festgemacht werden. Daher bleibe nichts anderes übrig, „als die ganze Reihe der Amtsvergehen durchzumustern, und bei jedem einzelnen zu prüfen und positiv zu entscheiden, ob dasselbe ganz oder theilweise in die eine, oder in die andere Kategorie zu stellen sey."[112] Die eingehende Untersuchung aller Tatbestände macht Bodes Motive zu den Amtsdelikten besonders wertvoll.

Ergebnis dieser Überprüfung war ein 49 Paragraphen umfassender Titel mit der Überschrift „Von den Verbrechen der Beamten". In diesem gab es vor allem Sonder- und wenige gemeine Tatbestände. Unbenannte Pflichtwidrigkeiten sollten nur strafbar sein, wenn der Täter mit Bereicherungs- beziehungsweise Schädigungsabsicht gehandelt hat.[113] Fahrlässige Pflichtwidrigkeiten waren in Bodes Entwurf an keiner Stelle mit Kriminalstrafe bedroht. Zu Beginn des Jah-

---

105 Hälschner, Geschichte, S. 265.

106 Der Allgemeine Teil wurde bereits als Entwurf (1827) mit Motiven versehen gedruckt, vgl. Regge, Gesetzrevision, Bd. 1, S. XXXV. Der Entwurf (1828) wiederholte den allgemeinen Teil leicht überarbeitet. Die Bezeichnung Entwurf (1828) bezieht sich auf das Jahr des Drucks der Amtsdelikte.

107 Motive (1827-30); die Amtsdelikte werden in Bd. 3/I behandelt. Ein fünfter Band (Polizeistrafrecht) erschien erst 1835.

108 Lediglich die Vermögensdelikte wurden von Schiller bearbeitet, vgl. Beseler, S. 4.

109 Benjamin Friedrich Heinrich Bode (1893-1877) wurde später Präsident des Oberzensurgerichts und trat als Staatssekretär in Ruhestand, vgl. Kullnick, S 121. 1842 war er Präsident der OLG Stettin, vgl. Kamptz, Aktenmäßige Darstellung, S. 142.

110 Beseler, S. 4 f.

111 Motive (1851), S. 66; Kommissionsbericht, 1. Kammer, S. 497.

112 Motive (1827-30), Bd. 3/I, S. 6. Vgl. auch Motive (1833), S. 409; Protokolle der Staatsratskommission (1842), S. 454.

113 Entwurf (1828), § 47; vgl. 2. Teil, C. III. 2. c) aa).

res 1830 beriet die Gesetzrevisionskommission den Entwurf und nahm geringfügige Änderungen vor.[114] Auf Anregung Bodes verschob die Kommission den Titel über die Amtsdelikte an das Ende des Entwurfs. Weil die bisherige Trennung der Straftatbestände in Staats- und Privatverbrechen aufgegeben wurde, sei es angemessen, Tatbestände, die nur eine bestimmte Personengruppe betreffen, an das Ende des Gesetzes zu stellen.[115]

1830 starb Danckelmann, sein Nachfolger Kamptz[116] legte 1833 einen neuen von ihm und Heffter[117] verfaßten Entwurf mit Motiven vor. Eine revidierte Fassung dieses Entwurfs wurde 1836 veröffentlicht[118]; die Amtsdelikte der Entwürfe von 1833 und 1836 wichen aber nicht voneinander ab. Kamptz' Tätigkeit als Minister war Gegenstand heftiger Kritik; neben der Behandlung der politisches Straftaten wurde vor allem der Entwurf von 1836 kritisiert, da er polizeirechtliche Vorschriften nicht von strafrechtlichen trennte.[119] Diese Kritik trifft auf die Amtsdelikte nicht zu. Der Minister ging den von Bode eingeschlagenen Weg der Entkriminalisierung weiter und verzichtete zum Beispiel auf die Strafbarkeit der Vorteilsnahme.[120] Es sollten möglichst viele Pflichtwidrigkeiten von Verwaltungsbeamten behördenintern, also durch die Exekutive selber behandelt werden. Dies war Kamptz besonders wichtig, da es ihm nicht gelungen ist, die Justiz vollkommen der Regierung zu unterstellen.[121] Zu einer Zeit, in welcher der Ruf nach öffentlichen Strafverfahren immer lauter wurde[122], bot sich das Disziplinarverfahren als diskrete Alternative zum gerichtlichen Verfahren an.[123] Daneben waren die Amtsdelikte in den Entwürfen Kamptz' von

---

114 GStA, Rep. 84. II. 4. I, Nr. 2, Bd. 3 a; Ergebnis der Beratungen war der Entwurf (1830).

115 Vgl. Motive (1827-30), Bd. 3/I, S. 3 (Vorbemerkung).

116 Karl von Kamptz (1769-1849) entwickelte sich zu einer Symbolfigur der Reaktion. Seit 1819 war er an den Demagogenverfolgungen maßgeblich beteiligt. Wegen seiner zu konservativen Ansichten wurde Kamptz 1824 in das Justizministerium, dem er seit 1830 kommissarisch, 1832 als Justizminister vorstand, versetzt. Seine Aufgabe war die Revision der preußischen Gesetzgebung. Er wurde 1842 durch Savigny ersetzt Vgl. Baumgart NDB, Bd. 11, S. 95 ff.; Regge, Gesetzrevision Bd. 1, S. XXXIX.

117 Heffter, GStA, Rep. 84. II. 4. I., Nr. 6 a, macht keine Bemerkungen über die Amtsdelikte.

118 Der Entwurf (1836) war Grundlage der im Auftrage Kamptz' von Weil erarbeiteten „Zusammenstellung“ (1841).

119 Z.B. Berner, Strafgesetzgebung, S. 224 („der Antireformator Kamptz“); Schmidt, Beiträge, S. 368 („der ängstliche und kleinliche Polizeigeist v. Kamptz'“).

120 Die Motive zum Entwurf von 1833 sind nur dort ausführlicher, wo der Entwurf Kamptz' von dem Bodes abweicht.

121 Loening, S. 240; Vossieg, S. 21.

122 Ignor, S. 259 m.w.H.; vgl. Nobili, S. 149 f.

123 Vgl. Collin, S. 333 ff.

einer bedeutenden dogmatischen Neuerung geprägt: einer Vorschrift, welche die Teilnahme von Nichtbeamten an Amtsdelikten für strafbar erklärte.[124]

2. Zweite und dritte Revision

Um die Strafrechtsreform zu beschleunigen, wurde sie 1838 auf Vorschlag der Justizminister Kamptz und Mühler dem Staatsrat übertragen; dieser richtete zunächst eine Kommission ein, der auch die beiden Minister angehörten.[125] Damit setzte eine neue Phase der Gesetzrevision ein, die nicht mehr von einzelnen Personen, sondern vor allem von der Kommission des Staatsrats geprägt war. Diese tagte von 1838 bis 1842 und legte dem Plenum des Staatsrats einen Entwurf vor, der in wenigen Punkten revidiert und 1843 als „Staatsratsentwurf"[126] veröffentlicht wurde. Kommission und Staatsrat behielten den Grundsatz, nur die schwersten Pflichtwidrigkeiten mit Strafe zu bedrohen, bei. Die einzelnen Tatbestände waren wesentlich abstrakter als in den älteren Entwürfen und wichen weit mehr als ihre Vorläufer von der gemeinrechtlichen Überlieferung ab.

Die dritte Phase der Gesetzrevision begann mit der Aufforderung an die Öffentlichkeit, den Staatsratsentwurf zu kritisieren.[127] Die bedeutendsten Kritiker der Amtsdelikte waren Temme und Abegg. Temme forderte eine vollständige Revision der Materie. Der Grundsatz, nur herausgehobene Pflichtwidrigkeiten mit Strafe zu bedrohen, sei falsch; eine Straftat liege immer und nur vor, wenn ein Beamter sein Amt mißbraucht, um dem Staat oder einem Dritten zu schaden.[128]

Unter Berücksichtigung der eingegangenen Kritiken erarbeitete Bischoff[129] in den folgenden Monaten einen neuen 1845 gedruckten Entwurf. Obwohl Bischoff am bisherigen Grundsatz, nur die schwerwiegendsten Pflichtwidrigkeiten unter Strafe zu stellen, festhielt[130], ergänzte er die Amtsdelikte im Sinne Temmes um eine Vorschrift, die den Mißbrauch des Amtes zu Nötigungszwecken unter Strafe stellte.[131] Dieser Tatbestand stand in der Tradition von §§ 337 f. II 20 ALR, der seinerseits die Kodifikation der gemeinrechtlichen

[124] Vgl. 2. Teil, A. II. 3. a).
[125] Hälschner, Geschichte, S. 269.
[126] Die Entwürfe von 1836, 1842 und 1843 wurden in der Zusammenstellung von 1844, einer von Kamptz erstellten Synopse, gegenübergestellt.
[127] Revision (1845); Bd. 1, S. II f.
[128] Temme, Kritik (1843), Bd. 2, S. 400 ff.
[129] Zu Bischoff: Strauss, JZ 1967, S. 517 ff.
[130] Revision (1845), Bd. 3, S. 105.
[131] Revision (1845), Bd. 3, S. 104 f.; im PrStGB gab es außerdem Körperverletzung im Amt.

concussio publica, der öffentlichen Erpressung, sein sollte.[132] In den Entwürfen Bodes und Kamptz' war der Mißbrauch des Amtes zu gemeinen Verbrechen kein eigener Tatbestand, sondern nur eine Strafzumessungsregel.[133]

Weitere Strafrechtsentwürfe von 1846 und 1847 brachten für die Amtsdelikte kaum Änderungen gegenüber dem Entwurf von 1845. Der Entwurf von 1847 wurde nicht nur von der Öffentlichkeit kritisiert[134], sondern vor allem von einer „vorbereitenden Abteilung" mit Änderungsvorschlägen versehen und dem vereinigten ständischen Ausschuß zur Beratung überwiesen. Die Protokolle seiner Plenarsitzungen unterscheiden sich grundsätzlich von den Materialien der bisherigen Strafrechtsreform. Im Ausschuß standen häufig nicht mehr dogmatische, sondern politische Fragen im Mittelpunkt. Zum Beispiel wurde durchgesetzt, daß Vorteilsgewährung nicht mehr strafbar sein sollte, da gerade im ländlichen Raum Behördengänge häufig mit kleinen Geschenken verbunden seien, ohne daß dabei „kriminelle" Absichten verfolgt würden.[135] Der Ausschuß stellte seine Arbeit im März 1848 ein, um eine Reform des Strafverfahrensrechts abzuwarten. Damit endete die dritte Phase der Gesetzrevision.

3. Vierte Revision

Trotz der sich überstürzenden politischen Ereignisse des Jahres 1848 gelangte im Oktober ein neuer Strafrechtsentwurf zu den Akten des Justizministeriums.[136] Sein Verfasser war ein Jurist, der über gute Kenntnisse des französischen Rechts verfügte, möglicherweise Bischoff.[137] Die Amtsdelikte dieses Entwurfs waren weit weniger kasuistisch als die aller anderen Entwürfe. Vor allem wurde auf Sonderstrafen, die nur Beamte als solche treffen, vollkommen verzichtet. Der Entwurf kannte lediglich den Verlust der bürgerlichen Rechte als Nebenstrafe. Diese schloß auch die Unfähigkeit zu öffentlichen Ämtern ein, sie wurde aber unabhängig davon ausgesprochen, ob ein Angeklagter Beamter war oder nicht. Mit dieser Änderung haben die Amtsdelikte im Entwurf von 1848 einen großen Teil ihrer sonderstrafrechtlichen Qualität eingebüßt.

---

[132] Vgl. Motive (1827-30), Bd. 3/I, S. 31 ff.

[133] Vgl. Motive (1833), S. 441 f.

[134] Die bedeutendsten Arbeiten kamen erneut von Abegg und Temme. Temme, Kritik (1848), S. 151, beklagte nun vor allem die strengen Strafandrohungen

[135] Verhandlungen des ständischen Ausschusses, Bd. 4, S. 477. Vgl. Motive (1833), S. 419.

[136] Der Entwurf (1848) war eine Vorarbeit zum vom preußischen Justizministerium erarbeiteten Entwurf eines deutschen Einheitsstrafrechts, vgl. Liszt, S. 58.

[137] Banke, Bd. 1, S. 32 m.w.H.

Dieser Entwurf und sein Strafsystem bildeten die Grundlage eines Entwurfs[138], der 1850 den beiden Kammern des neuen preußischen Parlaments zugeleitet wurde.[139] Nach leichten Änderungen wurde er am 14. April 1851 verkündet und trat am 1. Juli 1851 als „Strafgesetzbuch für die preußischen Staaten" in Kraft. Die Amtsdelikte waren nun mit „Verbrechen und Vergehen im Amte" überschrieben. Obwohl auch Amtsdelikte nur noch mit allgemeinen Strafen geahndet wurden, hielt der Gesetzgeber am Grundsatz fest, daß Amtsdelikte nur solche schweren Verletzungen der Dienstpflicht sind, bei denen eine rein disziplinarische Ahndung nicht ausreicht.[140] Gleichwohl haben die Amtsdelikte des PrStGB einen großen Teil von der Exklusivität, die §§ 323 ff. II 20 ALR ausgezeichnet hat, eingebüßt: extrane Teilnehmer sollten strafbar sein, Sonderstrafen gab es nicht mehr, und die Überschrift des 28. Titels knüpfte nicht mehr an die Beamteneigenschaft der Täter an.

Das PrStGB wurde nach seinem Inkrafttreten in mehreren deutschen Staaten eingeführt[141]; die Tatbestände der Amtsdelikte wurden auch in das RStGB von 1871 übernommen, lediglich die Strafen wurden leicht gemildert. Die Kritik an der Gestaltung der Materie riß aber auch nach 1871 nicht ab. Besonders kritisiert wurde die übermäßige Härte der Strafen und die Systemlosigkeit und Inkonsequenz des gesamten Titels über die Amtsdelikte.[142] Binding kritisierte die Amtsdelikte des RStGB: „Freilich, eine größere Parodie auf die Anforderung gesetzgeberischer Ordnung läßt sich kaum entdecken."[143] Dennoch blieben die Amtsdelikte bis in die siebziger Jahre des 20. Jahrhunderts weitgehend unverändert. Der Vorschlag des Strafrechtsentwurfs von 1962, den Titel über Amtsdelikte vollkommen aufzulösen, wurde nicht verwirklicht.[144] In der neueren Strafgesetzgebung besteht die Tendenz, den Bestand der Amtsdelikte zu verringern und nur noch Qualifizierungen an die entsprechenden Grundtatbestände anzuhängen.[145]

Das PrStGB von 1851 wurde aber auch die Grundlage einer neuen Strafrechtswissenschaft, für welche die Arbeiten Beselers, Temmes, Goltdammers oder

---

[138] Berner, Strafgesetzgebung, S. 239, schreibt über einen deutschen Einheitsentwurf von 1849 (Dt. Entwurf 1849) zurecht: „Im Ganzen ist dies bereits das Preußische Strafgesetzbuch von 1851." Jedoch verzichteten die Entwürfe von 1848 und 1849 auf die Todesstrafe, deren Abschaffung die in Frankfurt tagende Nationalversammlung 1848 beschlossen hatte, vgl. Evans, S. 329 ff.

[139] Entwurf (1851); Jahreszahl bezieht sich auf das Datum des Druckes.

[140] Motive (1851), S. 66; Kommissionsbericht, 1. Kammer, S. 497.

[141] Vgl. Berner, Strafgesetzgebung, S. 257.

[142] Entwurf/Motive (1868), S. 627; Meves, Holtzendorffs Handbuch, Bd. 3, S. 927 f.

[143] Binding, Lehrbuch, Bd. 2/II, S. 408.

[144] Vgl. R. Sturm, JZ 1975, S. 12.

[145] Maurach/Schröder/Maiwald, Bd. 2, S. 211.

Oppenhoffs bedeutende Beispiele sind.[146] Der Gegenstand dieser neuen Strafrechtswissenschaft wurde nun vor allem von Beamten im Justizministerium vorgegeben. Die Wissenschaft konnte der Entwicklung dieses Gegenstandes nur noch hinterhereilen, weshalb sie für Kirchmann eine wertlose Wissenschaft war.[147] So ist nach dem Inkrafttreten des PrStGB nur noch eine bedeutende Monographie des gemeinen Strafrechts erschienen, das zwischen 1857 und 1898 in 18 Auflagen erschienene Lehrbuch Berners, das schon „eine Übergangserscheinung zwischen Gemeinem Strafrecht, Landesstrafgesetzbüchern und Reichsstrafgesetzbuch"[148] war. Temmes 1876 verlegtes Lehrbuch des gemeinen Strafrechts war nur noch „ein trauriger Anachronismus"[149]. Erst seit im Anschluß an Franz von Liszt die soziale Relevanz des Strafrechts deutlich zu Tage getreten ist, konnte die Strafrechtswissenschaft eine neue Bedeutung gewinnen.[150]

---

[146] Vgl. Berner, Strafgesetzgebung, S.267 ff. m.w.H.
[147] Kirchmann, v.a. S. 13 f.
[148] Radbruch, Drei Strafrechtslehrbücher, S. 429.
[149] Liszt, S. 53.
[150] Vgl. Landwehr, Wissenschaftsdidaktik, S. 122 f.

2. Teil: Allgemeine Grundlagen der Amtsdelikte

A. Kreis der strafbaren Personen

Obwohl in der ersten Hälfte des 19. Jahrhunderts noch keine Diskrepanz zwischen straf- und staatsrechtlichem Beamtenbegriff bestand, war in dieser Zeit außerordentlich umstritten, wie weit der Kreis der Personen reicht, die sich wegen Amtsverbrechen strafbar machen.

I. Beamte

1. Beamte als Staatsdiener

Einen Stand von Verwaltungsträgern hat es bereits im alten Ägypten gegeben.[1] Auch die römische Republik kannte Amtsträger.[2] Im Mittelalter wurde die Verwaltung meistens von Vasallen wahrgenommen. Ein modernes Beamtentum[3] bildete sich seit dem ausgehenden Hochmittelalter aus, und zwar zuerst im normannischen England, auf Sizilien und in Frankreich.[4]

a) Historischer Befund vor dem 18. Jahrhundert

Das Entstehen des modernen Beamtentums ist untrennbar verbunden mit dem Entstehen des neuzeitlichen Territorialstaats.[5] Seit dem späten 15. Jahrhundert gewannen in den größeren deutschen Staaten wie Österreich, Bayern, Sachsen[6] und mit einiger Verspätung auch in Brandenburg[7] „gemietete Doktoren"[8] erheblichen Einfluß auf die Verwaltung an den Fürstenhöfen.[9] Diese Juristen hatten keine Lehnsämter inne, sondern waren dem Landesherrn vertraglich verpflichtet.[10] In Brandenburg wurden die Rechtsverhältnisse der fürstlichen Räte

---

[1] Hintze, Beamtenstand, S. 78.
[2] Hattenhauer, Geschichte, S. 2 ff.
[3] Zum Ursprung des Wortes „Amt" Hintze, Beamtenstand, S. 88.
[4] I.E. Hattenhauer, Geschichte, S. 32 ff.
[5] Hattenhauer, Geschichte, S. 1.
[6] Vgl. Coing, S. 57.
[7] Vgl. Neugebauer, Preuß. Geschichte, Bd. 2, S. 544.
[8] Hintze, Beamtenstand, S. 83.
[9] Coing, S. 56 f.
[10] Hintze, Beamtenstand, S. 83.

zuerst durch die Hofordnung von 1537 geregelt, und zwar vor allem die Arbeitszeiten und die Verpflichtung der Räte zur zügigen und gewissenhaften Bearbeitung der ihnen gestellten Aufgaben.[11] In der Staatstheorie wurde gefordert, daß Beamte eine gewisse Unabhängigkeit haben müssen, um in der Lage zu sein, ihrem Dienstherrn auch unangenehme Ratschläge zu erteilen.[12]

b) Preußische Beamte im 18. Jahrhundert

aa) Unter Friedrich Wilhelm I.

Eigentlicher Schöpfer des preußischen Beamtentums war nach allgemeiner Ansicht Friedrich Wilhelm I.[13] Vor allem dieser König erkannte, daß nur eine starke Armee und die Unabhängigkeit von Subsidenzahlungen[14] durch fremde Mächte den Bestand des preußischen Staates garantieren könnten.[15] Neben Versuchen, den Wohlstand und damit das Steueraufkommen der Bevölkerung anzuheben sowie die Kosten für die Hofhaltung drastisch zu senken, bediente sich der König einer möglichst effektiven Verwaltung. Besonders die neue Steuerverwaltung diente nicht mehr ständischen Interessen, sondern nur noch dem Monarchen.[16] Organisatorisch bedeutete dies, daß 1723 die beiden preußischen Zentralbehörden, die Generalfinanzdirektion und das Generalkriegskommissariat, die sich bisher bekämpft hatten, in einem „Generaldirektorium" zusammengefaßt wurden.[17] Die lokale Verwaltung wurde wesentlich von Kommissaren ausgeübt, die ursprünglich aus dem militärischen Bereich stammten.[18] Sie dienten einzig dem Monarchen zur Durchsetzung seines Willens; sie waren die „Hauptinstrumente zur Zertrümmerung des alten ständischen Staats".[19] Neben den Kommissaren übten im ländlichen Raum, in dem sich ständische Strukturen am längsten behaupteten, Landräte die Verwaltung aus. Diese waren zugleich Vertreter der landesherrlichen Verwaltung und Vertrauenspersonen der Kreisstände.[20] Zwar hatten die Kreisstände bei der Besetzung von Landratsstellen

---

[11] Vgl. Hattenhauer, Geschichte, S. 63 ff.

[12] Hattenhauer, Geschichte, S. 87 ff.

[13] Z.B. Hartung, Studien, S. 223; Helfritz, S. 16; Stock, S. 10. m.w.H. Fehrenbach, l'educazione, Bd. 2/II, S. 221, sieht in der bayerischen Staatsdienerpragmatik von 1805 den Hauptentstehungsgrund des deutschen Berufsbeamtentums, diese Ansicht verwechselt Beamtentum und Beamtenrecht.

[14] Hartung, Friedrich Wilhelm I., S. 132.

[15] Hintze, Preuß. Beamtenstaat, S. 419 f.

[16] Hintze, Beamtenstand, S. 89.

[17] Hubatsch, Dt. Verwaltungsgeschichte, Bd. 1, S. 895 ff. (899 f.).

[18] Hintze, Commissarius, S. 242.

[19] Hintze, Commissarius, S. 245.

[20] Neugebauer, Preuß. Geschichte, Bd. 2, S. 550.

grundsätzlich ein Präsentationsrecht, jedoch wurden die Stellen oft vom König eigenmächtig besetzt.[21]

Die bis ins 18. Jahrhundert hinein übliche Bestechlichkeit von Beamten konnte vor allem durch regelmäßige Gehaltszahlungen ausgeschlossen werden.[22] Von allen Staatsbeamten verlangte der König, daß sie seinem asketischen Vorbild Folge leisteten und ihm vollkommen ergeben waren.[23] Der König forderte von seinen Beamten: „mit Leib und Lehben, mit Hab und Guht, mit Erh und Gewissen dienen und alles daran setzen als die Seligkeit, die ist vor Gott, aber alles das ander muß mein sein".[24]

bb) Unter Friedrich II.

Diese Beanspruchung der Beamten änderte sich auch unter Friedrich II. nicht, jedoch blieben nun höhere Beamtenstellen dem Adel vorbehalten.[25] Auch wurde bei der Einstellung von Beamten darauf geachtet, daß die Bewerber durch ihre Sozialisation mit den Gepflogenheiten des öffentlichen Dienstes vertraut waren, was zur Herausbildung von Beamtenfamilien führte.[26] Dennoch hatten alle Bewerber um öffentliche Ämter vor der Einstellung Prüfungen zu bestehen.[27]

cc) Vom Fürsten- zum Staatsdiener

Im 18. Jahrhundert setzte eine Entwicklung ein, die den Monarchen nicht mehr als Person, sondern als Organ des Staats verstand. Mit dieser Entwicklung korrespondierte auch eine Wandlung des Beamtenwesens. Beamte waren nicht mehr dem Fürsten persönlich verpflichtet, sondern sie waren, wie es auch die Überschrift des zehnten Titels des zweiten Teils des ALR ausdrückt, „Diener des Staats".[28] Von den Beamten wurde jedoch weiter verlangt, daß sie sich bis zur Selbstaufopferung für das Gemeinwohl einsetzen.[29] Die Lehre vom Innominatdelikt ermöglichte, diesen Anspruch mit strafrechtlichen Mitteln durchzusetzen und den Beamten gegebenenfalls aus dem öffentlichen Dienst zu

---

[21] Neugebauer, Preuß. Geschichte, Bd. 2, S. 550.
[22] Huch, S. 201 f.
[23] Z.B. Hartung, Friedrich Wilhelm I., S. 139 f.; Huch, S. 201 ff.
[24] Zitat bei Hartung, Friedrich Wilhelm I., S. 140.
[25] Hattenhauer, Geschichte, S. 115 ff.
[26] Vgl. Stirken, S. 86 ff.
[27] Vgl. Stirken, S. 98 f.
[28] Vgl. Jeserich, Dt. Verwaltungsgeschichte, Bd. 2, S. 305 f.; Hattenhauer, Geschichte, S. 147.
[29] Heinrich, S. 51 f.

entfernen. Die Vertreter der sogenannten Inamovibilitätstheorie[30], forderten jedoch seit dem 18. Jahrhundert, daß das besondere Verhältnis des Beamten zu seinem Dienstherrn nicht anders als durch richterliche Entscheidung aufgelöst werden könne.[31]

dd) Recht der Staatsdiener in II 10 ALR

Der zehnte Titel des zweiten Teils des ALR „Von den Rechten und Pflichten der Diener des Staats“ war die erste umfassende Regelung des Beamtenrechts.[32] Die Kodifikatoren mußten jedoch auf ihr Hauptanliegen, nämlich die Normierung der Inamovibilität, das heißt der nur gerichtlichen Absetzbarkeit der Beamten, verzichten.[33] Statt dessen wurde ein Verfahren festgelegt, wonach ein Verwaltungsbeamter durch einen Mehrheitsbeschluß des Staatsrats entlassen werden durfte. Es wurde jedoch eine Vorschrift in das ALR aufgenommen, die in den folgenden Jahrzehnten dahin ausgelegt wurde, daß Richter nur durch gerichtliche Entscheidung wegen einer dienstlichen Verfehlung aus dem Amt entfernt werden durften, § 99 II 17 ALR.[34] Diese Regelung wurde Grundlage für die unterschiedliche Entwicklung von Richterschaft und Verwaltungsbeamten in den kommenden Jahrzehnten.[35] In II 10 ALR wurden Richter und Verwaltungsbeamte gemeinsam als Zivilbediente angesehen und von den Militärbedienten unterschieden.

Das ALR erkannte die Entwicklung zum Staatsdiener an; die Beamten waren nicht mehr der Person des Königs, sondern der Institution des Staatsoberhaupts zu besonderer Treue verpflichtet (§ 2 II 10 ALR). Der Grund für diese besondere Treue und die Verpflichtung für die Dienste lag im vorher geleisteten Amtseid (§ 3 II 10 ALR). In die Beamtenschaft sollte weiterhin nur aufgenommen werden, wer zuvor in Prüfungen seine Befähigung zum Amt nachgewiesen hat (§§ 70 f. II 10 ALR). II 10 ALR ist das Recht eines besonderen Standes, das sich an die Regelungen des Bauern-, Bürger und Adelsstandes (II 7-9 ALR) anschließt.[36] Somit wurde im ALR, ohne daß dieser Begriff ausdrücklich gebraucht wurde, ein Beamtenstand konstituiert, welcher der Legaldefinition des Standesbegriffs in § 6 I 1 ALR entspricht. Danach bilden einen Stand „Personen, welchen, vermöge ihrer Geburt, Bestimmung oder Hauptbeschäftigung, gleiche

[30] Savigny kritisierte später den Gebrauch des Ausdrucks „Inamovibilität“ und forderte an seine Stelle den Begriff „Unabsetzbarkeit“ zu setzen; vgl. H. Schneider, S. 177.
[31] Z.B. Rehm, Hirths Annalen 1884 (Bd. 17), S. 576 ff.
[32] Hubrich, GS, Bd. 75 (1910), S. 54. Hattenhauer, Geschichte, S. 156.
[33] Kamptz, Kamptz' Jahrbücher, Bd. 45, S. 51 ff.
[34] Hintze, Beamtenstand, S. 91.
[35] Rejewski, S. 17.
[36] Vgl. Stock, S. 154 f.

Rechte in der bürgerlichen Gesellschaft beygefügt sind". Die Bestimmung des Beamtenstandes ist beschrieben in § 1 II 10 ALR:

> Militair- und Civilbediente sind vorzüglich bestimmt, die Sicherheit, die gute Ordnung, und den Wohlstand des Staats unterhalten und befördern zu helfen.

Darüber hinaus waren preußische Beamte zu „ordentlicher Lebensart"[37] verpflichtet; Beamte, welche dieser Verpflichtung nicht nachkamen, konnten gemäß § 363 II 20 ALR aus dem Beamtenstand ausgeschlossen werden. Von den übrigen Ständen unterschied sich der Beamtenstand dadurch, daß die Zugehörigkeit nicht durch Geburt feststand, sondern von der Regierung festgelegt wurde.[38]

ee) Am Ende des 18. Jahrhunderts

Gegen Ende des 18. Jahrhundert griff eine Unzufriedenheit mit den Leistungen preußischer Beamter um sich. So sah sich Friedrich Wilhelm III. 1797[39] veranlaßt, geheime Konduitenlisten einzuführen, in denen Vorgesetze die Leistungen der ihnen untergebenen Staatsdiener bewerten mußten. 1800[40] erneuerte der König die Forderung nach gewissenhafter Beurteilung der Beamten, denn viele im Staatsdienst Beschäftigte würden ihr Amt nur als Versorgungseinrichtung begreifen und Beförderung als Selbstverständlichkeit, die nicht mit Leistung zusammenhängt, erwarten.

c) Preußische Beamte in der ersten Hälfte des 19. Jahrhunderts

aa) Steins Kritik am Beamtentum

Nach dem Zusammenbruch von 1806 wurde der alte preußische Staat vor allem durch Stein in einen modernen Zentralstaat umgebaut.[41] Die Verwaltung sollte in diesem Staat nicht mehr obrigkeitliche Ziele bis in den letzten Winkel des Staats verbreiten, sondern vor allem die bürgerlichen Freiheiten organisieren.[42] Da es nur in den Städten gelungen ist, das Ideal der Selbstverwaltung zu verwirklichen, sind die Beamten bald in das Visier der Reformer gelangt. Stein griff die Kritik vom Ende des 18. Jahrhunderts auf und beklagte 1807 in der

---

[37] Vgl. Marginale vor § 363 II 20 ALR.

[38] Besonders insofern besteht eine gewisse Parallele des neuzeitlichen Beamtentums zum mittelalterlichen Klerus; vgl. Berman, S. 181 ff.

[39] Kabinettsordre vom 23. November 1797, vgl. Hattenhauer, Geschichte, S. 211 m.w.H.

[40] Kabinettsordre vom 29. Juli 1800; vgl. Hattenhauer, Geschichte, S. 212 m.w.H.

[41] Hattenhauer, Geschichte, S. 217. Zum Behördenaufbau in Preußen nach 1815 Unruh, Dt. Verwaltungsgeschichte, Bd. 2, S. 452 ff.

[42] Hattenhauer, Geschichte, S. 219 ff.

„Nassauer Denkschrift“ den „Mietlingsgeist“[43] der Beamten, den es zu überwinden gelte.

bb) Bürokratischer Absolutismus

Es war nicht gelungen, die Bedeutung des Berufsbeamtentums in Preußen wesentlich zu ändern und damit mehr Selbstverwaltung zu ermöglichen.[44] Vielmehr war die Zeit zwischen 1815 und 1848 eine „Blütezeit des bürokratischen Absolutismus“[45]. In diesen Jahrzehnten war einerseits der Wille des Monarchen nicht mehr allein maßgebend, andererseits fehlte ein Parlament, das die Politik bestimmte. Diese Lücke wurde von der Beamtenschaft besetzt, so daß die Verwaltung die Gesetzgebung weitgehend an sich zog.[46] Da in der Staatsverwaltung Leute beschäftigt waren, die nicht nur talentiert waren, sondern zum Teil durchaus kritisch dachten[47], hatten die höheren preußischen Beamten ein großes Selbstbewußtsein entwickelt.[48] Die bedeutendste Behörde war der 1817 neustrukturierte Staatsrat; er war ein „Beamtenparlament“, das bis 1848 das zentrale Gesetzgebungsorgan in Preußen war.[49] Jedoch waren die politischen Diskussionen in der Verwaltung oft schwerfällig, was neben der Schriftlichkeit vor allem am kollegialen Aufbau preußischer Behörden lag.[50]

Auf der anderen Seite der Verwaltung standen die Subalternen, also jener Teil der Bürokratie, mit dem die Bevölkerung unmittelbar konfrontiert war. Viele dieser Beamten waren ehemalige Unteroffiziere, die auch in den Amtsstuben weiter einen Kasernenhofton pflegten.[51] So kam es, daß die Beamtenschaft jenem Teil der Bevölkerung, der von der Entwicklung nach 1815 enttäuscht war, vor allem als ein „Bollwerk der Reaktion“[52] galt. Tatsächlich versuchten die Regierungen nach 1815, die politische Betätigung von Beamten zu beschränken oder zumindest im Regierungssinne zu beeinflussen. Daher konnte nur in höhere Positionen gelangen, wer neben einem Studium diverse Vorbereitungsdienste absolviert hatte, und sich dort angepaßt hat.[53] Die politische Drangsalierung von

---

43 Stein, Schriften, Bd. 2/I, S. 389.
44 Hartung, Studien, S.235.
45 Hartung, Studien, S. 223.
46 Koselleck, Sozialgeschichte, S. 66.
47 Branig, Neue Forschungen, S. 164 ff.
48 Hartung, Studien, S. 236 ff.
49 Vogel, Fischer-FS, S. 11 f.
50 Koselleck, Sozialgeschichte, S. 67.
51 Vgl. GStA, Rep. 84. II. 4. I, Nr. 2, Bd. 3 a, Bl. 27 VS f.; vgl. Hattenhauer, Geschichte, S. 282.
52 Hattenhauer, Geschichte, S. 229.
53 Hattenhauer, Geschichte, S. 276 f.

Beamten gipfelte 1848/49, als einige Beamte wegen ihrer Teilnahme an der deutschen Nationalversammlung aus dem Staatsdienst entfernt wurden.[54]

cc) Beamtenrecht

Die rechtliche Situation der Beamtenschaft hat sich nach Inkrafttreten des ALR nur in Teilbereichen geändert. 1817[55] wurde die Hierarchie der Beamten festgelegt. Es gab Räte und Subalternbeamte. Räte waren ausnahmslos Akademiker, welche die Vorbereitungsdienste erfolgreich absolviert hatten. Die Subalternen waren noch einmal in zwei getrennte Unterklassen gespalten[56], womit die Beamtenschaft praktisch dreigeteilt war. In den ersten Jahrzehnten des 19. Jahrhunderts bildeten die Räte nicht nur die Spitze der Verwaltung, sondern der gesamten Gesellschaft.[57] Diese Stellung wurde ihnen seit den vierziger Jahren von einem aufsteigenden Bürgertum streitig gemacht.[58] Die untersten Beamten bildeten zusammen mit Tagelöhnern, kleinen Handwerkern und Krämern die unterste Schicht der Gesellschaftspyramide.[59] Ein Aufstieg von einer Beamtenklasse in die nächsthöhere und ein damit verbundener gesellschaftlicher Aufstieg waren in Preußen praktisch ausgeschlossen.[60] 1825 wurde das Besoldungssystem umorganisiert und Unterbeamten zumindest der Lebensunterhalt garantiert.[61] Außerdem wurden 1825 die Pensionen der Beamten neu geregelt.[62]

In den zwanziger Jahren wurde in verschiedenen Verordnungen ein neues Verfahren der administrativen Entlassung, das nun Disziplinarverfahren genannt wurde, festgelegt. Diese Verordnungen wurden 1844 durch ein einheitliches Disziplinargesetz ersetzt. Das Gesetz von 1844 brachte den Beamten zwar endlich den Schutz vor willkürlicher Entlassung, da sie nur noch disziplinarisch oder gerichtlich entlassen werden konnten. Es wurde aber vom liberalen Teil der Öffentlichkeit heftig kritisiert, da nicht zwischen Richtern und Verwaltungsbeamten unterschieden wurde und man die Unabhängigkeit der Justiz gefährdet sah.[63] Richter und Verwaltungsbeamte wurden erst 1849 durch zwei Disziplinarverordnungen unterschieden.[64] Durch diese Verordnungen, die 1851/52 zu

---

[54] Vgl. 2. Teil, B. IV. 3.

[55] Verordnung vom 7. Februar 1817, prGS 1817, S. 61 ff.

[56] Hattenhauer, Geschichte, S. 283.

[57] Vgl. Raphael, S. 165 f.

[58] Hodenberg, S. 59 ff.

[59] Kübler, S. 94.

[60] Hattenhauer, Geschichte, S. 280.

[61] Hattenhauer, Geschichte, S. 294 f.

[62] Pensionsreglement vom 30. April 1825, Kamptz' Annalen , Bd. 16, S. 843 ff.

[63] Vgl. 2. Teil, B. IV. 2. a).

[64] Vgl. 2. Teil, B. IV. 2. b).

Gesetzen wurden[65], wurden Straf- und Disziplinarrecht grundsätzlich voneinander abgegrenzt.

Zu einer einheitlichen modernen Regelung des Beamtenrechts nach dem Beispiel der bayerischen Staatsdienerpragmatik von 1805[66], die auch in Preußen immer wieder gefordert wurde, ist es bis zum Ende der Monarchie nicht gekommen.[67] Obwohl die ständische Gliederung der bürgerlichen Gesellschaft im 19. Jahrhundert zurückging[68], konnte sich die Beamtenschaft ein einheitliches Standesbewußtsein auch in den Jahrzehnten nach Inkrafttreten des ALR behalten, so daß diese Gruppe weiter einen Staatsstand bildete.[69]

2. Beamte als Straftäter

a) Einheitlicher Beamtenbegriff

Ein Auseinanderfallen von strafrechtlichem und staatsrechtlichem Beamtenbegriff war dem ALR fremd. Dies ist folgerichtig, da ein Amtsdelikt die Verletzung der Standespflicht war. Selbst Ruhestandsbeamte blieben ihrem Dienstherrn besonders verpflichtet.[70] Maßgebend für die Zugehörigkeit zur Beamtenschaft war die tatsächliche Anstellung; wogegen es unerheblich sein sollte, ob der Beamte vereidigt worden war oder nicht.[71]

Jedoch war im einzelnen außerordentlich umstritten, wer zum Beamtenstand gehört.[72] § 69 II 10 ALR unterteilte die zivilen Beamten in mittelbare und unmittelbare. Unmittelbare Beamte wurden vom Staat angestellt, mittelbare von dem Staat untergeordneten Körperschaften, die Aufgaben der Staatsgewalt wahrnahmen.[73] Somit gehörten nicht nur Regierungsbeamte zum Beamtenstand, sondern auch Lehrer, Geistliche sowie Kommunal- und landständische Beamte.[74]

---

[65] Vgl. 2. Teil, B. IV. 2. c).
[66] I.E. Hattenhauer, Geschichte, S. 198 ff.
[67] Hintze, Beamtenstand, S. 92; Hattenhauer, Geschichte, S. 258.
[68] Laufs/Eichener, HRG, Bd. 4, Sp. 1905 f. (Stände, Ständewesen).
[69] Koselleck, Sozialgeschichte, S. 64; 389 f. Vgl. Hegel, Werke, Bd. 7, S. 457 ff. (§§ 289, 291); Marx, Frühschriften, S. 58 ff.
[70] Vgl. Kabinettsordre vom 21. Mai 1825, prGS 1825, S. 147.
[71] Kabinettsordre vom 11. August 1832, prGS 1832, S. 204.
[72] Vgl. GStA, Rep. 84. II. 4. I, Nr. 1, Bd. 3, Bl. 59 VS ff.
[73] Motive (1827-30), Bd. 3/I, S. 18 f.; vgl. § 16 II 14 ALR.
[74] Vgl. Entscheidung des Obertribunals vom 31. Dezember 1829, Hitzigs Zeitschrift, Bd. 14, S. 113 ff.

An der Übereinstimmung von staats- und strafrechtlichem Beamtenbegriff wurde auch in § 331 PrStGB festgehalten.[75] Seit 1842 sollten die Amtsdelikte allerdings nicht mehr auf Kirchenbeamte angewandt werden.[76] Die Disziplinarverordnungen von 1849 hatten die Regierung veranlaßt, in einer amtlichen Erklärung festzulegen, wer Beamter war und wer nicht.[77] Danach waren Abgeordnete in Staats- und Gemeindeparlamenten keine Beamte, sondern „Organe der Repräsentation". Von diesen sollten die „Organe der Regierung", die immer Beamte waren, unterschieden werden. Rechtsanwälte, Notare und Gerichtsvollzieher waren ebenfalls unmittelbare Beamte. Mittelbare Beamte waren vor allem Lehrer an kommunalen Schulen, Magistrate, Bürgermeister, Mitarbeiter der ständischen Verbände sowie der Deich- und Feuerversicherungen.

b) Entstehen des strafrechtlichen Beamtenbegriffs

Erst nach Inkrafttreten des PrStGB wandte das Obertribunal in verschiedenen Entscheidungen die Amtsdelikte auf immer mehr Personen an; damit begann die Verselbständigung des strafrechtlichen Beamtenbegriffs.[78] Die Tatsache, daß ein Angeklagter in einem festen Anstellungs- oder einem besonderen Gewaltverhältnis stand, war nicht mehr allein maßgebend für die Beurteilung der Amtsträgereigenschaft. Vielmehr konnten auch solche Personen Amtsdelikte verwirklichen, die im Interesse des Staats tätig wurden oder denen Amtsgeschäfte anvertraut waren. Somit war nicht mehr allein das Innenverhältnis des Angeklagten zum Staat maßgebend, sondern die tatsächliche Ausübung eines öffentlichen Amtes, wobei auch eine vorübergehende Beschäftigung die Amtsträgereigenschaft nicht ausschloß.[79] Mit dieser Ausdehnung des strafrechtlichen Beamtenbegriffs waren die Amtsdelikte nicht mehr ausschließlich Sonderdelikte eines Berufsstands. Vielmehr wurden sie nun ihrer Überschrift „Vergehen und Verbrechen im Amte" gerecht. Zugleich wurde die Unterscheidung des straf- vom staatsrechtlichen Beamtenbegriff zu einem Problem für die Jurisprudenz.[80]

II. Nichtbeamte als Teilnehmer

Die Frage, inwieweit ein Nichtbeamter, im 19. Jahrhundert auch als Extraneus bezeichnet, an Amtsdelikten teilnehmen kann, war im 19. Jahrhundert innerhalb der Rechtsprechung, der Gesetzgebung und in der gemeinen Strafrechtswissen-

---

[75] Vgl. Beseler, S. 563 ff.
[76] Meves, Holtzendorffs Handbuch, Bd. 3, S. 935.
[77] Abgedruckt bei Goltdammer, Bd. 1, S. 517 ff.
[78] Heinrich, S. 82 ff.
[79] Vgl. Heinrich, S. 82 ff. m.w.H.
[80] Vgl. Eser, Schönke/Schröder, § 11, Rdn. 14 ff., vgl. auch § 359 StGB a.F.

schaft außerordentlich umstritten.[81] Da vor Inkrafttreten des ALR nur die allgemeinen Tatbestände auf Verfehlungen von Beamten angewandt wurden, bereitete die Teilnahme von Nichtbeamten an diesen allgemeinen Delikten keine dogmatischen Schwierigkeiten. Erst mit der Bildung eines Standesstrafrechts im ALR wurde die Teilnahme von Nichtbeamten an Amtsdelikten zu einem größeren Problem.

1. Außerpreußisches Strafrecht

a) Rechtswissenschaft

Das gemeine Recht hat die Teilnehmer an Verbrechen in generelle und spezielle unterschieden. Hat ein Gehilfe „mit derjenigen Absicht, welche zum Wesen des Verbrechens gehört, dabei mitgeholfen, so wird er ein spezieller, sonst nur ein genereller Teilnehmer genannt."[82] Spezieller Teilnehmer konnte danach nur derjenige sein, bei dem alle subjektiven Tatelemente vorlagen, die übrigen Teilnehmer waren nur generelle Teilnehmer.

Auf Merkmale des objektiven Tatbestandes bezogen wurde die Lehre von der besonderen Teilnahme zuerst von Konopak.[83] Die Frage nach genereller und spezieller Beteiligung beantwortete Konopak unabhängig von der Haupttat anhand besonderer Merkmale, die allein beim Gehilfen vorliegen. Geklärt wurden die Begriffe letztlich von Feuerbach 1808. Spezielle Beihilfe lag vor, „wenn die Handlung des Gehülfen dieselben Umstände an sich hat, welche den Begriff des von dem Urheber begangenen Verbrechens ausmachen [...]; in dem entgegengesetzten Falle ist der Begriff eines allgemeinen Gehülfen [...] begründet."[84] Danach konnte nur spezieller Teilnehmer an einer Tat sein, wer auch als Haupttäter in Frage kam.[85] Also nur Beamte konnten spezielle Teilnehmer an Amtsdelikten sein.

Konopak und Feuerbach, wie alle späteren Rechtslehrer, bezogen die Lehre vom besonderen und allgemeinen Gehilfen auch auf Amtsdelikte. Bei delicta propria war das Bestehen einer Amtspflicht, die vom Täter verletzt wurde, Voraussetzung der Strafbarkeit. Ein Gehilfe, der nicht wie der Haupttäter zur Treue gegenüber seinem Dienstherrn verpflichtet war, konnte sich nicht wegen Verletzung dieser Pflicht strafbar machen, auch nicht als Teilnehmer.[86]

---

[81] Vgl. Nagler, S. 85 ff.
[82] Klein, Grundsätze, S. 105.
[83] Konopak, ArchCrimR, Bd. 7 (1807/11), H. 3, S. 297 ff.
[84] Feuerbach, Lehrbuch, 4. Auflage, S. 52.
[85] Vgl. Nagler, S. 87.
[86] Brackenhoeft, ArchCrimR (NF) 1840, S.423, Roßhirt, ArchCrimR (NF), 1851, S. 530 ff.

Etwas anderes galt bei Amtsverbrechen, die grundsätzlich jedermann verüben konnte, die aber durch die Amtseigenschaft des Täters besonders qualifiziert wurden. Der Gehilfe, der selber kein Beamter war, konnte hier wegen Beihilfe zum gemeinen Delikt bestraft werden.[87] Das qualifizierende Merkmal der Amtspflichtverletzung galt aber nur für den Haupttäter.[88]

b) Württembergisches Strafgesetzbuch von 1839

Die Ansicht der Rechtswissenschaft fand sich vor allem in Art. 404 des württembergischen Strafgesetzbuches von 1839.[89] Danach war die Teilnahme an einem Amtsdelikt durch Nichtbeamte nur dann möglich, wenn der Tatbestand des Amtsdelikts zugleich ein gemeines Delikt mitbeinhielt. In den Motiven zu einem vorangehenden Entwurf von 1835, der diese Norm ebenfalls enthielt, wurde die Vorschrift sehr viel pragmatischer begründet als von den Lehrern des gemeinen Rechts. Der Teilnehmer an einem Dienstverbrechen könne die Dienstpflicht, die ein Beamter verletzt, oft gar nicht kennen oder richtig bewerten.[90] Aber auch Art. 404 wurde von württembergischen Gerichten verschieden ausgelegt.

Ausgangspunkt war ein Fall, in dem ein Schultheiß, der keine öffentliche Kasse zu verwalten hatte, an den Unterschlagungen eines Kassenbeamten teilgenommen hat. Innerhalb des Kriminalsenats in Ellwangen war umstritten, ob der Schultheiß wegen Teilnahme an einer Amtsunterschlagung oder nur wegen Teilnahme an einfacher Unterschlagung verurteilt werden kann. Diese Frage wurde in ein sogenanntes Präjudizienbuch eingetragen und vom württembergischen Obertribunal und dem Justizministerium dahin entschieden, daß „ein öffentlicher Diener, welcher mit dem Urheber eines Dienstvergehens, in Beziehung auf dieses, keine Dienstobliegenheit zu erfüllen habe, [...] sich einer Teilnahme an jenem Vergehen, sofern es nicht ein gemeines Verbrechen in sich schließe, nicht schuldig [mache].“[91] Dagegen könne sich ein Vorgesetzter, der

---

[87] Z.B. Roßhirt, ArchCrimR (NF) 1851, S. 530; Brackenhoeft, ArchCrimR (NF) 1840, S. 422.

[88] Vgl. § 28, Abs. 2 StGB.

[89] Abgedruckt in Zusammenstellung (1841), Bd. 5, S. 360 f. Vgl. zu Art. 404 auch Hepp, ArchCrimR (NF), 1846, S. 326 ff. und kritisch Berner, Teilnahme, S. 208.

[90] Entwurf mit Motiven abgedruckt in Zusammenstellung (1841), Bd. 5, S. 360 f.; eine entsprechende Vorschrift war auch § 252 des Braunschweigischen Strafgesetzbuches von 1840, abgedruckt ebd., Bd. 5. S. 361.

[91] Fallschilderung und Zitat bei Hufnagel, Bd. 3, S. 582 f.

selber keine Kasse zu führen habe, den Täter aber hätte beaufsichtigen müssen, durchaus wegen Teilnahme an der Amtsunterschlagung strafbar machen.[92]

2. Preußisches Strafrecht

a) Rechtswissenschaft

Besonders von preußischen Juristen wurde im 19. Jahrhundert auch ein streng akzessorischer Standpunkt vertreten, und zwar vor allem von Luden[93], Temme[94] und Berner.[95] Diese Juristen gaben die gemeinrechtliche Unterscheidung in allgemeine und besondere Teilnehmer auf.[96] Ihrer Ansicht nach waren für die rechtliche Bewertung einer Beihilfe nicht die Verhältnisse der Beteiligten entscheidend, sondern allein die begangene Haupttat. Die Vertreter dieser Ansicht stellten diese in den Mittelpunkt; sie war wie jede Straftat die Verwirklichung eines bestimmten Willens.[97] Wer ein Amtsdelikt als solches fördern wolle und tatsächlich fördere, müsse sich die Tathandlung zurechnen lassen. Dabei sei die Frage, ob der Teilnehmer Beamter ist oder nicht, unerheblich, denn der Teilnehmer will ohnehin keine eigene, sondern eine fremde Tat.[98] So fragte Temme: „Warum soll der Gehülfe straflos bleiben, der ein Amtsverbrechen hervorbringen will?“[99] Bedeutend blieb die Amtseigenschaft des Haupttäters allerdings bei der Strafzumessung; hier, und nur hier, sollte die Tatsache bedeutend sein, daß der Teilnehmer selber keine Dienstpflicht verletzt hat.[100]

Von den Vertretern der akzessorischen Teilnahmelehre wurde allerdings nicht bestritten, daß die Teilnahme an einem Disziplinarvergehen nicht möglich ist. Ein derartiger Verstoß entspreche einer Ordnungswidrigkeit, d.h. es liege kein verbrecherischer Wille vor, der dem Gehilfen zugerechnet werden könne. Außerdem würden Verstöße gegen die dienstliche Disziplin von der vorgesetz-

---

[92] Hufnagel, Bd. 3, S. 583. In der Wissenschaft wurde noch weiter gegangen. Beihilfe zur Amtsunterschlagung könne nur der Beamte leisten, der eben die Kasse, aus der Geld entwendet wurde, verwaltet, z.B. Roßhirt, ArchCrimR (NF) 1851, S. 532 f.; für das spätere Recht erweiterte Binding, Lehrbuch Bd. 2/II, S. 413, diesen Gedanken noch um ein territoriales Element: „Ein preußischer und ein sächsischer Richter können so wenig zusammen das Recht beugen als ein württembergischer Richter und ein württembergischer Schulmeister.“

[93] Luden, Bd. 2, S. 356 ff.

[94] Temme Beiträge, S. 1 ff.

[95] Berner, Teilnahme, S. 207 ff.; später Berner, Lehrbuch, S. 162 f.

[96] Luden, Bd. 2, S. 357; Nagler, S. 88 f.

[97] Temme, Beiträge S. 22 ff. m.w.H, 40 f.; Luden, Bd. 2, S. 357 f.

[98] Berner, Teilnahme, S. 207.

[99] Temme, Beiträge, S. 41.

[100] Berner, Teilnahme, S. 209.

ten Behörde geahndet, die eine Rechtsfolge ausspricht, die sich auf das Beamtenverhältnis bezieht, aber keinen Extraneus treffen könne.[101]

b) In II 20 ALR

Temme sah die streng akzessorische Teilnahmelehre auch als Grundlage des landrechtlichen Strafrechts an.[102] In § 64 II 20 ALR sei festgelegt, daß jeden von denen, die sich zur Begehung eines Verbrechens verbunden hätten, die gesetzliche Strafe treffen müsse. Außerdem würden gem. § 73 jedem Beteiligten alle Tathandlungen zugerechnet. Temme suchte seine Ansicht mit Beispielen aus dem achten Abschnitt des landrechtlichen Strafrechts zu belegen. So werde gem. §§ 483 ff. die Beihilfe zur Desertion bestraft; vor allem lasse sich der akzessorische Standpunkt aus §§ 366 ff. entnehmen. Danach sollte nicht nur der Beamte wegen Bestechlichkeit, sog. passiver Bestechung, bestraft werden, sondern auch der Bestechende wegen aktiver Bestechung.[103]

Dieses Beispiel ist jedoch entgegen der Ansicht Temmes gerade ein Beleg dafür, daß das ALR die Handlung des Gehilfen nicht streng akzessorisch bewertete. Bestechung ist ein Lebensvorgang, an dem sich notwendig zwei Handelnde, der Bestechende und der Bestochene, beteiligen. Die Willensäußerungen dieser beiden Beteiligten richten sich „auf dasselbe Ziel, allerdings von verschiedenen Seiten her, so daß sich die Handlungen gewissermaßen aufeinander zu bewegen."[104] Bestechlichkeit ist ohne die Beteiligung eines Bestechenden schlechterdings undenkbar, weshalb es nahe liegt, auch diesen zu bestrafen. Aber selbst diese naheliegende Strafbarkeit aller Beteiligten an einem Amtsdelikt stellte für das preußische Strafrecht nur einen Sonderfall dar. Die aktive Bestechung wurde nämlich nur dann bestraft, wenn der bestochene Beamte in der Justiz tätig war. Für die Bestechungen aller übrigen Beamten galt die allgemeinere Vorschrift der § 360 f., in denen die Strafbarkeit wegen aktiver Bestechung gerade nicht enthalten war. Durch das Publikandum vom 27. März 1801[105] wurden die Vorschriften über Bestechung von Justizbeamten auf Finanz- und Polizeibeamte, aber nicht auf alle Beamte ausgedehnt. Das landrechtliche Strafrecht bewertete die Teilnahme eines nichtbeamteten Dritten an einem Amtsdelikt nur ausnahmsweise als strafbar, und zwar nicht nach den allgemeinen Regeln über die Teilnahme an einer Straftat, sondern durch einen besonderen Straftatbestand. Aus dieser Ausnahmeregelung läßt sich kein allgemeiner Rechtsgedanke schließen; vielmehr liegt es nahe, aus der Systematik der Bestechungsdelikte die

---

[101] Temme, Beiträge, S. 49; Motive (1833), S. 439 f.
[102] Temme, Beiträge, S. 41 ff.
[103] Temme, Beiträge, S. 48.
[104] Jescheck/Weigend, S. 698.
[105] Abgedruckt in: Gräff/Rönne/Simon, Bd. 6, S. 336 f.

Lehre des generellen und des speziellen Teilnehmers zu entnehmen, d.h. von der Straflosigkeit extraner Teilnehmer an solchen Amtsdelikten, die keine gemeinen Delikte in sich bergen, auszugehen.

c) Rechtsprechung

Die preußische Justiz hing der gemeinrechtlichen Lehre vom speziellen Gehilfen an und hielt die Bestrafung von extranen Teilnehmern an Amtsdelikten nicht für möglich.[106] Temme selbst stellte seiner Abhandlung über die Akzessorietät eine Entscheidung des Kammergerichts über Bankrott voraus.[107] Im Gegensatz zur ersten Instanz schloß das Kammergericht die Teilnahme eines kaufmännischen Angestellten am Bankrott des Geschäftsinhabers aus, da der Tatbestand des Bankrotts eine Spezialnorm sei, die das Verheimlichen des eigenen Vermögens erfordere. Als Beleg dieser Rechtsansicht führt das Kammergericht aus, daß niemand, „welcher nicht Beamter ist, wegen Miturheberschaft oder unmittelbarer Teilnahme an einem Amtsvergehen bestraft werden kann“[108].

3. Kodifikation des akzessorischen Standpunkts

a) Entwürfe von 1833 bis 1846

Der Streit um die Teilnahme an Amtsdelikten war zur Zeit der Kodifikation des ALR kaum ausgeprägt, da die Pflichtwidrigkeiten von Beamten vor allem unter allgemeine Tatbestände subsumiert wurden. Eine Entscheidung zugunsten der strengen Akzessorietät in der Gesetzgebung fiel erst 1833 im revidierten Entwurf von Kamptz. Dort wurde in einer eigenen Vorschrift festgestellt, daß die Teilnahme an Amtsdelikten immer strafbar sein sollte.[109] Die Gerichte hätten die Frage nach der Teilnahme von Nichtbeamten unterschiedlich beantwortet. Die Bestrafung nichtbeamteter Teilnehmer an Amtsdelikten sei indes wünschenswert.[110]

Schwierigkeiten bereitete Kamptz bei der Fassung der Vorschrift[111] allerdings das Strafmaß der Teilnehmer, wenn der Haupttäter mit Amtsverlust oder Degradation bestraft wurde; für diese Fälle ordnete der Entwurf eine Surrogatstrafe als Rechtsfolge an. Statt Degradation sollte den Teilnehmer eine Gefängnisstrafe von drei Monaten bis zu zwei Jahren treffen, an die Stelle des Amtsverlustes trat eine Arbeitsstrafe von einem halben bis zu vier Jahren. Wenn der Haupttäter

---

[106] Vgl. Motive (1833), S. 439; Beseler, S. 565.
[107] Temme, Beiträge, S. 1 ff.
[108] Temme, Beiträge, S. 3.
[109] Entwurf (1833), § 698; (1836), § 793; vgl. Entwurf (1842), § 693.
[110] Materielle Abweichungen (1833), S. 122.
[111] Entwurf (1833), § 698; (1836), § 793.

neben Amtsverlust bzw. Degradation noch mit einer Freiheits- oder Geldstrafe bestraft wurde, sollten auch die Surrogatstrafen neben die eigentliche Strafe des Teilnehmers treten. Allerdings sollte die Vorschrift aktive Bestechung ausdrücklich nicht erfassen, da diese in einem eigenen Tatbestand geregelt war.

An der Strafbarkeit der Teilnahme von Nichtbeamten an Amtsdelikten wurde auch in allen folgenden Entwürfen festgehalten. Im Staatsratsentwurf von 1843[112] wurde die Surrogatstrafe nicht mehr danach abgestuft, ob der Haupttäter entlassen oder degradiert wird. Statt dessen wurde nur eine einheitliche Surrogatstrafe von bis zu drei Jahren Freiheitsentzug angedroht. Danach konnte der Richter auch die härteste Freiheitsstrafe, Arbeitshaus, als Surrogat verhängen. Dies wurde von Abegg und Temme als unmäßig hart kritisiert.[113] Der Einwand der beiden Rechtslehrer blieb jedoch folgenlos. Im Entwurf von 1845[114] wurde die Arbeitshausstrafe von bis zu drei Jahren als Ersatz für den Amtsverlust[115] beibehalten.[116]

b) Staatsratskommission von 1846

Der Entwurf Bischoffs von 1845 wurde im folgenden Jahr in einer Kommission des Staatsrats kontrovers diskutiert.[117] Dabei wurde zum ersten Mal im Gesetzgebungsverfahren die strenge Akzessorietät, die alle Entwürfe seit 1833 angeordnet hatten, wieder in Frage gestellt. Denn die reinen Amtsverbrechen, die kein gemeines Verbrechen mitbeinhielten, stünden den Disziplinarvergehen sehr nahe. Da dort eine Teilnahme nicht möglich sei, könne sie hier ebensowenig möglich sein.[118] Dagegen wurde von den Befürwortern des akzessorischen Prinzips, die sich in der Schlußabstimmung mit sieben zu einer Stimme durchsetzten, eingewandt, daß sich reine Amtsverbrechen von Verstößen gegen die Disziplin durchaus unterschieden, vor allem durch unterschiedliche Verfahren. Das Disziplinarverfahren stelle weniger strenge formelle Anforderungen, weshalb es nur gegen Beamte, die dem Staat besonders verpflichtet seien, angewandt werden dürfe. Gegen andere Bürger müsse immer das Kriminalverfahren angewandt werden. Dieses sei aber auch geeignet, gegen extrane Teilnehmer an Amtsdelikten vorzugehen.[119] Die Teilnahme von Nichtbeamten an Amtsverbre-

---

[112] Entwurf (1843), § 614.
[113] Abegg, Kritische Betrachtungen, S. 546; Temme, Kritik (1843), Bd. 2, S. 507 f.
[114] Entwurf (1845), § 395.
[115] Ein Surrogat für Degradation war nicht mehr erforderlich, da diese Strafe 1845 aufgegeben wurde, vgl. Revision (1845), Bd. 3, S. 116.
[116] Vgl. Revision (1845), Bd. 3, S. 116.
[117] Protokolle der Staatsratskommission (1846), S. 189 ff.
[118] Protokolle der Staatsratskommission (1846), S. 190.
[119] Protokolle der Staatsratskommission (1846), S. 190

chen zu bestrafen, sei in der Vergangenheit oft gewünscht worden. Auch würden die meisten Partikularstrafgesetze eine entsprechende Vorschrift enthalten.[120]

Außerdem wurde in der Kommission das Prinzip der Wandlung der Strafmittel, die nur auf Beamte angewandt werden, bemängelt. Amtsverlust sei Ausdruck einer besonderen Verpflichtung des Beamten. Da ein Extraneus nicht in besonderer Weise verpflichtet sei, sei auch kein Surrogat angebracht. Auch gebe es umgekehrt Fälle, in denen ein Beamter wegen der Begehung eines gemeinen Verbrechens aus dem Amt entlassen werde, ohne daß hier eine Surrogatstrafe für den nichtbeamteten Teilnehmer ausgesprochen werde.[121]

Dem wurde von den Befürwortern der Strafverwandlung entgegnet, daß ein Teilnehmer nach „Maßgabe der Teilnahme mit der gesetzlich angedrohten Strafe belegt werden müsse."[122] Zu der gesetzlich angedrohten Strafe eines Amtsverbrechens gehöre aber unter Umständen auch der Amtsverlust. Da dieser den Extraneus nicht treffen könne, müsse ein Ersatz gefunden werden. Daß der Teilnehmer dem Staat nicht im gleichen Maße verpflichtet sei wie der Haupttäter, solle in der Strafzumessung berücksichtigt werden.[123] Die Kommission hielt mit sechs zu drei Stimmen am Prinzip der Surrogatstrafe fest. Mit fünf zu vier Stimmen wurde außerdem beschlossen, daß ein Teilnehmer auch in Fällen bestraft werden soll, in denen das Gesetz dem Haupttäter nur Amtsverlust androht. Immerhin wurde ohne Diskussion die Anregung Temmes und Abeggs angenommen und die Surrogatstrafe erheblich gemildert. Sie bestand nun in Gefängnis bis zu zwei Jahren oder in einer Geldstrafe bis zu 500 Talern.[124]

c) Im PrStGB

Erst im Entwurf von 1848[125] wurde auf die Surrogatstrafe verzichtet. Dies war möglich geworden, da der Amtsverlust nicht mehr Kriminal-, sondern nur noch Disziplinarstrafe war. § 331, Abs. 2, PrStGB lautete schließlich:

> Nehmen Personen, welche keine Beamte sind, an einem der in diesem Titel bezeichneten Verbrechen oder Vergehen teil, so sollen, soweit keine Ausnahmen bestimmt sind, die allgemeinen Grundsätze über Teilnahme gelten. Auf den im

120 Protokolle der Staatsratskommission (1846), S. 190. Diese Behauptung ist unrichtig; außer Württemberg enthielt nur das StGB von Braunschweig eine Vorschrift, wonach die Teilnahme nur strafbar war, wenn die Haupttat zugleich den Tatbestand eines gemeinen Verbrechens verwirklicht hat, vgl. Zusammenstellung (1841), Bd. 5, S. 360 f.

121 Protokolle der Staatsratskommission (1846), 190.

122 Protokolle der Staatsratskommission (1846), S. 190 f. (Zitat S. 190).

123 Protokolle der Staatsratskommission (1846), 191.

124 Entwurf (1846), § 392; vgl. Entwurf (1847), § 400.

125 Entwurf (1848), § 240, Abs. 2; vgl. Entwurf (1849), Art. 244, Abs. 2; (1851), § 303, Abs. 2.

§. 309 [Vorteilsnahme] vorgesehenen Fall findet diese Bestimmung keine Anwendung.[126]

4. Wiederaufflammen des Streits nach 1871

Im Reichsstrafgesetzbuch fehlte eine ausdrückliche Strafdrohung für Teilnehmer an Amtsverbrechen. Die Lösung dieses Problems wurde wieder in die Gerichtssäle und auf die Strafrechtswissenschaft verlagert.[127] Im RStGB[128] war mit § 50 ein Vorläufer des heutigen § 28, Abs. 2 StGB formuliert, wonach straferhöhende Gründe nur für den Beteiligten gelten sollten, bei dem sie vorliegen. Dagegen fehlte bis 1968 ein Vorläufer des heutigen § 28, Abs. 1 StGB, wonach beim Fehlen strafbegründender Merkmale bei einem Teilnehmer dieser grundsätzlich strafbar ist. Daher war 1871 die Strafbarkeit von Nichtbeamten an reinen Amtsdelikten außerordentlich umstritten. Die herrschende Ansicht forderte, daß sich die Strafe des Teilnehmers an der Strafe des Haupttäters bemißt.[129] Die Gegner dieser Ansicht sahen in den echten Amtsdelikten Sonderdelikte. Nur in einem Fall, nämlich bei der aktiven Bestechung, sei die Teilnahme an einem Sonderdelikt ausdrücklich mit Strafe bedroht, und zwar durch eine Spezialnorm. Daraus folge im Umkehrschluß, daß alle übrigen Teilnahmehandlungen straffrei bleiben müßten.[130] Erst durch die Fassung des Vorläufers von § 50, Abs. 1, StGB alter Fassung, dem Vorläufer von § 28, Abs. 1 StGB, im Jahr 1968 wurde die Teilnahme an echten Amtsverbrechen allgemein als strafbar anerkannt.[131]

Auffällig ist, daß die wissenschaftliche Diskussion (sieht man von den für die Frage der Teilnahme an Amtsdelikten letztlich dürftigen Äußerungen Feuerbachs und Konopaks ab) um die Strafbarkeit nichtbeamteter Teilnehmer vor allem in den vierziger und frühen fünfziger Jahren des 19. Jahrhunderts geführt wurde.[132] Dagegen hatten die Gesetzgeber auf die Frage nach der Teilnahme an Amtsdelikten bereits in den dreißiger Jahren unterschiedliche Antworten gefun-

[126] Das PrStGB kannte keine Strafbarkeit wegen Vorteilsgewährung; abgesehen von Beihilfefällen zur Bestechung/Bestechlichkeit sollten die Vorschriften des PrStGB über Bestechung abschließend sein.

[127] Nagler, S. 91.

[128] Das Reichsstrafgesetzbuch von 1871 und alle ergänzenden sowie ändernden Gesetze sind abgedruckt in Vormbaum/Welp.

[129] Rubo, S. 463 ff. m.w.H.

[130] Schwarze, S. 162 f.

[131] Die Teilnahme an Sonderverbrechen, besonders den unechten, ist auch heute noch umstritten, wenngleich die Strafbarkeit der Teilnehmer von einer ganz überwiegenden Meinung bejaht wird. Vgl. Cortez-Rosa, ZStW Bd. 90 (1978) S. 413 ff.

[132] Brackenhoeft und Luden 1840, Temme 1842, Hepp 1846, Berner 1847, H. A. Zachariä 1850, Roßhirt 1851.

den[133] und ihre Antworten kriminalpolitisch begründet.[134] Die Strafrechtswissenschaft leistete vor allem eine genaue Erfassung und eingehende Begründung der in den Strafgesetzen und Entwürfen festgelegten Standpunkte. Dogmatisch bedeutete die Möglichkeit der Teilnahme von Nichtbeamten an Amtsdelikten, daß diese nicht mehr in dem hohen Maße wie vorher Sonderstrafrecht waren. Als wirkliches Sonderrecht der Beamten entwickelte sich das Disziplinarrecht, wo die Teilnahme von Nichtbeamten unerheblich war.[135]

III. Konnivenz

Ein besonderer Fall der Teilnahme an Amtsdelikten ist die Konnivenz, die Verleitung von Untergebenen zu Straftaten. Die Konnivenz war bereits im gemeinen Recht bekannt.[136] Sie hat eine doppelte Natur: Zum einen stellt sie jede Beteiligung des Vorgesetzen an Amtsdelikten, und zwar nur an Amtsdelikten, ihrer Untergebenen unter Strafe, zum anderen war sie ein eigenständiger Tatbestand.[137] [138]

1. Konnivenz in § 342 ff. II 20 ALR

a) Durch aktives Tun

Die Konnivenz durch aktives Tun war in § 342 II 20 ALR geregelt. Danach sollte ein Vorgesetzter, der einen Untergebenen zu einer Amtspflichtverletzung (aber nicht zu einer gemeinen Straftat) verleitet hat, höchstens doppelt so hart wie der untergebene Beamte bestraft werden. Diese Norm ist eine nähere Bestimmung der allgemeinen Regeln über Täterschaft. Täter wurden im gemeinen Recht und im ALR als Urheber bezeichnet, wobei vom physischen Urheber der intellektuelle unterschieden wurde.[139] Als intellektuelle Urheber einer Straftat galten bis weit ins 19. Jahrhundert nicht nur solche Personen, die heute als mittelbare Täter bezeichnet werden, sondern vor allem Anstifter. Die Tathandlung des Anstifters wurde mit verschiedenen Verben beschrieben, unter anderem mit „verleiten" in § 67 des landrechtlichen Strafrechts und in § 34, Abs. 1 des

---

[133] Preußen Entwurf von 1833; Württemberg Entwurf von 1835, Braunschweig Kriminal-Gesetzbuch von 1840

[134] Vgl. Dollmann, Bluntschli, Staatswörterbuch, Bd. 1, S. 229 (Amtsverbrechen und Amtsvergehen).

[135] Stock, S. 195.

[136] Meves Holtzendorffs Handbuch, Bd. 3, S. 918.

[137] Vgl. Cramer, Schönke/Schröder, § 357, Rdn. 1.

[138] Neben der eigentlichen Konnivenz enthielt das landrechtliche Strafrecht Schadensersatz-vorschriften gegen vorgesetzte Beamte, die ihrer Aufsichtspflicht nicht nachkamen, z.B. §§ 344, 437 ff.

[139] § 67 II 20 ALR; vgl. Temme, Handbuch, S. 23.

PrStGB. Im Entwurf von 1804 wurde der Täter der Konnivenz ausdrücklich als Urheber der Straftat bezeichnet.[140]

Gem. § 68 II 20 ALR wurde derjenige, der ein Respektsverhältnis zu einem Untergebenen ausgenutzt hat, um ihn zur Begehung der Haupttat zu bestimmen, als Rädelsführer[141] mit geschärfter Strafe bestraft, ohne daß das Ausmaß der Strafschärfung bestimmt wurde. § 342 wiederholte die allgemeinen Vorschriften, konkretisierte aber die Strafschärfung. Was Verdoppelung der Strafe genau bedeuten sollte, blieb allerdings auch in § 342 unklar. Während Abegg diese Unbestimmtheit erst 1844 kritisierte[142], hat Grolmann in seiner Bewertung der Monita die Vorschrift[143] bereits als unangemessen hart bemängelt[144], ohne sich mit seinem Einwand durchgesetzt zu haben.

b) Durch Unterlassen

Gemäß § 346 II 20 ALR soll ein Vorgesetzter, der eine Pflichtwidrigkeit eines Untergebenen vorsätzlich geduldet hat, ebenso wie der Untergebene bestraft werden. Außerdem mußte er, wenn er die Tat um eines Vorteils willen geduldet hat, das Vierfache des Vorteils als Geldstrafe zahlen, § 347. § 346 ist Ausfluß des allgemeinen Prinzips aus § 1 II 20 ALR, wonach es Pflicht eines Vorgesetzten ist, „Laster und Verbrechen bey seinen Untergebenen zu verhüten". Im Falle vorgesetzter Beamter wurde diese Pflicht mit strafrechtlichen Mitteln durchgesetzt. Die Kriminalitätsverhinderungspflicht vorgesetzter Beamter entsprach somit heutigen Garantenpflichten, die seit Beginn des 19. Jahrhunderts in der Rechtswissenschaft entwickelt wurden.[145]

aa) Garantenstellung der Vorgesetzten

Das landrechtliche Strafrecht kannte zwar die allgemeine Pflicht, Straftaten gegen die Sicherheit des Staates sowie gegen das Leben, die Gesundheit und das Vermögen zu verhindern. Ein Verstoß gegen diese Pflicht wurde jedoch nur im Verhältnis zum Verschulden, nicht im Verhältnis zum Schaden bestraft (§§ 80 ff. II 20 ALR). Im übrigen kannte das landrechtliche Strafrecht nur § 782 als Unterlassungsdelikt. Danach wurde jemand, der einen anderen nicht aus Lebensgefahr gerettet hat, mit höchsten 14 Tagen Gefängnis bestraft, und zwar

---

[140] GStA, Rep. 84. II. 4. I, Nr. 21, § 365.

[141] Der Begriff des Rädelsführers hatte im preußischen Strafrecht eine andere Bedeutung als im gemeinen Recht, vgl. Temme, Handbuch, S. 25.

[142] Abegg, Kritische Betrachtungen, S. 545 f.

[143] § 310 I III 8 Entwurf (AGB) Die Vorschriften des Entwurfs (AGB) werden in der Reihenfolge Paragraph, Teil, Abteilung, Abschnitt zitiert.

[144] GStA, Rep. 84, Abt. XVI, Nr. 7, Bd. 78 a, Bl. 397 VS.

[145] Köhler, S. 213 m.w.H.

nur, wenn der Tod des Opfers tatsächlich eingetreten ist. Die Pflicht des Vorgesetzten, dafür einzustehen, daß in seinem Machtbereich keine Amtsverbrechen verübt werden, geht dagegen viel weiter und bildet im landrechtlichen Strafrecht eine Ausnahme. Verstieß der Vorgesetzte gegen diese Pflicht, machte er sich wegen der verübten Haupttat strafbar. Vorgesetze, die ihren Aufsichtspflichten fahrlässig nicht nachgekommen sind, wurden nach § 345 mit Geldstrafe oder nach Maßgabe der vom Untergebenen begangenen Haupttat mit Degradation bestraft.

bb) Konnivenz als Pflichtverletzung

Einen völlig anderen Weg als das landrechtliche Strafrecht ging der bayerische Entwurf Kleinschrods.[146] Dort haftete der Vorgesetzte, der eine Straftat seines Untergebenen wissentlich geschehen ließ, nicht als „Garant" der Haupttat. Der Vorgesetzte wurde einzig deshalb bestraft, weil er seine dienstliche Aufsichtspflicht verletzt hat. Im leichtesten Fall war die Strafe eine Geldstrafe in Höhe eines halben Jahresgehalts, im schwersten Fall konnte der Vorgesetze sein Amt verlieren.

c) Strafbarkeit des Untergebenen

Nach den allgemeinen Vorschriften durften Täter, die von einer Respektsperson zu ihrer Tat verleitet wurden, auf eine Strafmilderung hoffen, § 69 II 20 ALR. § 343 erwähnte dagegen für Beamte, die von ihren Vorgesetzten zu Straftaten verleitet wurden, die Möglichkeit der Strafmilderung nicht.[147] Beamte mußten der Verleitung durch Respektspersonen in höherem Maße widerstehen als andere Bürger. Diese Härte wurde vor allem von Hitzig[148] kritisiert.[149] Hitzig schildert den vorgekommenen Fall, daß ein Offizier einem Untergebenen befohlen habe, einen Studenten, mit dem er verfeindet sei, festzunehmen. Da bei befohlenem Handeln nicht immer eindeutig sei, ob sich der ausführende Beamte der Rechtswidrigkeit der Handlung bewußt war und die Grenzen fließend seien, müsse wenigstens die Möglichkeit der Strafmilderung nach § 69 auch für Beamte gelten.

Die Grundfrage, wie weit Beamte verpflichtet sind, das von ihnen verlangte Handeln auf seine Rechtmäßigkeit zu überprüfen, untersuchte Abegg. Er erkannte die Pflicht, Befehle auszuführen, ausdrücklich an.[150] Auch sei das

---

[146] Kleinschrod, Entwurf, §§ 657-660.
[147] Vgl. GStA, Rep. 84. II. 4. I, Nr. 1, Bd. 3, Bl. 65 RS.
[148] Zu Hitzig vgl. Elschenbroich, NDB, Bd. 7, S. 274 ff.
[149] GStA, Rep. 84. II. 4. I, Nr. 1, Bd. 3, Bl. 65 VS.
[150] Abegg, Untersuchungen, S. 91.

Erteilen eines Befehls etwas anderes als das Verleiten zu einer Straftat. Die Pflicht des Untergebenen, das Verlangte auszuführen, gelte jedoch nicht in jedem Fall. Vielmehr sei auch die Überprüfung von Befehlen die Pflicht untergebener Beamter, denn es besteht „nehmlich kein Dienst- oder Unterwürfigkeitsverhältnis, welches die ganze Persönlichkeit und deren Freiheit [...] umfassen könnte.“[151] Wenn ein Beamter schon verpflichtet war, bestimmte Befehle nicht auszuführen, hatte er sich der Verleitung zu Straftaten allemal zu widersetzen. Jeder mußte nach der Rechtswidrigkeit seines Handelns im Rahmen seiner Möglichkeiten fragen, „und dieses widerspricht keineswegs der in der Dienst-Instruktion auferlegten Pflicht zur getreulichen Ausführung der Anweisungen, vielmehr ist dies die wahre Treue im Beruf.“[152]

2. Konnivenz in der Gesetzrevision

Da die Strafbarkeit von Beamten, die von ihren Vorgesetzten zu Pflichtwidrigkeiten im Dienst verleitet wurden, selbstverständlich sei, fehlte bereits im Entwurf von 1828 eine ausdrücklich die Strafbarkeit des Untergebenen regelnde Vorschrift.[153] Dagegen wurde an der Strafbarkeit der Konnivenz festgehalten.[154] Dabei wurden die Tatbestände des ALR zunächst fortgeschrieben. Vorgesetze, die Amtsdelikte ihrer Untergebenen geschehen ließen, sollten weiterhin als „Garanten“ wegen der Haupttat strafbar sein. Diese Vorschrift wurde auch auf Beamte ausgedehnt, die den Täter der Haupttat dienstlich beaufsichtigen sollten, ohne dessen unmittelbare Vorgesetzte zu sein.[155]

Für Vorgesetzte, die untergebene Beamte aktiv zu Amtsdelikten verleiten, sollte es bei einer Strafschärfung bis zur Verdoppelung bleiben.[156] Der Begriff der Strafverdoppelung, der auch im Staatsratsentwurf von 1843[157] gebraucht wurde, wurde von Abegg scharf kritisiert. Eine Strafverdopplung sei unangemessen hart. Selbst wenn man dem Täter die Teilnahme an der Haupttat vorwerfe und eine absichtliche Verletzung der Dienstpflichten, könne dies nach den Konkurrenzregeln des Entwurfs nicht zu einer doppelten Strafe führen.[158] Seit dem Ent-

---

[151] Abegg, Untersuchungen, S. 96

[152] Abegg, Untersuchungen, S. 97.

[153] Motive (1827-30), Bd. 3/I, S. 120.

[154] Entwurf (1828), II 6 §§ 48, 49. Die Vorschriften des Entwurfs (1828) werden in der Reihenfolge Titel, Abschnitt, Paragraph zitiert. Entwurf (1830), §§ 528, 529

[155] Diese Ausdehnung wurde in Entwurf (1833), § 697, Satz 2, aufgenommen, vgl. Motive (1833), S. 439, 437. Vgl. auch Entwurf (1836), § 792; (1842), 602; (1843), § 613; (1845), § 394; (1846), § 391; (1847), § 399.

[156] Entwurf (1833), § 696; (1836), § 791; (1842), § 601.

[157] Entwurf (1843), § 612, vgl. auch § 613.

[158] Abegg, Kritische Betrachtungen, S. 545.

wurf von 1845[159] sollte der Vorgesetzte, der einen Untergebenen zu einem Amtsdelikt verleitet hat, als Teilnehmer an der Haupttat bestraft werden; die Verletzung der Pflichten als Vorgesetzter konnte außerdem mit Kassation geahndet werden.[160]

Das Geschehenlassen eines Amtsdelikts wurde dagegen in allen Entwürfen bis 1847 mit der Strafe der Haupttat bedroht[161], von dieser Strafdrohung hing ab, ob der Täter im Amt bleiben konnte oder nicht.

Erst im Entwurf von 1851[162] und im PrStGB, § 330, wurde das Verleiten - und im PrStGB auch das versuchte Verleiten - dem Geschehenlassen vollkommen gleichgestellt. Der Vorgesetzte sollte auf jeden Fall wegen der Haupttat, die weiterhin nur ein Amtsdelikt sein konnte, strafbar sein. Daß er überdies auch seine Dienstpflicht verletzt hatte, kam in einer Bestimmung zum Ausdruck, wonach dem Vorgesetzen zeitweise die Ausübung öffentlicher Ämter untersagt wurde.[163]

B. Die landrechtlichen Amtsdelikte als Straf- und Disziplinarrecht

Die Fortentwicklung der Gesamtheit der landrechtlichen Amtsdelikte in der ersten Hälfte des 19. Jahrhunderts wurde von der Frage beherrscht, welche Handlungen von Beamten weiterhin als strafwürdig angesehen und welche Pflichtverletzungen dagegen nur auf disziplinarischem Wege geahndet werden sollten. In der Praxis lag der Hauptunterschied zwischen beiden Rechtsmaterien darin, daß das Strafrecht stets ein Gerichtsverfahren erforderte, während Disziplinarverstöße mittels eines administrativen Verfahrens geahndet wurden. Erst durch das Disziplinargesetz von 1844[164] wurde eindeutig bestimmt, wann ein Disziplinarverfahren und wann ein Strafverfahren stattzufinden hat. Bis dahin war die Abgrenzung und wechselseitige Beeinflussung beider Verfahren schwierig. Als vollkommen eigenständige Materie konnte das Disziplinarrecht

---

[159] Entwurf (1845), § 393.

[160] Entwurf (1845), § 393; vgl. Revision (1845), Bd. 3, S. 115; vgl. auch Entwurf (1846), § 390; (1847), § 398.

[161] Vgl. Entwurf (1828), II 6 § 49; (1830), § 529; (1833), § 697; (1836), § 792; (1842), § 602; (1843), § 613; (1845), § 394; (1846), § 391; (1847), § 399.

[162] Entwurf (1851), § 302. In den Entwürfen (1848), (1849), war Konnivenz nicht eigens mit Strafe bedroht.

[163] Vgl. § 33 WStG mit der Möglichkeit der Strafverdoppelung.

[164] prGS 1844, S. 77 ff.; vgl. 2. Teil, B. IV. 2. a).

erst durch die Verordnungen von 1849[165] und die Gesetze von 1851[166] bzw. 1852[167] etabliert werden.

I. Entstehung des Begriffs Disziplinarrecht

Das Disziplinarrecht im heutigen Sinne als eigenständige vom Strafrecht verschiedene Rechtsmaterie ist in der ersten Hälfte des 19. Jahrhunderts entstanden, der Begriff ist jedoch älter. Im kanonischen Recht wurden ursprünglich alle nichtdogmatischen Vorschriften Disziplinarnormen genannt.[168] Im protestantischen Recht sollten Disziplinarvorschriften das ordnungsgemäße Leben der Kirchenangehörigen sichern.[169]

1. Bayern

Der Begriff der Disziplinarstrafe bildete sich im Anschluß an Gönners 1808 erschienene Schrift über den Staatsdienst aus.[170] Danach unterschieden sich Disziplinar- von Kriminalstrafen vor allem durch ihren Umfang und ihren Zweck: „Ohnehin ist der Gesichtspunkt solcher kleineren Strafen mehr disziplinarisch, mehr auf Erhaltung der Ordnung im Dienste und auf Besserung berechnet."[171] Im positiven Recht erschien der Begriff der Disziplinarstrafe zuerst in Feuerbachs bayerischem Strafgesetzbuch von 1813, Art. 439.[172] Dort ist eine Disziplinarstrafe eine korrektive Maßnahme. Erst wenn eine derartige Maßnahme dreimal erfolglos geblieben ist, sollte ein Beamter zu einer Kriminalstrafe verurteilt werden.

2. Heidelberger Rechtsgutachten

Schon in einem von Martin 1808 herausgegebenen Rechtsgutachten der Heidelberger Juristenfakultät bezeichnete der Begriff der „kirchlichen Polizei- oder Disciplin-Sachen"[173], eine vom Strafrecht verschiedene eigenständige Rechtsmaterie.[174]

---

[165] Verordnung für Richter vom 10. Juli prGS 1849, S. 253 ff. Verordnung für Verwaltungsbeamte vom 11. Juli 1849, prGS 1849, S. 271 ff.; vgl. 2. Teil, B. IV. 2. b).

[166] prGS 1851, S. 218 ff. (Gesetz betraf Richter); vgl. 2. Teil, B. IV. 2. b.

[167] prGS 1852, S. 465 ff. (Gesetz betraf Verwaltungsbeamte); vgl. 2. Teil, B. IV. 2. c.

[168] Labes, Hirths Annalen 1889, S. 213. Zum katholischen Disziplinarrecht, Hinschius, Bd. 4, S. 726 ff.

[169] Labes, Hirths Annalen 1889, S. 213.

[170] Labes, Hirths Annalen 1889, S. 213.

[171] Zitat bei Labes, Hirths Annalen 1889, S. 213.

[172] Abgedruckt in Zusammenstellung (1841), Bd. 5, S. 363.

[173] Heidelberger Rechtsgutachten, S. 322.

[174] Labes, Hirths Annalen, S. 220 f., sieht den ersten Gebrauch der Disziplinarstrafe im eigentlichen Sinne in Art. 439 des bayerischen Strafgesetzbuches von 1813.

Das Heidelberger Spruchkollegium entschied den Fall eines protestantischen Geistlichen aus Mecklenburg, der wegen des dringenden Verdachts begangener Unzucht durch das Konsistorium entlassen wurde. Der Geistliche setzte sich gegen die Entscheidung der Dienstbehörde zur Wehr und bemängelte vor allem, daß die Entlassung nur wegen eines Verdachts und nicht von einem Gericht ausgesprochen wurde. Das Heidelberger Spruchkollegium, das den Fall begutachtete, wandte dagegen ein, daß die Entlassung dann nicht zu beanstanden sei, wenn es sich um eine disziplinarische Maßnahme handle. Die disziplinarische Natur der Entlassung zeige sich gerade daran, daß der Geistliche nicht wegen eines vollständig bewiesenen Sachverhalts, sondern nur wegen eines dringenden Verdachts entlassen wurde.[175] Die Kirchenverwaltung habe in diesem Fall von ihrem Recht Gebrauch gemacht, eine Kirchenstrafe zu verhängen. Die strafrechtliche Ahndung bleibe daneben den Strafgerichten vorbehalten.[176] Die Entscheidung des Spruchkollegiums war insofern beamtenrechtlicher Art, als protestantische Geistliche bis ins 19. Jahrhundert hinein als Staatsdiener galten.[177] Straf- und Disziplinarrecht waren im Heidelberger Gutachten bereits selbständige Materien. Eine Disziplinarmaßnahme war keine leichte Strafe, sondern eine Maßnahme, die den Staatsdiener als solchen betraf und neben eine Kriminalstrafe treten konnte.

3. Preußen

Im preußischen Recht wurde der Begriff der Disziplinarmaßnahme zumindest seit Ende des 18. Jahrhunderts gebraucht. Das ALR spricht nicht von einer Disziplinierung der Beamtenschaft. Unter dem Marginale „Von der academischen Disciplin“ wurden jedoch in §§ 84 ff. II 12 ALR Studenten Maßnahmen zur Aufrechterhaltung der „academischen Zucht“ angedroht, vor allem Gefängnisstrafen bis zu vierzehn Tagen und Relegation. Klein gebrauchte 1796 den Begriff der Disziplinarsache im Zusammenhang mit der Ausbildung junger Beamter. Diese sollten möglichst nur mit bessernden Maßnahmen diszipliniert werden.[178]

In § 13, Abs. 1 des Neuostpreußischen Ressortreglements vom 3. März 1797[179], das auf Svarez zurückging[180], erschien die Wendung „von den sogenannten Disciplinar-Sachen“, woraus geschlossen werden kann, daß dieser Ausdruck in der preußischen Verwaltungssprache des ausgehenden 18. Jahrhunderts einge-

---

175 Heidelberger Rechtsgutachten, S. 322 ff.
176 Heidelberger Rechtsgutachten, S. 324 f.
177 Labes, Hirths Annalen 1889, S. 213; vgl. § 19 II 11 ALR.
178 Klein, Grundsätze, S. 57.
179 NCC, Bd. 10, Sp. 949 ff.
180 Behnke, ZBR 1963, S. 273; Fu, S. 71.

bürgert war.[181] Disziplinarsachen im Sinne des Ressortreglements waren geringe Verfehlungen, bei schwereren Pflichtverstößen wurde ein Strafverfahren durchgeführt.

II. Disziplinarrecht und Beamtenstrafrecht im ALR

Innerhalb der landrechtlichen Amtsdelikte waren Straftatbestände und Vorschriften, die im modernen Recht als Disziplinarnormen angesehen werden, vermischt.[182] Im Mittelpunkt der Strafen standen solche Strafen, die heute ausschließlich disziplinarischer Natur sind, vor allem der Verlust des Amtes.[183] Jedoch wurden auch Handlungen, die heute rein disziplinarisch geahndet werden, wie Urlaubsüberschreitung, mit Geld- oder Freiheitsstrafen bestraft, während der Vorläufer der heutigen Vorteilsnahme nur mit dem Verlust des Amtes bedroht wurde.

1. Materielles Recht: Qualität der landrechtlichen Amtsdelikte

Die landrechtlichen Amtsdelikte waren die materielle Grundlage für das spätere Disziplinarrecht ebenso wie für die „Verbrechen und Vergehen im Amte" des PrStGB von 1851.[184] Fraglich ist jedoch, ob die Tatbestände der landrechtlichen Amtsdelikte bereits eindeutig in Straf- und Disziplinartatbestände unterteilt werden konnten.

Nach § 335 II 20 ALR sollte ein Beamter wegen geringfügiger Pflichtwidrigkeiten „durch Warnung, Verweise, und geringe Geldstrafen zur bessern Beobachtung seiner Pflichten" angehalten werden. Diese Vorschrift war unzweifelhaft die Grundnorm eines korrektiven Disziplinarrechts.[185] Dagegen ist zweifelhaft, ob die landrechtlichen Amtsdelikte auch Tatbestände eines epurierenden Disziplinarrechts, das durch die Möglichkeit der Entlassung von Beamten gekennzeichnet ist, enthalten haben.

Die Disziplinarverordnungen von 1849, mit denen das erste Mal eine völlige Trennung von Straf- und Disziplinarrecht erreicht wurde, war materiellrechtlich durch den Gebrauch von Generalklauseln und seine Eigenschaft als Sonderrecht des Beamtenstandes geprägt. Bei dieser Prägung des materiellen Disziplinarrechts ist es bis heute geblieben.[186]

---

[181] Hubrich, GS, Bd. 75 (1910), S. 65, FN 2.
[182] Hälschner, Gemeines Strafrecht, Bd. 2/II, S. 1015.
[183] § 45 StGB droht nicht den Verlust des Amtes an, sondern den Verlust der Fähigkeit zu öffentlichen Ämtern. Vgl. 2. Teil, C. III. 3. c).
[184] Binding, GS, Bd. 64 (1904), S. 2.
[185] Stock, S. 158.
[186] Vgl. § 2 BDG i.V.m. § 77 BBG; §§ 48 ff. BBG, 14 BDG.

a) Generalklauseln

Während im Strafrecht seit dem 18. Jahrhundert die Tendenz bestand, Tatbestände möglichst genau abzufassen, hat sich das Disziplinarrecht im 19. Jahrhundert gegenteilig entwickelt.[187] Das materielle Disziplinarrecht kannte zwar wenige einzelne Tatbestände, ist aber vor allem durch eine Generalklausel geprägt. § 2 des Disziplinargesetzes vom 21. Juli 1852 lautet:

> „Ein Beamter, welcher 1) die Pflichten verletzt, die ihm sein Amt auferlegt, oder 2) sich durch ein Verhalten in oder außer dem Amte der Achtung, des Ansehens oder des Vertrauens, die sein Beruf erfordert, unwürdig zeigt, unterliegt den Vorschriften dieses Gesetzes."

Dieser Vorschrift ähnlich scheinende Generalklauseln enthielten auch die landrechtlichen Amtsdelikte; sie basierten auf der gemeinrechtlichen Lehre von den delicta innominata ministorum principis. Mit ihnen wurde jede Pflichtwidrigkeit eines Staatsdieners erfaßt. In der späteren Rechtspraxis hatten diese Generalklauseln besonders große Bedeutung.[188] Die Generalklauseln der landrechtlichen Amtsdelikte waren jedoch nur Auffangtatbestände, denen die einzelnen Tatbestände vorgingen.[189] Dies bedeutet zugleich, daß viele Einzeltatbestände innerhalb der landrechtlichen Amtsdelikte nur Variationen der Generalklauseln waren.[190]

Insoweit unterschieden sich die landrechtlichen Amtsdelikte von Kreittmayrs Codex Juris Bavarici. Er kannte nur zwei Sonderdelikte der Amtsträger, nämlich Bestechlichkeit und Untreue im Amt.[191] Eine Generalklausel über die übrigen Pflichtverletzungen enthielt Kreittmayrs Strafgesetzbuch nicht.

Die Generalklauseln der landrechtlichen Amtsdelikte (§§ 333 ff. II 20 ALR) lauten:

> § 333. Wer den Vorschriften seines Amts vorsätzlich zuwider handelt, der soll sofort cassiert; außerdem, nach Beschaffenheit des Vergehens, und des verursachten Schadens, mit verhältnismäßiger Geld-, Gefängnis- oder Festungsstrafe belegt; und zu allen fernern öffentlichen Aemtern unfähig erklärt werden.

> § 334. Wer aus grober Fahrlässigkeit oder Unwissenheit seine Amtspflichten verletzt, hat verhältnismäßige Geldstrafe, Degradation, oder Cassation verwirkt.

---

[187] Wiese, VerwA, Bd. 56 (1965), S. 215.
[188] Motive (1827-30), Bd. 3/I, S. 118.
[189] Heinrich, S. 71.
[190] Vgl. Ruppenthal, GStA, Rep. 84. II. 4. I, Nr. 4, Bl. 228 VS, der diesen Zustand kritisierte.
[191] Codex Juris Bavarici, Teil 1, Kapitel 9, §§ 5 f.

> § 335. Wer sich geringer Versehen in seinen Amtspflichten schuldig gemacht hat, soll durch Warnung, Verweise, und geringe Geldstrafen, zur bessern Beobachtung seiner Pflichten angehalten werden.
>
> § 336. Bewirken aber diese Strafen keine Besserung bei ihm: so er ist für einen Menschen anzusehen, der aus grober Fahrlässigkeit seinen Amtspflichten zuwider handelt.

Die ersten beiden Paragraphen unterschieden unbenannte Pflichtwidrigkeiten nach dem Grad des Verschuldens. Da vorsätzliche und grob fahrlässige Pflichtwidrigkeiten bereits durch §§ 333 f. erfaßt sind, scheint der Anwendungsbereich des § 335 auf leicht fahrlässige Verfehlungen beschränkt gewesen zu sein.[192] Möglicherweise sollten aber durch diese Vorschrift alle nicht gravierenden Pflichtverletzungen erfaßt werden. Tatsächlich haben einige Oberlandesgerichte § 335 für alle leichteren Pflichtwidrigkeiten angewandt, und zwar auch auf vorsätzliche Handlungen.[193] Diese Auslegung würde den besonderen Generalklauseln für Justizbeamte, §§ 371 f. II 20 ALR, entsprechen. Danach gab es böswillige und grob fahrlässige Pflichtverletzungen, die nur dann strafbar waren, wenn ein erheblicher Schaden entstanden ist.

Auf jeden Fall waren die landrechtlichen Amtsdelikte und damit auch §§ 333 ff, II 20 ALR als Straftatbestände konstruiert. Damit folgten die Kodifikatoren dem gemeinen Recht, dessen Lehre vom Innominatdelikt ebenfalls eine strafrechtliche Lehre war.[194] Auch die Stellung der §§ 333 ff. innerhalb des landrechtlichen Strafrechts spricht für ihre strafrechtliche Qualität. Wären sie tatsächlich Disziplinartatbestände gewesen[195], wäre ihr angemessener Platz im zehnten Titel des zweiten Teils „Von den Rechten und Pflichten der Diener des Staats“ gewesen.

Die strafrechtliche Konstruktion der Generalklauseln war vor allem aus einem rechtspolitischen Grund unabdingbar. Die Kodifikatoren wollten in das neue Gesetz die Lehre von der Inamovibiliät, der Unabsetzbarkeit der Beamten aufnehmen. § 70, Teil 1, Abteilung 2, Titel 2 des Entwurfs eines allgemeinen Gesetzbuchs sollte lauten:

> Kein Civil-Bedienter soll des ihm einmahl verliehenen Postens ohne Urtheil und Recht wieder entsetzt werden.

---

[192] Henke, Beyträge, S. 481, kritisierte, daß „geringe Versehen“ in § 335 unbestimmt bleiben.

[193] Vgl. Motive (1827-30), Bd. 3/I, S. 118 ff.

[194] Vgl. 1. Teil, A. IV.

[195] So Behnke, ZBR 1963, S. 260 ff.

Die Kodifikatoren mußten dieses aufklärerische Anliegen in den neunziger Jahren des 18. Jahrhunderts allerdings wieder aufgeben, was sich aber auf die Ausgestaltung der Amtsdelikte kaum auswirkte. Da eine Verwaltungsgerichtsbarkeit im 18. Jahrhundert unbekannt war[196], konnten nur Strafrichter zuständig sein, die Entlassung eines Beamten wegen einer Pflichtwidrigkeit auszusprechen. Daher mußten alle Pflichtwidrigkeiten als Straftatbestände konstruiert sein. Im 18. Jahrhundert setzte sich langsam der Bestimmtheitsgrundsatz durch[197], was die Vielzahl der in den landrechtlichen Amtsdelikten normierten Pflichtwidrigkeiten erklärt. Jedoch waren die Kodifikatoren nicht so naiv zu glauben, daß sie sämtliche denkbaren Pflichtverletzungen im öffentlichen Dienst in Einzeltatbeständen beschreiben können[198], weshalb eine Generalklausel unverzichtbar war. Die landrechtlichen Amtsdelikte können als Kompromiß zwischen aufgeklärter Forderung nach bestimmten Straftatbeständen und für die Praxis geeignetem umfassenden Strafrecht angesehen werden.

Kritisiert wurde dieser Kompromiß am Ende des 18. Jahrhunderts nur in den Monita des Westpreußischen Hofgerichts. Dessen Gutachter Wittke forderte, zumindest die Tatbestände, die nur geringe Strafen nach sich ziehen, in den speziellen Instruktionen weiter wie bisher zu regeln.[199] In der Bewertung der Monita wurde auf Wittkes Kritik nicht eingegangen.

An der Strafbarkeit zumindest der böswilligen unbenannten Pflichtverletzung wurde auch noch in den Strafrechtsentwürfen Bodes und Kamptz' festgehalten[200], obwohl beide davon ausgingen, daß Disziplinarnormen nicht in das Strafgesetzbuch gehören.[201] Erst mit dem Entwurf der Staatsratskommission von 1842 sollte die Strafbarkeit des Innominatdelikts wegen seiner Unbestimmtheit aufgegeben und dieses vollständig in das Disziplinarrecht überwiesen werden.[202] In der Rechtspraxis blieben zumindest böswillige unbenannte Pflichtverletzungen bis zum Inkrafttreten des PrStGB 1851 strafbar. Selbst die Disziplinarverordnung vom 11. Juli 1849, die beide Rechtsgebiete streng voneinander unterscheidet, überließ die Ahndung böswilliger Pflichtwidrigkeiten noch den Gerichten.

---

[196] Vgl. Keller, HRG, Bd. 5, Sp. 879 ff. (Verwaltungsgerichtsbarkeit).
[197] Stock, S. 103 f.
[198] GStA, Rep. 84, Abt. XVI, Nr. 7, Bd. 20, Bl. 175 VS.
[199] GStA, Rep. 84, Abt. XVI, Nr. 7, Bd. 54, Bl. 11 RS f.
[200] Entwurf (1828), II 6, § 47; (1830), § 527; (1833), § 695; (1836), § 790.
[201] Motive (1827-30) Bd. 3/I, S. 116 f.
[202] Protokolle der Staatsratskommission (1842), S. 472 f.

b) Sonderrecht

Neben den allgemeinen Formeln, die das Disziplinarrecht seit 1849 vom Strafrecht unterscheiden, zeichnet sich das Disziplinarrecht durch eine besondere Schutzrichtung aus. Während das Strafrecht den Rechtsfrieden allgemein sichern soll, ist es Aufgabe des Disziplinarrechts, den öffentlichen Dienst vor Beeinträchtigungen durch Staatsdiener zu schützen.[203] Staatsdienern obliegen doppelte Pflichten als Staatsbürger und als Mitglieder der Beamtenschaft.[204] In der Disziplinargesetzgebung seit 1849 wurde die Vorstellung, daß hier andere als die strafrechtlichen Bewertungsmaßstäbe gelten, so konsequent durchgeführt, daß ein Disziplinarverfahren nicht anstelle, sondern neben das Strafverfahren trat.

Anders als im Strafrecht, wo Handlungen nach einem allgemeinen Maßstab bewertet wurden, bediente sich das Disziplinarrecht spätestens seit den Verordnungen von 1849 eines speziellen Bewertungsmaßstabs, der auf die dienstlichen Verhältnisse des zu disziplinierenden Beamten zugeschnitten war. Das Disziplinarrecht nahm noch stärker als das landrechtliche Strafrecht mit seinen Amtsdelikten eine spezielle Personengruppe in Anspruch.

Eine besondere Behandlung haben im landrechtlichen Strafrecht Beamte erfahren, die gemeine Verbrechen verübt haben. Diese Straftaten wurden nicht nur mit den üblichen Strafen geahndet, sondern hatten darüber hinaus Konsequenzen, die den Täter nur deswegen getroffen haben, weil er Beamter war.[205] Die Sonderbehandlung der Beamten wegen gemeiner Straftaten ist geregelt in §§ 337-339 II 20 ALR:

> § 337. Wer sein Amt zum Nachtheile der gemeinen Sicherheit, zu Erpressungen, oder sonst zum Drucke der Unterthanen des Staats mißbraucht, soll desselben entsetzt werden, und außerdem verhältnismäßige Gefängnis- oder Festungsstrafe leiden.
>
> § 338. Betrug, Verfälschung, Dieberey, Contrebande, Defraudation, und andere gemeine Verbrechen, sollen an Beamten, die ihr Amtsansehen zu deren Begehung oder Verdeckung gemißbraucht haben, außer der wider sie zu verhängenden Cassation, durch Schärfung der ordentlichen Strafe des Verbrechens geahndet werden.

---

[203] Hubrich, GS, Bd. 75 (1910), S. 61 f.

[204] Meves, Holtzendorffs Handbuch, Bd. 3, S. 940.

[205] Die Entlassung eines Beamten wegen eines gemeinen Verbrechens war schon im römischen Recht möglich, vgl. Heffter, NArchCrimR, Bd. 13 (1832/33), S. 59 ff. (61).

§ 339. Auch wenn Beamte ein Verbrechen begehn, welches mit ihrem Amte in keiner Beziehung steht; wofür aber, nach Vorschrift der Gesetze, Zuchthaus oder Festungsstrafe gegen sie erkannt werden muß, soll allemal, noch außer dieser Strafe, ihre Cassation erfolgen.

Der Strafgrund des § 337 war ein Mißbrauch des Amtes zu bestimmten Straftaten.[206] Die Strafe dieses Mißbrauchs wurde in § 337 abschließend beschrieben. § 337 konkretisierte zwar die allgemeine Klausel des § 333, blieb aber zu unbestimmt, um ein Spezialtatbestand zu sein.[207]

Während § 337 ein eigenständiger Tatbestand war, stand in § 338 die Haupttat im Mittelpunkt. Der Täter des § 338 nutzte nicht sein Amt selber, sondern nur dessen soziale Sphäre, das Amtsansehen, zur Tatbegehung aus. Dieses Ausnutzen qualifizierte die Tat nach § 338. Anders als in § 337, der selber die abschließende Beschreibung einer Rechtsfolge enthielt, knüpfte die Folge nach § 338 an die Strafe der Haupttat an. Dessen Strafe wurde geschärft und um die Entfernung des Täters aus dem Amt ergänzt, weil er eine öffentliche Vertrauensposition ausgenutzt hat.

Noch deutlicher wird das Bestehen zweier Maßstäbe zur rechtlichen Bewertung der Handlung eines Staatsdieners bei der Ahndung von Straftaten, die mit dem Amt in keiner Beziehung standen.[208] War ein gemeines Verbrechen nach den Gesetzen mit Zuchthaus- oder mit Festungsstrafe bedroht, wurde der Täter entsprechend bestraft und nach § 339 außerdem entlassen. Das vollkommen außerdienstliche Verhalten des Täters wirkt sich hier auch auf seine dienstlichen Verhältnisse aus.

Beamte hatten auch dienstliche Konsequenzen zu fürchten bei einem Verhalten, das bei Nichtbeamten straflos geblieben wäre:

§ 363. Beamte, die sich durch unregelmäßige Lebensart, Spiel, oder Verschwendung in Schulden stürzen; oder sich durch niederträchtige Aufführung verächtlich machen, sollen ihres Amts entsetzt werden.

Diese Vorschrift, welche die im 18. Jahrhundert in Preußen geübte Praxis wiedergab[209], reichte als Sondernorm am weitesten. Die amtliche Stellung des Täters spielte nicht bei der Bemessung der Strafe eines Verbrechens eine Rolle, sondern wirkte strafbegründend, denn die in dieser Vorschrift genannten

[206] Die geschichtliche Wurzel des § 337 ist die Erpressung durch Beamte, die concussio publica des römischen Rechts, vgl. Henke, Handbuch, Bd. 3, S. 492 ff.
[207] Wachinger, VDB, Bd. 9, S. 196.
[208] Zum „Einfluß gemeiner Verbrechen auf die amtliche Stellung der Staatsdiener", Heffter, NArchCrimR, Bd. 13 (1832/33), S. 59 ff.
[209] Labes, Hirths Annalen 1889, S. 219; Beispiele bei Stock, S. 142 f. m.w.H.

Verhaltensweisen blieben bei Nichtbeamten straflos. Anders als §§ 337 ff. forderte § 363 eine Integrität von Beamten, die über den allgemeinen Anspruch, straflos zu leben, hinausging.

Gleichwohl waren die Sondermaßstäbe, die das landrechtliche Strafrecht an das Verhalten von Beamten anlegte, kein Disziplinarrecht, das von den Strafnormen des 20. Titels klar abgegrenzt werden kann.[210] Die Entlassung eines Beamten wegen eines gemeinen Verbrechens war Teil eines strafrichterlichen Urteils, und im gemeinen Recht ebenso wie im ALR eine Kriminalstrafe.[211] Auch Klein forderte eine besonders strenge Behandlung von kriminellen Beamten, da diese gegen ihre Pflicht für das Gemeinwohl verstoßen hätten.[212] §§ 337 ff. waren besondere Strafzumessungsregeln für die gemeinen Verbrechen der Beamten.

In späteren Jahrzehnten wurden Straf- und Disziplinarrecht vor allem durch ihren Zweck unterschieden.[213] Das Strafrecht diente der Vergeltung begangenen Unrechts[214]; für präventive Maßnahmen war nun im Strafrecht kein Platz mehr. Dagegen hatte das Disziplinarrecht einen präventiven Charakter. Soweit möglich sollten Beamte gebessert werden; war dies aussichtslos, konnte der Staatsdiener aus der Beamtenschaft ausgeschlossen werden.[215] Tatsächlich mögen die §§ 337 ff., 363 eher dem Schutz der Staatsverwaltung gedient haben als der Vergeltung begangenen Unrechts. Hier aber zwischen Prävention und Vergeltung zu unterscheiden, würde einen Gegensatz in das landrechtliche Strafrecht hineintragen, der den Kodifikatoren nicht bewußt war.[216] Zwar wurde auch in der Strafrechtslehre des 18. Jahrhunderts mit Begriffen wie Abschreckung, Genugtuung, Besserung und natürlich Vorbeugung gearbeitet; der Unterschied zwischen Prävention und Vergeltung sowie der Unterschied zwischen General- und Spezialprävention war aber noch nicht geklärt.[217] Dieser Unterschied wurde der Wissenschaft erst durch die Philosophie des ausgehenden 18. und beginnenden 19. Jahrhunderts bewußt, also nachdem sie „die strenge Schule der Kantischen Philosophie durchgemacht und sich an ein scharfes, folgerichtiges Denken gewöhnt hatte“[218].

---

[210] So aber Behnke, ZBR 1963, S. 260 ff.

[211] Vgl. Abegg, Lehrbuch, S. 199. Nach § 362 II 20 ALR konnte ein Beamter, der sich wegen Beleidigung strafbar gemacht hatte, neben der eigentlichen Strafe aus dem Amt entfernt werden. Diese Maßnahme wird in § 362 als Strafschärfung bezeichnet.

[212] Klein, Grundsätze, S. 397; vgl. Würtenberger, S. 202.

[213] Motive (VO 10. Juli 1849), S. 139; vgl. aber Beiträge zum öffentlichen Recht, S. 863 f.

[214] Heffter, ArchCrimR, Bd. 13 (1832/33), S. 78.

[215] Heffter, ArchCrimR, Bd. 13 (1832/33), S. 75 f.

[216] Stock, S. 158.

[217] Stock, S. 109.

[218] Hälschner, Geschichte, S. 246.

Die landrechtlichen Amtsdelikte enthielten zwar Tatbestände, die einen disziplinarischen Charakter hatten und später tatsächlich die materielle Grundlage des Disziplinarrechts gebildet haben. Zur Zeit des ALR waren die landrechtlichen Amtsdelikte eine einheitliche Gruppe von Straftatbeständen.[219] Diese konnten jedoch auf unterschiedliche Weise angewandt werden.

c) Anwendung von Generalklauseln und Sonderrecht gegen Zerboni

Generalklauseln und Sonderrecht waren im letzten Jahrzehnt des 18. Jahrhunderts bedeutend bei der Beurteilung des Falles des südpreußischen Kriegs- und Domänenrats Joseph Zerboni.[220] Zerboni war Mitglied in einer Freimaurerloge und gründete 1795 oder 1796 mit Freunden einen eigenen politischen Geheimbund mit dem Namen „moralisches Vehmegericht zum Schutze des Volkes vor Bedrückungen durch pflichtvergessene Beamte“[221]. Diese Gruppe wäre nie bekannt geworden, wenn Zerboni nicht eines Tages eigenmächtig gehandelt hätte: Sein oberster Dienstvorgesetzter war Graf Hoym in Breslau, der als Minister auch für Südpreußen zuständig war. Bei einer Kriegslieferung witterte Zerboni einen Betrug am Staat und ärgerte sich über Hoym, der trotz mehrerer Hinweise nichts in dieser Sache unternahm. Nach einem Tumult in Breslau, an dem Hoym in den Augen Zerbonis schuldig war, sandte dieser am 12. Oktober 1796 einen ebenso pathetischen wie beleidigenden Brief an seinen Vorgesetzten Hoym, mit dem Zerboni die Verachtung für diesen ausdrückt.[222] Hoym wollte das Verhalten seines Untergebenen mit einer Verwarnung erledigen.[223] Als der Brief Zerbonis jedoch in die Hände Friedrich Wilhelms II. kam, verfügte der König die Entlassung Zerbonis und ließ ihn auf die Festung nach Glatz bringen. Bei einer Durchsuchung von persönlichen Papieren stieß man auch auf den Geheimbund. Nun kam Zerboni nach Magdeburg auf die Festung, wo er „auf Gnade des Königs“, d.h. so lange wie dieser es für angemessen hielt, eingesperrt bleiben sollte.

Nach dem Tode Friedrich Wilhelms II. im November 1797 wurde der Fall gerichtlich entschieden, und zwar in erster Instanz vom Gerichtshof in Magdeburg. In einer Verteidigungsschrift[224] wies Zerboni darauf hin, daß er sich keiner Insubordination schuldig gemacht habe, denn sein Brief an Hoym betreffe nicht dienstliche Angelegenheiten.[225] Diese Ansicht spielte für die rechtliche Beurtei-

---

[219] Hälschner, Gemeines Strafrecht, Bd. 2/II, S. 1015; Munzinger, S. 3.
[220] Vgl. Grünhagen, ADB, Bd. 45, S. 89 ff, ders. Zerboni und Held; Zerboni, Aktenstücke.
[221] Grünhagen, ADB, Bd. 45, S. 90.
[222] Abgedruckt in Zerboni, Aktenstücke, S. 1 ff.
[223] Grünhagen in ADB, Bd. 45, S. 90.
[224] Abgedruckt in Zerboni, Aktenstücke, S. 59 ff.
[225] Zerboni, Aktenstücke S, 70 f.

lung des Falles jedoch keine Rolle, da Zerboni keine Insubordination vorgeworfen wurde.

In seinem Urteil vom Juli 1798[226] stellte das Magdeburger Gericht fest, daß Zerboni gegen das Verbot des § 185 des landrechtlichen Strafrechts verstoßen habe. Danach war die Gründung eines Geheimbundes, der den Bestand des Staates in seiner konkreten Form in Frage stellte, verboten. Die bisher erlittene Festungshaft sah das Gericht als ausreichend an; außerdem erklärte es die zunächst nur vorläufige Dienstentsetzung Zerbonis für endgültig, was im Urteil nur am Rande und als Selbstverständlichkeit abgehandelt wurde. Zugleich drückte das Gericht die Hoffnung aus, daß Zerboni erneut in den Staatsdienst eingestellt werden kann. Dies liege aber im Ermessen des Staatsoberhauptes und erfordere von Zerboni „Proben gebesserter Denkungsart“[227].

In der zweiten Instanz wurde der Fall vom Kammergericht im September 1799 entschieden.[228] In seiner Verteidigungsschrift[229] an dieses Gericht wandte sich Zerboni auch gegen die Entlassung aus dem Beamtenverhältnis. Diese sei durch eine Kabinettsordre angeordnet worden und niemals von einem Gericht selber ausgesprochen; das Magdeburger Gericht habe nur die Ordre des Königs bestätigt. Zerboni forderte, daß die Entlassung eines Beamten nur durch Urteil und Recht möglich sein solle, nicht aber durch den „Machtspruch“ des Monarchen[230], eine Forderung, die am Ende des 18. Jahrhunderts sehr populär war.[231]

Das Kammergericht ging in seinem Urteil, welches das erstinstanzliche bestätigte, kaum auf Zerbonis Argumente ein. Es stellte lediglich fest, daß der Festungsarrest, den Zerboni erlitten hatte, die gesetzliche Folge einer bestimmten Handlung sei und daß aus dieser Rechtsfolge gemäß § 339 automatisch der Verlust des Amtes folge. Darüber hinaus begründete das Kammergericht die Entlassung Zerbonis mit § 333, denn die Gründung eines politischen Geheimbundes sei ein vorsätzlicher Verstoß gegen die Amtspflichten. Anders als in § 333 an sich vorgesehen, verzichtete das Kammergericht jedoch darauf, Zerboni wegen der vorsätzlichen Verletzung seiner Amtspflichten für amtsunfähig zu erklären. Vielmehr drückte auch das Kammergericht die Hoffnung aus, daß Zerboni wieder in den Staatsdienst übernommen werden

---

[226] Abgedruckt in Zerboni, Aktenstücke, S. 141 ff.
[227] Zerboni, Aktenstücke, S. 179.
[228] Urteil abgedruckt in Zerboni, Aktenstücke, S. 288 ff. (Zitat, S. 298).
[229] Abgedruckt in Zerboni, Aktenstücke, S. 206 ff.
[230] Zerboni, Aktenstücke, S. 208.
[231] An sich sollten Machtsprüche durch das neue Gesetzbuch verboten werden (Entwurf [AGB], Einleitung § 6). Dies scheiterte ebenso wie die Inamovibiliät der Beamten an konservativen Anschauungen; vgl. Stölzel, Bd. 2, S. 318 ff.

kann. Tatsächlich wurde er 1810 wieder eingestellt, nicht zuletzt, weil er auch nach den Niederlagen von 1806 gegenüber seinen polnischen Nachbarn die preußische Sache vertreten hatte.[232]

2. Formelles Recht: die Verfahrensarten nach § 13, Abs. 1 des Neuostpreußischen Ressortreglements von 1797

Die Unterscheidung von Straf- und Disziplinarrecht ging vor allem einher mit der Entwicklung eines besonderen administrativen Verfahrens zur Disziplinierung von Beamten. Die Ausbildung dieses Verfahrens war zugleich Ausdruck der Trennung von Justiz und Verwaltung, die im 19. Jahrhunderten nicht ohne Konflikte vollzogen wurde.

Im 18. Jahrhundert wurden sämtliche dienstliche Verfehlungen von Beamten durch die Kriegs- und Domänenkammern, die hier nicht verwaltend, sondern rechtsprechend tätig wurden, geahndet.[233] Diese sogenannte Kammerjustiz hatte zur Folge, daß bei Verfehlungen von Staatsbeamten letztlich deren Dienstbehörden in eigener Sache Recht sprachen.[234] Daher hatte die Kammerjustiz am Ende des 18. Jahrhunderts einen schlechten Ruf, obwohl ihre Rechtsschutzgarantien denen der ordentlichen Justiz nicht nachstanden.[235]

Unter der Regierung Friedrichs II. begann die Lockerung der ausschließlichen Zuständigkeit der Kammern bei Strafsachen gegen Beamte. Es wurden für Beamte in einigen Zweigen der Staatsverwaltung kollegial organisierte Sondergerichte eingerichtet; zum Beispiel gab es Steuergerichte und sogar Tabak- und Lotteriegerichte.[236] Die Präsidenten der Kammern behielten jedoch die Kompetenz, geringfügige Verfehlungen von ihnen untergebenen Beamten mit Ordnungsstrafen, wie sie in § 335 II 20 ALR geregelt waren, zu ahnden.[237]

Der erste Schritt zur Beseitigung der Kammerjustiz wurde 1797 gegangen, und zwar in der durch die dritte polnische Teilung erlangten Provinz Neuostpreußen. Dort gab es keine etablierte Behördenstruktur, die Reformen Widerstand entgegenbringen konnte.[238] Für diese Provinz entwarf Svarez[239] ein Ressortreglement,

---

[232] Vgl. Grünhagen, ADB, Bd. 45, S. 92.
[233] Gravenhorst, S. 19.
[234] Vor allem durch die Verordnung vom 21. Juni 1713, CCM II 1, Sp. 517 ff. Vgl. Loening, S. 235 f. m.w.H.
[235] Fu, S. 63.
[236] Gravenhorst, S. 20.
[237] Vgl. § 10 III 2 Corpus Juris Fridericianum.
[238] Fu, S. 71.
[239] Loening, S. 237.

das am 3. März 1797 in Kraft trat.[240] Kern des Ressortreglements war die Überwindung der Kammerjustiz, indem sämtliche Justizsachen den ordentlichen Gerichten, die weiter „Regierungen“ hießen, zugewiesen wurden.

Die Beurteilung von Verfehlungen der Staatsdiener wurde jedoch nicht unterschiedslos der Justiz zugewiesen. Vielmehr wurden im ersten Absatz des mit „Wegen der Disciplinar-Sachen“ überschriebenen § 13 des Ressortreglements drei mögliche Verfahrensarten gegen Beamte genannt. § 13, Abs. 1 hat folgenden Wortlaut:

> „In den sogenannten Disciplinar-Sachen, zu welchen besonders die Aufsicht über sämtliche zu den Cammern gehörige und denselben subordinirte Officianten zu rechnen ist, bleibt derselben freye Macht und Gewalt, einen jeden solchen Officianten zu seinen Pflichten anzuhalten; ihn wegen Übertretung oder Verabsäumung zur Verantwortung zu ziehen; Ordnungsstrafen [die in § 335 genannten Maßnahmen] gegen ihn zu verhängen und zu vollstrecken; ohne daß die Regierung sich darin im geringsten mischen darf. Wegen der Dienstentsetzung hat es bey den Vorschriften des Allgemeinen Landrechts, Th. II Tit. X § 98 bis 102 sein Bewenden. Wenn aber gegen einen Cameralbedienten, wegen begangener Pflichtwidrigkeit, noch andere würkliche Criminalstrafen erkannt werden sollen; so gehört die Untersuchung und das Erkenntniß vor die Regierungen.“

a) Besserndes Disziplinarverfahren, § 13, Abs. 1, Satz 1

Im ersten Satz von § 13, Abs. 1 des Ressortreglements wurde den Behörden die alleinige Kompetenz zur Verhängung von Ordnungsstrafen zugewiesen. Diese administrative Kompetenz des Vorgesetzen war in Preußen schon vor Inkrafttreten des ALR und des Ressortreglements gängige Praxis und zum Beispiel im Corpus Juris Fridericianum von 1781 normiert.[241] Das Neuostpreußische Ressortreglement ging einen Schritt weiter als der Corpus Juris Fridericianum, indem es den Gerichten ausdrücklich verbot, sich mit Pflichtwidrigkeiten von Beamten, die nur Ordnungsstrafen nach sich ziehen, zu befassen. Im ersten Satz von § 13 war ein korrektives Disziplinarverfahren beschrieben, dessen materielle Grundlage § 335 II 20 ALR war, wonach leichte Pflichtwidrigkeiten mit Ordnungsstrafen geahndet werden sollten.

---

[240] „Reglement wegen Vertheilung der Geschäfte zwischen den Neuostpreußischen Landes-Collegiis“, NCC, Bd. 10, Sp. 949 ff.

[241] § 10 III 2 Corpus Juris Fridericianum.

b) Reinigendes Disziplinarverfahren, § 13, Abs. 1, Satz 2

aa) Entlassung durch den Staatsrat

Der zweite Satz von § 13, Abs. 1 des Neuostpreußischen Ressortreglements wies auf §§ 98 ff. II 10 ALR hin. Dort war ein nichtgerichtliches Verfahren zur Entlassung von Beamten geregelt:

> § 98. Kein Vorgesetzter oder Departements-Chef kann einen Civilbedienten wider seinen Willen, einseitig entsetzen oder verabschieden.
>
> § 99. Vielmehr muß er, wenn die Verabschiedung nöthig gefunden wird, den Beamten mit seiner Erklärung oder Verantwortung darüber ordnungsmäßig hören[242], und die Sache zum Vortrage im versammelten Staatsrathe befördern.
>
> § 100. Was dieser durch die Mehrheit der Stimmen beschließt, dabey hat es sein Bewenden.
>
> § 101 Doch muß bey Bedienungen, zu welchen die Bestallung von dem Landesherrn selbst vollzogen wird, ein auf Entsetzung oder Entlassung ausgefallener Beschluß des Staatsraths, jedesmal dem Landesherrn zur unmittelbaren Prüfung und Bestätigung vorgelegt werden.
>
> § 102. Amtsverbindungen, deren Dauer durch die Natur des Geschäfts, oder durch ausdrücklichen Vorbehalt, auf eine gewisse Zeit eingeschränkt ist, erlöschen mit dem Ablauf dieser Zeit von selbst. (§ 97.)

Der Staatsrat bestand bis zu seiner Neustrukturierung 1817[243] lediglich aus den Ministern und war mit dem Staatsministerium personengleich. In der Praxis beschloß dieser aus den Ministern bestehende Staatsrat die Entlassung eines Beamten auf Vorschlag des für diesen zuständigen Ministers.[244]

Die Entlassung durch dieses Gremium wurde im ALR weder als disziplinarische Maßnahme noch ausdrücklich als Reaktion auf Pflichtwidrigkeiten von Beamten bezeichnet. Jedoch wurde in § 103 II 10 ALR für die Entlassung von Justizbeamten auf § 99 II 17 ALR verwiesen. Nach dieser Vorschrift konnten Justizbeamte vor allem wegen mangelhafter Amtsführung entlassen werden. Es wäre daher falsch, §§ 98 ff. II 10 ALR als reine Verfahrensvorschriften zu bezeichnen.[245] Zwar konnte die Entlassung von Beamten durch den Staatsrat aus allen möglichen Gründen geschehen, §§ 98 ff. II 10 ALR waren aber vor allem das

---

242 Brandenburgische Beamte wurden seit dem 16. Jahrhundert vor ihrer Entlassung angehört, vgl. Stölzel, Bd. 1, S. 157.

243 Vgl. 2. Teil, B. III. 2. b) aa).

244 Kamptz, Kamptz' Jahrbücher, Bd. 45, S. 58 f.

245 So aber Labes, Hirths Annalen 1889, S. 220.

letzte staatliche Mittel zur Disziplinierung hoffnungslos unfähiger Beamter.[246] Erst im Neuostpreußischen Ressortreglement wurde dieses Mittel als Disziplinarmaßnahme bezeichnet.

bb) Entstehung des Verfahrens

Ein reinigendes Disziplinarverfahren, das rechtlich geregelt ist, wurde erst denkbar, als Beamte in einem gewissen Maße vor willkürlichen Entlassungen geschützt waren. Wo dieser Schutz fehlte, war ein Disziplinarverfahren überflüssig, da der Beamte ohnehin jederzeit ohne Angabe von Gründen entlassen werden konnte.[247] Diese Möglichkeit wurde bis weit ins 18. Jahrhundert als selbstverständlicher Ausdruck landesherrlicher Gewalt angesehen.[248] Dagegen wandte sich die seit der Mitte des Jahrhunderts entwickelte Lehre von der Unabsetzbarkeit der Staatsdiener, wonach ein Beamter nur durch eine richterliche Entscheidung entlassen werden durfte. Dieser Theorie folgte seit 1759 neben der Mehrheit der Rechtsgelehrten auch das Reichskammergericht.[249] Die preußischen Könige bestanden allerdings weiter auf ihrem Recht zur freien Entlassung aller Beamten.[250]

Anhänger dieser aufgeklärten Theorie waren auch die Kodifikatoren des ALR um Svarez.[251] Im ersten Entwurf sollte die Unabsetzbarkeit der Beamten zum Gesetz erhoben werden. Weil dies eine erhebliche Abweichung vom bisherigen Rechtszustand bedeutet hätte, wurde die Problematik dem König zur Entscheidung vorgelegt. Durch die von konservativen Kreisen beeinflußte[252] Kabinettsordre vom 21. Dezember 1790[253] wurde das Verfahren der Entlassung von Staatsdienern in §§ 98 ff. II 10 ALR normiert, das bereits zuvor üblich war.[254]

---

[246] Bielitz, Bd. 7, S. 113; Hubrich, GS, Bd. 75 (1910), S. 67.

[247] Bülau, Bluntschli Staatswörterbuch, Bd. 3, S. 137 (Disciplinarvergehen und Disciplinarverfahren); Behnke ZBR 1963, S. 264, 271.

[248] Kamptz, Kamptz' Jahrbücher, Bd. 45, S. 30, 33. Zur Kritik daran im 18. Jhdt., Stirken, S. 137 ff.

[249] I.E. Hattenhauer, Geschichte, S. 152 ff.; Rehm, Hirths Annalen 1884, S. 576 ff.; Behnke, ZBR 1963, S. 264 ff.

[250] Stock, S. 34 f.

[251] Klein, Kleins Annalen, Bd. 24 (1806), S. 76 ff. Vgl. Kamptz, Kamptz' Jahrbücher; Bd. 45, S. 51 f.: „Carmer, Svarez und Klein sind allerdings oft mit Unrecht der Hinneigung zu neuen Ansichten beschuldigt, in Rücksicht auf diesen Gegenstand dürften sie jedoch von derselben nicht ganz frei gewesen sei, [...] Svarez wollte seine Vorliebe für die Inamovibilität der Staatsbeamten sogar auf die Patrimonial-Richter ausdehnen."

[252] Behnke, ZBR 1963, S. 269.

[253] Kamptz, Kamptz' Jahrbücher, Bd. 45, S. 82 ff.

[254] Vgl. Kamptz, Kamptz' Jahrbücher, Bd. 45, S. 56.

Zwar blieb das ALR hinter den aufgeklärten Vorstellungen der Kodifikatoren zurück, jedoch wurde mit der Kabinettsordre vom 21. Dezember 1790 durchaus beabsichtigt, einen Zustand zu schaffen, in dem vor allem niedere Beamte „sich vor der schnellen Absetzung von ihrem Dienst nicht mehr fürchten dürfen."[255] Dieser Zustand sei erforderlich, da sonst die Willkür der Behördenchefs zu weit gehe und so die Qualität der Verwaltung leide.[256]

Das Verfahren der Entlassung durch den Staatsrat war gegenüber der sonst in Deutschland geltenden Rechtslage ein Fortschritt, der auch von einem Anhänger der Inamovibilität wie Rönneberg[257] „als gerechte Entscheidung der Königlichen Preußischen Gesetzkommission"[258] gelobt wurde. Durch die nach dem inneren Rechtsgefühl gesetzlich vorgeschriebene Verordnung ist Ehre und Brodt, sowie Ruhe und Zufriedenheit eines getreuen Staatsbedienten, gegen willkürliche Behandlung [...] auch in der ganzen Preußischen Monarchie gesichert worden."[259] Selbst ein entschiedener Gegner der Unabsetzbarkeit wie Kamptz äußerte 1837: „Der treue, redliche Staatsdiener hat bei uns eine weit höhere und sichere Garantie als solche Gesetze [Staatsdienerpragmatiken, welche die Inamovibilität garantieren, wie in Bayern seit 1805] gewähren könnten und, wie die Erfahrung beweiset, gewähren."[260]

cc) Unabsetzbarkeit der Richter

Umstritten war allerdings, ob das Verfahren der Entlassung durch den Staatsrat auch auf Richter angewandt werden konnte, oder ob auf Richter nur § 99 II 17 ALR:

> Wer ein richterliches Amt bekleidet, kann nur bey den Vorgesetzten Gerichten oder Landescollegiis wegen seiner Amtsführung belangt, in Untersuchung genommen, bestraft, oder seines Amts entsetzt werden.

angewandt werden durfte.[261] Kamptz wies zwar 1835 nach, daß § 99 II 17 ALR nur für Patrimonialrichter geschaffen worden. Diese könnten nur durch die vorgesetzten Gerichte oder Landeskollegien entlassen werden. Die staatlichen Richter müßten aber nach §§ 98 ff. II 10 ALR entlassen werden.[262] In der

---

[255] Kamptz, Kamptz' Jahrbücher, Bd. 45, S. 83.
[256] Kamptz, Kamptz' Jahrbücher, Bd. 45, S. 83.
[257] Behnke, ZBR 1963, S. 270.
[258] Rönneberg, S. 84.
[259] Zitat bei Behnke, ZBR 1963, S. 270; vgl. Kamptz, Kamptz' Jahrbücher, Bd. 45, S. 55.
[260] Entwurf/Motive Disziplinargesetz (1837), S. 14.
[261] Vgl. Stölzel, Bd. 2, S. 316 f.
[262] Kamptz, Kamptz' Jahrbücher, Bd. 45, S. 3 ff.

preußischen Rechtswirklichkeit hatte sich aber längst die Ansicht durchgesetzt, daß § 99 II 17 ALR die Unabsetzbarkeit aller Richter garantiert.[263]

c) Strafverfahren, § 13, Abs. 1, Satz 3

Der letzte Satz von § 13, Abs. 1 des Neuostpreußischen Ressortreglements wies den Gerichten die Kompetenz zur Verhängung „würklicher" Kriminalstrafen zu. Ein Gerichtsverfahren gegen einen Beamten wegen eines Delikts konnte entweder als förmliches Inquisitionsverfahren nach der Kriminalordnung oder als fiskalisches Verfahren nach der AGO stattfinden. Wurde ein Prozeß wegen einer Tat durchgeführt, die auch mit Freiheitsstrafen bestraft werden konnte, mußte ein Inquisitionsverfahren stattfinden.

Nach § 34, Nr. 2 I 35 AGO sollte eine fiskalische Untersuchung stattfinden bei „Defraudationen öffentlicher Kassen und Gefälle; und anderen Vergehungen wider die [Vorschriften über] deren Entrichtung und Erhebung". Nach § 34, Nr. 5 sollten auch alle übrigen Amtsdelikte im Wege der fiskalischen Untersuchung abgeurteilt werden, wenn höchstens der Verlust des Amtes zu erwarten war. Anders als im Inquisitionsprozeß trat im fiskalischen Verfahren ein Fiskal auf, der das „öffentliche Interesse" wahrnahm.[264]

Neben der eigentlichen fiskalischen Untersuchung gab es die abgekürzte (summarische) fiskalische Untersuchung gemäß § 253 des Anhangs zur AGO. In dieser Untersuchung durfte jedoch nur ein Verweis, eine „mäßige körperliche Züchtigung", eine Geldstrafe bis zu fünfzig Talern oder eine Gefängnisstrafe bis zu vier Wochen ausgesprochen werden.

Beide Arten der fiskalischen Untersuchung sind als gerichtliches Disziplinarverfahren bewertet worden.[265] Dann würde § 13, Abs. 1 des Neuostpreußischen Ressortreglements drei Arten des Disziplinarverfahrens beschrieben: im ersten Satz die Verhängung von Ordnungsstrafen, im zweiten die Entlassung durch den Staatsrat und schließlich das fiskalische Verfahren als gerichtliches Disziplinarverfahren im dritten Satz.[266] Das Inquisitionsverfahren wäre nicht von § 13, Abs. 1, Satz 3 erfaßt. Diese Ansicht stützt sich auf den Entwurf einer Prozeßordnung von 1748, wonach fiskalische Prozesse nicht inquisitorisch, sondern wie Zivilverfahren durchgeführt werden sollten.[267] Da im 18. Jahrhundert das Amtsverhältnis vor allem als Dienstvertrag gewertet wurde,

---

[263] Z.B. GStA, Rep. 84. II. 4. I, Nr. 2, Bd. 3 a, Bl. 4 VS, Bl. 5 RS; Gesetzrevision, Pensum XII, S. 61 f.

[264] Unruh, Die Verwaltung, Bd. 20 (1987), S. 362.

[265] Behnke, ZBR 1963, S. 275 ff.; vgl. Goldschmidt, S. 149 f.

[266] Behnke, ZBR 1963, S. 274 f.

[267] Behnke, ZBR 1963, S. 276. Vorschrift abgedruckt, bei Schmidt, Fiskalat, S. 172.

sei ein dem Zivilverfahren nachempfundenes fiskalisches Verfahren der angemessene Ort gewesen, um Verletzungen dieses Vertrags zu klären.[268]

Jedoch macht § 34 I 35 AGO klar, daß von „den fiskalischen Civilprozessen [...] die fiskalischen Untersuchungen wohl zu unterscheiden" sind.[269] Denn die Materie, die in fiskalischen Untersuchungen behandelt wurde, war ausschließlich Strafrecht, und zwar neben leichteren Amtsdelikten[270] sämtliche Klein- und Kleinstkriminalität.[271] In den Motiven des Entwurfs einer Strafprozeßordnung aus den zwanziger Jahren des 19. Jahrhunderts wurde der fiskalischen Untersuchung eine „Zwittergestalt vom Criminal- und Civilprozeß" bescheinigt.[272] Dies bedeutet, daß Straftaten mit den Mitteln des Zivilprozesses beurteilt wurden.[273] Die fiskalische Untersuchung war ein in ein zivilprozessuales Gewand gekleidetes Strafverfahren.[274]

Der dritte Satz von § 13, Abs. 1 des Ressortreglements begrenzte also das Disziplinarverfahren, indem er alle über die in den ersten beiden Sätzen genannten Verfahrensarten hinausgehenden Verfahren den ordentlichen Gerichten zuweist.[275] Diese Verfahren bei den Gerichten[276] waren Strafverfahren, sei es förmliche Inquisitionsprozesse oder fiskalische Untersuchungen.[277] Der Umfang des Disziplinarrechts wurde nur in den ersten beiden Sätzen beschrieben.

§ 13, Abs. 1 des Neuostpreußischen Ressortreglements stellte drei Jahre nach Inkrafttreten des ALR die erste Beschreibung von Disziplinar- und Strafverfahren dar. Das Disziplinarverfahren ist in den ersten beiden Sätzen beschrieben. Durch die niedere Disziplin[278] konnte ein Beamter mittels

---

268 Behnke, ZBR 1963, S. 275 f.

269 Vgl. Schmidt, Fiskalat, S. 163 ff.

270 Deren strafrechtliche Qualität Behnke, ZBR 1963, S. 260 ff. (262), teilweise bestreitet.

271 § 34, Nr. 1, I 35 AGO; § 247 Anhang zur AGO.

272 Motive StPO (1828), S. 200.

273 Abegg, Lehrbuch (Criminal-Prozeß), S. 13 m.w.H.

274 Daher wurden in den Generalberichten über die Justizverwaltung, GStA Rep. 84, Nr. 10107-10116, 10121-10122, Kriminal- und fiskalische Untersuchungen nicht unterschieden.

275 Vgl. Loening, S. 237; Hubrich, GS, Bd. 75 (1910) S. 65; Stock, S. 160.

276 Gegen höhere Beamte konnte in der Folge nur vor Oberlandesgerichten verhandelt werden, um das Vertrauen der Öffentlichkeit in die Unabhängigkeit der Justiz zu schützen, vgl. Motive StPO (1828), S. 224; GStA, Rep. 84. II. 4. I., Nr. 1, Bd. 3, Bl. 196 VS (hier äußerte ein Gutachter 1826, daß Amtsdelikte vor dem Stadtgericht Berlin nicht verhandelt wurden).

277 Jedoch hatte die Dienstbehörde des Beamten bei bestimmten Strafverfahren Mitwirkungsrechte, vgl. § 509 der Kriminalordnung von 1805 und die Kabinettsordre vom 15. Juli 1809, prGS, S. 576 ff.; vgl. auch 2. Teil, B. III. 1. a).

278 Heffter, NArchCrimR, Bd. 13 (1832/33), S. 75.

Ordnungsstrafen gebessert werden, während die höhere Disziplin[279] durch die Entlassung eines Beamten durch den Staatsrat ausgeübt wurde.

d) Konkurrenz von Straf- und Disziplinarverfahren

Eindeutig festgelegt wurde in § 13, Abs. 1 des Neuostpreußischen Ressortreglements nur die ausschließliche Kompetenz von Vorgesetzten, Ordnungsstrafen zu verhängen. Dagegen war den Gerichten nicht untersagt, auch über solche Pflichtverletzungen zu entscheiden, die keine weitere Strafe als den Verlust des Amtes nach sich ziehen.

Diese mangelnde Abgrenzung beider Verfahrensarten erklärt sich vor allem aus der Entstehungsgeschichte von §§ 335 f., 339 II 20 ALR.[280] Im ersten gedruckten Entwurf von 1786 fehlten diese Vorschriften.[281] Sie wurden zuerst in Grolmanns Bewertung der Monita formuliert[282] und später unverändert in das landrechtliche Strafrecht aufgenommen. Erst durch diese Ergänzung erfaßten die landrechtlichen Amtsdelikte wirklich jede noch so geringe Pflichtverletzung. Nachdem die Aufnahme der Unabsetzbarkeit der Staatsdiener in das Gesetzbuch gescheitert war, waren §§ 335 f. der Versuch, doch noch die administrative Entlassung der Beamten möglichst weit einzuschränken.

Ein zweistufiges Verfahren entsprechend §§ 335 f. - beim ersten Mal werden leichte Verletzungen der Pflichten mit Ordnungsstrafen geahndet, im Wiederholungsfall ist auch die Entlassung des Täters möglich - wurde zuerst am Reichskammergericht praktiziert. Während die Entlassung eines Beamten bis ins 18. Jahrhundert selbstverständlicher Ausdruck landesherrlicher Gewalt war[283], konnte ein Beamter am Reichskammergericht nur nach umständlichen Beratungen der Reichsstände aus dem Amt entfernt werden. Um dies zu vermeiden, wurde in den Reichskammergerichtsordnungen von 1521 und 1555 festgelegt, wie mit inkompetenten Mitarbeitern des Gerichts umgegangen werden soll. Beamte, „so zum Beisitzeramt untüglich befunden, im referiren und Votis nicht genügend gelehrt, geübt und erfahren, oder andrer Sachen halber untüglich

---

[279] Heffter, NArchCrimR, Bd. 13 (1832/33), S. 75.

[280] Behnke ZBR 1963, S. 270 ff.

[281] Eggers hatte in seinen Monita, GStA, Rep. 84, Abt. XVI, Nr. 7, Bd. 52, Bl. 308 RS f., angeregt, Beamte wegen geringfügiger Pflichtwidrigkeiten zu suspendieren bis sie mehr Aufmerksamkeit erlernt hätten.

[282] GStA, Rep. 84, Abt. XVI, Nr. 7, Bd. 78 a, Bl. 396 RS. Von wann Grolmanns Vorschlag ist, ist aus den Akten nicht ersichtlich; wahrscheinlich wurde er erst nach 1790 gemacht, da der Extractus monitarum, der Grolmann vorlag, erst im Dezember 1790 fertiggestellt wurde; vgl. A. H. Simon, Mathis Zeitschrift, Bd. 11 (1811), S.227.

[283] Vgl. Stirken, S. 137 ff.

angesehen werden“[284] sollten von ihren Vorgesetzten zuerst in Gegenwart einzelner, im Wiederholungsfall in Gegenwart aller Assessoren wegen dieser Mängel gerügt werden. Bei der zweiten Verwarnung sollte außerdem die Entlassung aus dem Dienst angedroht werden. Eine tatsächliche Entlassung eines Beamten mußte der Herrschaft, die ihn an das Gericht entsandt hatte, angezeigt werden, damit diese innerhalb von sechs Wochen einen neuen Beamten entsenden konnte.

Dieses stufenweise Verfahren des Reichskammergerichts wurde seit dem 17. Jahrhundert auch in Preußen praktiziert.[285] Leichte Dienstverfehlungen ahndete der unmittelbare Vorgesetzten mit Verwarnungen, geringen Geldbußen oder der Androhung der Entlassung sowie bei Subalternen auch mit kurzem Arrest.[286] Schwerere Verfehlungen oder wiederholte leichte wurden dagegen von der vorgesetzten Behörde geahndet. Diese hatte im 18. Jahrhundert auch das Recht, den Beamten zu entlassen.

Im Entwurf des Allgemeinen Gesetzbuchs, der nur die richterliche Entlassung von Beamten vorsah, war eine Regelung dieses Verfahrens, das in letzter Konsequenz zur Entlassung führen konnte, überflüssig. Denn einerseits war die Kompetenz des Vorgesetzen zur Verhängung von Ordnungsstrafen unbestritten, andererseits konnte ein Beamter auch wegen wiederholter leichter Pflichtwidrigkeiten ohnehin nur auf gerichtlichem Wege entlassen werden. Als §§ 98 II 10 in das ALR aufgenommen wurden, war auch die Aufnahme von §§ 335 f. erforderlich. Sonst wäre eine Entlassung wegen wiederholter leichter Pflichtwidrigkeiten nur durch den Staatsrat möglich gewesen, da es den Gerichten an einer für sie anwendbaren materiell-rechtlichen Norm gefehlt hätte.[287] Somit ist nicht § 335 die entscheidende Norm, sondern § 336; diese Vorschrift war die Voraussetzung dafür, wiederholte leichte Pflichtwidrigkeiten auch auf gerichtlichem Wege zu ahnden.[288]

Eine ähnliche Entstehungsgeschichte wie §§ 335 f. hat auch § 339, wonach ein Beamter wegen einer schweren Straftat, die nicht mit seinem Amt zusammenhing, entlassen werden sollte. Auch diese Norm mußte nach dem Fortfall der Unabsetzbarkeit in das Gesetz aufgenommen werden, um dem Strafrichter den Grund der Entlassung des Täters an die Hand zu geben.[289] Durch die Ergänzung des Strafrechts wurde erreicht, daß immer, wenn ein Beamter wegen irgendeiner

---

[284] Reichskammergerichtsordnung von 1555, Zitat bei Stock, S. 49.
[285] Beispiele bei Stock, S. 133 ff.
[286] Stock, S. 132.
[287] Motive (1833), S. 411.
[288] Behnke, ZBR 1963, S. 263.
[289] Behnke, ZBR 1963, S. 272.

Verfehlung durch den Staatsrat entlassen werden konnte, mit diesem administrativen Verfahren ein gerichtliches konkurrierte.[290] Daß bei wiederholten Pflichtwidrigkeiten die Kompetenz des Staatsrats zur Entlassung des Beamten nicht konkurrenzlos war, war für die Anhänger der Unabsetzbarkeit um Svarez besonders wichtig, da gerade Fälle dauerhafter mangelhafter Dienstführung in der Praxis häufig vorkamen.[291]

Diese Konkurrenz zweier Verfahren war beabsichtigt. Zwar ließ sich so die Unabsetzbarkeit der Beamten nicht wiederherstellen; aber immerhin durften die Kodifikatoren nun darauf hoffen, daß sich an den Spitzen der preußischen Behörden und in der Justiz genügend aufgeklärte Geister finden, die dem gerichtlichen Verfahren den Vorzug vor dem administrativen geben.[292] Eine klare Abgrenzung beider Verfahrensarten hätte diesen Erfolg wieder zunichte gemacht.[293] Daß sich diese Hoffnungen erfüllt haben, belegen ein Zirkularreskript vom 19. Oktober 1801[294] und ein Reskript vom 9. Mai 1831[295], in denen die Behördenchefs aufgefordert wurden, mehr von ihrer Disziplinargewalt Gebrauch zu machen und seltener Gerichtsverfahren anzustrengen.

III. Verfahren gegen Beamte in der preußischen Rechtspraxis

1. Strafverfahren

Die Entwicklung des Strafverfahrens gegen Beamte seit Inkrafttreten des ALR bis zur Einführung des reformierten Strafverfahrens in den Jahren 1846 und 1849 weicht grundsätzlich nicht von der allgemeinen Entwicklung ab. Anders als in allen übrigen Strafverfahren hatte die Exekutive jedoch einen erheblichen Einfluß auf die Frage, ob ein Strafverfahren überhaupt eingeleitet werden soll, und auf die Einlegung von Rechtsmitteln.

a) Kompetenzkonflikt bei der Einleitung des Verfahrens

Bei der Verfolgung von Beamten waren die Zuständigkeiten von Justiz und Verwaltung unklar. Ein erster lokal begrenzter Versuch, die Kompetenzen beider voneinander abzugrenzen, wurde 1797 in Neuostpreußen unternommen. Die Frage, wie weit die Zuständigkeiten von Justiz und Verwaltung bei der Ahndung

---

[290] Behnke, ZBR 1963, S. 272. Vgl. Motive (1827-30), Bd. 3I, S. 8 f.; Gesetzrevision, Pensum XII, S. 55.

[291] Vgl. Reskript vom 19. Februar 1829, Kamptz' Annalen, Bd. 13, S. 12 ff.

[292] Behnke, ZBR 1963, S. 273.

[293] Behnke, ZBR 1963, S. 272.

[294] Abgedruckt in Rabes Gesetzsammlung, Bd. 6, S. 644 ff.

[295] Kamptz' Jahrbücher, Bd. 37, S. 374 f. Vgl. Behnke, ZBR 1963, S. 273.

von Pflichtverletzungen der Beamten reichten, bot in den kommenden Jahrzehnten reichlich Konfliktstoff.

aa) Entstehungsgrund des Konflikts

Für den gesamten Staat wurde die Abgrenzung von Judikative und Exekutive mit der Verordnung vom 26. Dezember 1808[296] durchgeführt.[297] Da sämtliche Justizsachen den ordentlichen Gerichten zugewiesen wurden, wurde die Kammerjustiz endgültig abgeschafft. Nicht festgelegt wurde in der Verordnung von 1808, bei welchen Pflichtwidrigkeiten von Beamten welches Verfahren durchgeführt werden sollte; so blieb es bei dem Nebeneinander von administrativem und gerichtlichem Verfahren. Jedoch wurde die Zuständigkeit der Gerichte sowohl bei der straf- als auch bei der zivilrechtlichen Verfolgung von Beamten wegen Verletzungen der Amtspflichten beschränkt. Die entsprechenden Vorschriften des § 47 der Verordnung vom 26. Dezember 1808 lauten:

> Wenn gegen einen den Regierungen untergeordneten Officianten Regreß- und Injurien-Klagen, aus Veranlassung seines Amtes, angebracht, oder gegen Cassen-Bediente des Regierungs-Ressorts eine fiscalische oder Criminal-Untersuchung eingeleitet werden soll, so muß das Gericht solches sogleich von Amts wegen der betreffenden Regierung bekannt machen. [...]
>
> Untersuchungen gegen Regierungs-Offizianten über bloße Dienstvergehungen können die Gerichte nicht anders als auf einen vorher ergangenen Antrag der betreffenden Regierung einleiten; es wäre denn mit dem Vergehen ein solcher Exceß verbunden, der den Thäter, auch wenn er nicht Officiant wäre, schon der Beahndung der Gerichte schuldig macht.

Vor 1808 galt die Regelung des zweiten Absatzes, wonach die Strafverfolgung nur auf Antrag der Dienstbehörde des Beamten eingeleitet werden kann, nur im fiskalischen Verfahren. Sinn der Vorschrift war es, Beamte vor übereifrigen Fiskalen zu schützen.[298] In den übrigen Strafverfahren war sie nicht erforderlich, da hier die Kammern in eigener Sache Recht sprachen.

Mit der Verordnung von 1808, die jede Strafverfolgung von Beamten von einem entsprechenden Antrag abhängig machte, bekam diese Regelung einen vollkommen neuen Sinn.[299] Die Strafverfolgung von Staatsdienern wegen Verletzung ihrer Amtspflichten war nun ausschließlich vom Willen der Exekutive abhängig. Dieses 1808 neu geschaffene Rechtsinstitut kam aus Frankreich, wo

---

[296] prGS 1806/10, S. 464 ff.

[297] Vgl. i.E. Fu, S. 84 ff.; zum Vorläufer der Verordnung vom 26. Dezember 1808, ebd. S. 82 ff.

[298] Loening, S. 239.

[299] Vgl. Gravenhorst, S. 35.

es als „garantie des fonctionnaires publics“ bekannt und zuerst in der Konsularverfassung des Jahres VIII (1799)[300] geregelt war.[301] Durch die Kabinettsordre vom 3. August 1824[302] ging die Zuständigkeit über die Entscheidung, ob ein Strafverfahren durchgeführt wird, auf das jeweilige Ministerium des Beamten über. Zunächst galt die garantie des fonctionnaires nur für Verwaltungsbeamte, sie wurde durch das Disziplinargesetz von 1844 auch auf Richter ausgedehnt. Verzichtete die Verwaltung auf ein Gerichtsverfahren, hatte sie immer die Möglichkeit, ein administratives Verfahren gegen den Beamten durchzuführen und ihn auf diesem Wege zu entlassen.

bb) Politische Bedeutung des Konflikts

Die garantie des fonctionnaires wurde in der Öffentlichkeit stark kritisiert. Im Mittelpunkt standen dabei vor allem jene Straftaten, die unmittelbare Auswirkungen auf einzelne Bürger hatten, zum Beispiel Beleidigungen.[303]

Zu Beginn der dreißiger Jahre kritisierte Heffter die garantie des fonctionnaires als eine „Hemmung des freien Laufs der Gerechtigkeit“[304]. Daß die Kompetenzen der Justiz zugunsten der Verwaltung beschnitten wurden, wurde vor allem deshalb kritisch gesehen, weil weite Teile der Öffentlichkeit in der Justiz den Garanten der bürgerlichen Freiheit sahen.[305] Tatsächlich wurde die Richterschaft im Vormärz zunehmend liberaler. Diese Entwicklung gipfelte 1848 in der Beteiligung vieler Richter an der preußischen Nationalversammlung von 1848.[306]

Mit dem Gesetz vom 17. Juli 1846[307] wurde für den Bezirk des Kammergerichts der reformierte Strafprozeß eingeführt und eine Staatsanwaltschaft geschaffen.[308] Diese Anklagebehörde durfte ein Strafverfahren gegen einen Beamten wegen Amtsdelikten aber nur im Auftrag der Dienstbehörde des Beamten ein-

---

[300] Art. 75, abgedruckt bei Gravenhorst, S. 22: Les agents du Gouvernement, autres que les minstres, ne peuvent être poursuivis pour des faits relatifs à leur fonction, qu'en vertu d'une décision du Conseil d'État: en ce cas, la poursuite a lieu devant les tribunaux ordinaires.“ Dieser Artikel blieb bis 1870 gültig, Loening, S. 244.

[301] Heffter, NArchCrimR, Bd. 13 (1832/33), S. 157. Zur Ausgestaltung der garantie des fonctionnaires in Frankreich, Gravenhorst, S. 21 ff., der die Bezeichnung garantie constitutionelle wählt.

[302] Kamptz' Jahrbücher, Bd. 15, S. 138 f.

[303] Vgl. Collin, S. 333 m.w.H.

[304] Heffter, NArchCrimR, Bd. 13 (1832/33), S. 158, vgl. auch S. 162 f.

[305] Loening, S. 242.

[306] Wagner, S. 47.

[307] prGS 1846, S. 267 ff.

[308] Vgl. Collin, S. 83 ff.

leiten. In der Verordnung vom 3. Januar 1849[309], mit der in ganz Preußen der reformierte Strafprozeß eingeführt wurde, fehlte eine entsprechende Vorschrift. Denn die preußische Nationalversammlung hatte auf die Kritik der Öffentlichkeit an der garantie des fonctionnaires reagiert und nach belgischem Vorbild[310] jede Beschränkung der gerichtlichen Verfolgung von Beamten beseitigt.[311] Die von der Nationalversammlung erarbeitete Vorschrift wurde als Art. 95 auch in die oktroyierte Verfassung von 1848 übernommen.[312]

Dennoch behielt die Verwaltung ihren Einfluß auf die Strafverfolgung von Beamten. Denn die neugeschaffenen Staatsanwaltschaften waren dem Justizministerium unterworfen, das von seiner Weisungsbefugnis durchaus Gebrauch machte.[313] Ein Staatsanwalt durfte auf das Verfahren gegen einen Beamten zwar jederzeit verzichten, aber eine Untersuchung ausschließlich mit ministerieller Zustimmung einleiten.[314] Diese wurde nur erteilt, wenn der Beamte seine amtlichen Befugnisse absichtlich überschritten hatte, womit der Grundsatz, daß Rechtsirrtümer unerheblich sind, für Beamte durchbrochen wurde.[315] Nach Art. 97 der Verfassung von 1850[316] sollte ein Gesetz festlegen, unter welchen Bedingungen Gerichtsverfahren gegen Beamte wegen Überschreitung ihrer Amtsbefugnisse stattfinden konnten. Zugleich wurde der Grundsatz des Art. 95 der oktroyierten Verfassung wiederholt, wonach die Einleitung eines Strafverfahrens nicht an eine behördliche Entscheidung gebunden werden darf.

Das 1850 in Aussicht gestellte Gesetz kam am 13. Februar 1854 als Kompetenzkonfliktsgesetz[317], das sich auf Strafverfahren und auf die zivilrechtliche Inanspruchnahme von Beamten wegen dienstlicher Verfehlungen bezog, zustande. Danach war ein Gerichtsverfahren gegen einen Beamten grundsätzlich zulässig. Wollte dessen vorgesetzte Behörde ein Gerichtsverfahren verhindern, konnte sie den Kompetenzkonfliktsgerichtshof anrufen, der ohne präjudizielle Wirkung entschied, ob eine Pflichtverletzung vorlag und ob diese zur gericht-

---

309 prGS 1849, S. 14 ff.

310 Übersetzt und abgedruckt in Franz, Staatsverfassungen, S. 54 ff. Art. 24: „Für Strafverfahren gegen öffentliche Beamte wegen Handlungen ihrer Verwaltung ist keine vorherige Ermächtigung notwendig mit Ausnahme der Bestimmungen über die Minister.“ Vgl. Gravenhorst, S. 37.

311 Loening, S. 243.

312 prGS 1848, S. 375 ff. Art. 95: „Es ist keine vorgängige Genehmigung der Behörden nöthig, um öffentliche Civil- und Militairbeamte wegen der durch Überschreitung ihrer Amtsbefugnisse verübten Rechtsverletzungen gerichtlich zu belangen.“

313 Loening, S. 247; Huber, Verfassungsgeschichte, Bd. 3, S. 124 f.

314 Collin, S. 333.

315 Collin, S. 333 f.

316 prGS 1850, S. 17 ff.

317 prGS 1854, S. 86 ff. Vgl. Loening, S. 233 ff.; Fu, S. 174 ff.

lichen Ahndung geeignet ist.[318] In den beiden Kammern des Parlaments wurde das Gesetz kontrovers diskutiert.[319] Vor allem die am französischen Recht orientierten rheinischen Liberalen stimmten für das Gesetz, weil es den Einfluß der Judikative auf die Ahndung von Verfehlungen innerhalb der Exekutive beschränke und so das Gewaltenteilungsprinzip konsequent umsetze.[320] Dagegen sahen die altpreußischen Liberalen im Gesetz einen Angriff auf den unbedingten Rechtsschutz und stimmten gegen den Gesetzentwurf.[321]

In der Praxis hat der Kompetenzkonfliktsgerichtshof Zivilverfahren stets für zulässig erklärt, aber auch die meisten Strafverfahren.[322] Er ging jedoch ebenso wie zuvor das Justizministerium davon aus, daß eine Verfehlung zur strafgerichtlichen Verfolgung nur dann geeignet ist, wenn diese im Bewußtsein der Rechtswidrigkeit geschah.[323] Mit Inkrafttreten des Gesetzes von 1854 mußten Staatsanwälte nicht mehr beim Justizministerium anfragen, wenn sie ein Strafverfahren gegen einen Beamten wegen Überschreitung seiner amtlichen Befugnisse einleiten wollten. Dennoch wurden die Staatsanwälte weiter darauf hingewiesen, sich bei der Strafverfolgung von Beamten zurückzuhalten.[324]

cc) Verfahren gegen Kamptz

Ein Beispiel aus den zwanziger Jahren des 19. Jahrhunderts, wie Beamte vor der Strafverfolgung geschützt wurden, betraf den damaligen Direktor im Polizeiministerium Karl von Kamptz. Dieser galt vielen als „reaktionärer Außenposten Metternichs“[325] und wurde als Motor der Demagogenverfolgungen[326] im Anschluß an die Karlsbader Beschlüsse wahrgenommen. Dabei wurden Liberale, besonders Studenten, von einer besonderen Immediatkommission, der Richter und Mitglieder der Polizei angehörten, strafrechtlich verfolgt.[327]

---

[318] Fu, S. 177 ff.
[319] I.E. Vossieg, S. 90 ff.
[320] Vossieg, S. 95 f.
[321] Vossieg, S. 92 ff., geht davon aus, daß der Widerstand der altpreußischen Liberalen auch von antifranzösischen Ressentiments geprägt war.
[322] Fu, S. 179 f.
[323] Entscheidung des Kompetenzkonfliktsgerichtshofes vom 12. Januar 1856, JMBl. 1856, S. 90 f.
[324] Collin, S. 169 f.
[325] Mückenberger, Streitbare Juristen, S. 23.
[326] Vgl. Erler, HRG, Bd. 1, Sp. 677 ff. (Demagogenverfolgungen).
[327] Vgl. I.E. 2. Teil, B. III. 2. c).

Bedeutend war in diesem Zusammenhang der Fall Friedrich Ludwig Jahns, der seit Juli 1819 in Haft war.[328] Der Kammergerichtsrat E.T.A. Hoffmann, der zugleich Mitglied der Immediatkommission war, votierte als Referent für die Freilassung Jahns und stellte sich damit gegen die preußische Regierung.[329] Jahn wurde dennoch im Mai 1820 aus der Haft entlassen, aber erst 1825 freigesprochen und erst 1840 durch Friedrich Wilhelm IV. vollständig rehabilitiert. Unmittelbar nach seiner Verhaftung wurde Jahn in einigen Zeitungen „als Verführer der Jugend" verunglimpft; man bezeichnete ihn als „höchst gefährlichen, ja mordlüsternen Menschen"[330]. Jahn fand heraus, daß hinter diesen Veröffentlichungen Kamptz steckte. Am 19. November 1819 erhob Jahn eine Beleidigungsklage gegen Kamptz, die wiederum von Hoffmann bearbeitet wurde.

Mit Schreiben vom 30. November 1819 richtete der Präsident des Kammergerichts an den Polizeiminister Schuckmann die von Hoffmann formulierte Anfrage, ob die Amtseigenschaft von Kamptz strafverschärfend berücksichtigt werden solle.[331] Hoffmann schrieb am 14. Februar 1820 an den Justizminister Kircheisen: „Die von dem p. Jahn eingereichte Injurienklage mußten wir für rechtlich begründet achten nach dem klaren Inhalte der Gesetze [...], weil auch die höchsten Staatsbeamten nicht außer dem Gesetz gestellt, vielmehr demselben wie jeder andere Staatsbürger unterworfen sind."[332] Zwar waren nach der Verordnung von 1808 Beleidigungsklagen nur der Dienstbehörde anzuzeigen, aber an kein Antragserfordernis gebunden.[333] Der Justizminister Kircheisen untersagte dennoch die Einleitung der Untersuchung mit der Begründung, Kamptz habe nicht als Amtsträger, sondern als Privatmann gehandelt.[334] Jedoch beugte sich Hoffmann erst dem Druck Friedrich Wilhelms III.[335] Dieser Widerstand Hoffmanns gegen die Anordnung seiner Vorgesetzten, eine seiner Ansicht nach berechtigte Strafverfolgung zu unterlassen, ist ein frühes Beispiel jener kritischen Einstellung, die breite Teile der Öffentlichkeit der garantie des fonctionnaires entgegenbrachten.

---

[328] I.E. Ellinger, Dt. Rundschau, Bd. 128 (1906), S. 83 f.; vgl. Ueberhorst, NDB, Bd. 10, S. 301 ff.

[329] Mückenberger, Streitbare Juristen, S. 25.

[330] Zitate in Hoffmann, Werke, Bd. 7, S. 528.

[331] Mückenberger, Streitbare Juristen, S. 26.

[332] Zitat in Hoffmann, Werke, Bd. 7, S. 528.

[333] Die Rechtslage wurde erst durch das Gesetz vom 25. April 1835, prGS 1835, S. 50 f., geändert. Danach hatte der Bürger die Strafverfolgung des Beamten bei dessen Dienstbehörde zu verlangen, ein Rechtsanspruch auf ein gerichtliches Verfahren bestand nicht.

[334] Collin, S. 33 m.w.H.

[335] Hoffmann, Werke, Bd. 7, S. 528.

b) Rechtsmittel der Aggravation

Eine weitere Möglichkeit der Verwaltung, auf Strafverfahren gegen Beamte Einfluß zu nehmen, war das Rechtsmittel der Aggravation. Ursprünglich konnte nur im fiskalischen Verfahren, wo sich mit dem Angeklagten und dem Fiskal zwei Parteien gegenüberstanden, auch Rechtsmittel zuungunsten des Angeklagten eingelegt werden.[336] Dagegen konnte im Inquisitionsverfahren, wo Richter und Ankläger ohnehin personengleich waren, nur der Angeklagte Rechtsmittel gegen ein Urteil einlegen.

Mit der Kabinettsordre vom 25. März 1834[337] wurde dieses Prinzip durchbrochen und die Aggravation auch im Inquisitionsverfahren gegen Beamte eingeführt. Die Gerichte mußten ihre Urteile dem Departementschef des Beamten mitteilen, damit dieser entscheiden konnte, ob das Strafverfahren in zweiter Instanz fortgeführt werden soll. Damit ist der Dienstbehörde des Beamten der Charakter einer Partei im Strafverfahren zugewachsen. Die Aggravation sollte nicht nur die Korrektur freisprechender oder zu milder Urteile erlauben, sondern sich insgesamt auch disziplinierend auf die Beamtenschaft auswirken.[338]

Ebenso wie die garantie des fonctionnaires ist auch die Aggravation in den vierziger Jahren des 19. Jahrhunderts verschwunden. Dieses Verschwinden war jedoch nicht politisch motiviert, sondern durch die Entwicklung des Strafverfahrensrechts bedingt. Die 1846 für den Bereich des Kammergerichts geschaffene Staatsanwaltschaft hatte ohnehin das Recht, gegen Gerichtsentscheidungen selber Rechtsmittel einzulegen. Damit war die Aggravation überflüssig geworden, was in § 106 des Gesetzes vom 17. Juli 1846 ausdrücklich festgestellt wurde. In der Verordnung vom 3. Januar 1849 wurde die Aggravation gar nicht mehr erwähnt. Jedoch behielt die Exekutive in Form des Justizministeriums auch nach der Einführung des reformierten Strafverfahrens ihren Einfluß auf die Einlegung von Rechtsmitteln, da sie die Staatsanwaltschaften entsprechend anweisen konnte.

2. Disziplinarverfahren in der preußischen Rechtspraxis

Bei der Einleitung von Strafverfahren gegen Beamte mußte die Justiz zunächst einen entsprechenden Antrag der Dienstbehörde abwarten. Außerdem konnte diese die Aggravation beantragen. Bei der eigentlichen Durchführung waren die

---

[336] Vgl. §§ 97 ff. I 35 AGO.
[337] prGS 1834, S. 63 f.
[338] Collin, S. 34 m.w.H.

Gerichte aber wie bei allen anderen Strafverfahren an die Regeln der Kriminalordnung von 1805 gebunden.

Wenn die Dienstbehörde des Beamten keinen Wert auf dessen Strafverfolgung legte, stand es ihr jederzeit frei, Pflichtverletzungen auf administrativem Wege zu ahnden. Das Disziplinarverfahren war jedoch zunächst nur sehr rudimentär geregelt. Wegen seiner wachsenden Bedeutung sah sich die Regierung veranlaßt, diese Verfahrensart genauer zu regeln; bei der Gestaltung des Disziplinarverfahrens, das Verfehlungen in der Exekutive betraf, hatte diese freie Hand. Bis 1844 war das Disziplinarverfahren nur in einzelnen Kabinettsordres geregelt.

a) Besserndes Disziplinarverfahren

Die Disziplinierung wegen leichter Pflichtverletzungen durch die Vorgesetzen wurde erst mit dem Disziplinargesetz von 1844 genau geregelt. Fälle leichter Pflichtverletzungen waren jedoch recht häufig. So beklagten die Minister Schuckmann und Motz in einem Reskript vom 19. Februar 1829[339], daß Fälle „beharrlichem Unfleißes, Versäumung der Dienststunden, subordinationswidrigen Benehmens oder eines durch Spiel, Trunk, Schuldenmachens etc. anstößigen Lebenswandels“ von den Vorgesetzten oft gar nicht oder nur mit nicht aktenkundigen Ermahnungen geahndet wurden. Die Minister erteilten die Anweisung, derartige Ordnungsstrafen aktenkundig zu machen und bei Ermahnungen auf § 336 des landrechtlichen Strafrechts, der die Möglichkeit der Entlassung einschloß, hinzuweisen. Dieser Anweisung lag die Befürchtung zugrunde, daß durch die Nachsicht, die viele Behördenchefs mit ihren Untergebenen üben würden, leichtsinnige Beamte „in ihrem tadelswerthen Treiben bestärkt“ würden. Zugleich sei aber eine spätere Entlassung von Beamten kaum möglich, wenn deren mangelhafte Dienstführung nicht schon aktenkundig sei.

b Reinigendes Disziplinarverfahren

aa) Kabinettsordres von 1822 und 1823

Die Vorschriften des ALR über die Entlassung von Beamten wurden seit den zwanziger Jahren durch verschiedene Verordnungen ersetzt.[340] Mit diesen Vorschriften wurde einer neuen Behördenstruktur Rechnung getragen. Durch die Verordnung vom 20. März 1817[341] wurde der bisher aus den Ministern beste-

---

339 Abgedruckt in Kamptz’ Annalen, Bd. 13, S. 12 ff.
340 Vgl. Perthes, S. 122; Hafemann, S. 148 ff.
341 prGS 1817, S. 67 ff.

hende Staatsrat, erheblich vergrößert.[342] Der neue Staatsrat sollte auch für die Entlassung von Beamten zuständig sein.[343] Da der Staatsrat ein großes Gremium mit einer Geschäftsordnung, die umfangreiche Beratungen vorsah[344], war, erschien jedoch bald zu umständlich, diesen mit jeder Entlassung eines Beamten zu befassen.[345] Nach der Kabinettsordre vom 12. April 1822[346] war der Staatsrat daher nur noch für die Entlassung der vom König unmittelbar ernannten Beamten zuständig[347], die administrative Entlassung der übrigen Beamten erfolgte durch die im Staatsministerium versammelten Minister.[348]

Die Kabinettsordre von 1822 war auch eine Folge der Karlsbader Beschlüsse von 1819.[349] Durch sie sollte die administrative Entlassung von Beamten erleichtert werden, um „demagogischen Umtrieben" innerhalb der Beamtenschaft Herr zu werden. Besonders die Lehrer, die Anlaß zur Kabinettsordre gegeben haben, wurden darin scharf angegriffen. Diese würden „den Verirrungen der Zeit huldigen, anstatt wahre Intelligenz, welche die Grundlage des Staats ausmacht und unbedingt gefördert werden muß, zu verbreiten, die Ausartungen derselben begünstigen, einen Oppositionsgeist gegen Meine Anordnungen zeigen und sich namentlich auf Angelegenheiten der Staatsverfassung und Verwaltung eine nähere oder entfernte Einwirkung sich anmaaßen, welche mit der pflichtmäßigen Erfüllung des Lehreramts unerträglich ist." Der König forderte daher unbedingt, „unwürdige, Meinen landesväterlichen Absichten und ihrem hohen Berufe nicht entsprechende Individuen [aus der Lehrerschaft] auszuschließen".

---

[342] Hartung, Studien, S. 235. Im Anhang A. der Verordnung vom 20. März 1817 sind die Mitglieder des Staatsrats genannt: die über 18jährigen königlichen Prinzen, die Ministern, die zivilen und militärischen Chefs der Provinzen (die allerdings in den Staatsrat berufen werden mußten), sowie weitere ausgewählte Staatsdiener (1817 waren es 34); insgesamt hatte der Staatsrat über 60 Mitglieder.

[343] Nr. 2. c. der Verordnung vom 20. März 1817.

[344] Vgl. H. Schneider, S. 135 ff.

[345] vgl. H. Schneider, S. 157 f., danach befaßte sich der Staatsrat zwischen 1817 und 1823 24mal mit derartigen Disziplinarangelegenheiten.

[346] prGS 1822, S. 105 ff.

[347] Nach 1823 befaßte sich der Staatsrat nur noch viermal mit administrativen Entlassungen, darunter mit dem Fall des Breslauer Professors Heinrich Hoffmann (von Fallersleben); vgl. H. Schneider, S. 158.

[348] Zum Staatsministerium und seiner Zusammensetzung Huber, Verfassungsgeschichte, Bd. 1, S. 151 ff, 160; Bd. 2, S. 23 ff.

[349] Koselleck, Preußen, S. 404 (ff.).

Die Kabinettsordre vom 21. Februar 1823[350] regelte das Verfahren der administrativen Entlassung durch das Staatsministerium. Damit hatten Beamte einen gewissen Schutz vor willkürlichen Entlassungen.[351]

bb) Geheimer Erlaß von 1826

Neben diesen beiden Verordnungen zur administrativen Entlassung gab es in dem geheimen, nicht in der Gesetzsammlung veröffentlichten, aber den Provinzialregierungen mitgeteilten Erlaß vom 16. August 1826[352] auch die Möglichkeit, einen Beamten „wegen mangelhafter Dienstführung und moralischer Gebrechen, die jedoch den Antrag auf seine Dienstentsetzung oder seine Dienstentlassung nach den Gesetzen nicht begründen", gegen seinen Willen zu pensionieren. Die Zwangspensionierung nach dem Erlaß von 1826 bedeutete zwar eine minimale soziale Absicherung, dafür waren in diesem Fall die Verfahrensregeln, die nach der Kabinettsordre von 1823 galten, außer Kraft gesetzt. Damit wirkte sich die Vorrangstellung, die sich die Verwaltung gegenüber der Justiz in den ersten Jahrzehnten des 19. Jahrhunderts erkämpft hatte, nun negativ auf die Mitglieder der Beamtenschaft aus, da die Garantien der Prozeßordnungen sie nicht mehr schützten.[353] Da es Aufgabe der Oberpräsidenten war, ein Verfahren der Amtsentziehung oder Zwangspensionierung gegen Beamte einzuleiten, waren untere und mittlere Beamte nun ihren Vorgesetzten ausgeliefert. So wurde der Schutz, den Carmer und Svarez den unteren Beamten vor der Willkür ihrer Vorgesetzten geben wollten, aufgeweicht.[354] Denn nach § 98 II 10 ALR durfte ein Beamter gerade nicht durch seinen Vorgesetzten oder Departementschef entlassen werden. Zwar mag sich die unmittelbare Auswirkung der Kabinettsordres aus den zwanziger Jahren des 19. Jahrhunderts in Grenzen gehalten haben, sie hatten aber insgesamt eine demoralisierende Auswirkung auf die gesamte Beamtenschaft.[355]

cc) Disziplinarverfahren und Strafverfahren

Nach dem Reskript vom 4. September 1828[356] war die administrative Entlassung auch dann zulässig, wenn ein Gericht den Angeklagten im Strafverfahren vorläufig freigesprochen oder eine geringere Strafe als die Amtsentfernung ausgesprochen hat. Die Zwangspensionierung des Beamten sollte zulässig sein,

---

[350] prGS 1823, S. 25 ff.
[351] Kosselleck, Preußen, S. 411 f.
[352] Abgedruckt erst 1833 in Kamptz' Annalen, Bd. 17, S. 588 f.
[353] Koselleck, Preußen, S. 409.
[354] Vgl. Koselleck, Preußen, S. 408 f.
[355] Koselleck, Preußen, S. 409 f.
[356] Kamptz' Annalen, Bd. 11, S. 876 f.

wenn das Gericht Umstände festgestellt hat, die zwar nicht die Entlassung des Täters als Strafe rechtfertigen, wohl aber Zweifel an seiner „Amtswirksamkeit“ aufkommen lassen. Damit hatte die Exekutive nach der ersten Instanz eines Gerichtsverfahrens zwei Möglichkeiten: entweder konnte sie die Aggravation beantragen oder das Verfahren in eigener Regie weiterführen. Die zweite Möglichkeit bestand vor allem in Fällen, in denen der Strengbeweis im Strafverfahren mißlungen war. Dies war der erste Schritt in Richtung freier Beweiswürdigung im Disziplinarrecht.

c) Verfahren gegen Hoffmann

Im Zusammenhang mit den Demagogenverfolgungen, die nach den Karlsbader Beschlüssen von 1819 einsetzten, ist ein Verfahren gegen E.T.A. Hoffmann dokumentiert.[357]

Hoffmann war seit 1816 als Jurist am Kammergericht tätig und wurde 1819 in die Immediatkommission, die gegen „demagogische Umtriebe“ vorgehen sollte, berufen. Fünf Mitglieder der Kommission waren Richter, zwei weitere gehörten der Polizei an. Schnell offenbarten sich Konflikte zwischen Justiz und Polizei, da die Richter die Kommission auch zur Kritik an exekutiven Maßnahmen nutzten.[358] Besonders Kamptz paßten diese Entscheidungen oft nicht. Hoffmann beklagte in einem Brief an Th. G. Hippel vom 24. Juni 1820 die Demagogenverfolgung als „ein ganzes Gewebe heilloser Willkür, frecher Nichtachtung aller Gesetze [und] persönlicher Animosität [,...deren Maßnahmen] nicht nur gegen die Tat, sondern gegen Gesinnungen gerichtet waren“.[359] Die Kommission votierte oft für die Freilassung Inhaftierter, die aber in einigen Fällen wieder von der Polizei in Gewahrsam genommen wurden, was die Kommission verurteilte, da die Polizeibehörden nicht befugt seien, einen Beschuldigten wegen einer Straftat festzuhalten, nachdem die Justiz ihre Ermittlungen zu seinen Gunsten beendet hätte.[360]

Die Tätigkeit Hoffmanns in der Immediatkommission hat auch Anlaß zu einem Verfahren gegen den Schriftsteller gegeben. Das persönliche Verhältnis Hoffmanns zu Kamptz mag schon nach der Beleidigungsklage Jahns[361] gestört gewesen sein. Vollkommen vergiftet wurde es, als Hoffmann seine Erfahrungen in

[357] Vgl. Ellinger, Dt. Rundschau, Bd. 128 (1906), S. 79 ff.; Mückenberger, Streitbare Juristen, S. 19 ff. (22 ff.). Zu der Bedeutung der Richterschaft für die Demagogenverfolgungen, Hodenberg, S. 245 ff.

[358] Mückenberger, Streitbare Juristen, S. 24.

[359] Zitat in Hoffmann, Werke, Bd. 7, S. 527.

[360] Mückenberger, Streitbare Juristen, S. 25; Fallschilderungen bei Ellinger, Dt. Rundschau, Bd. 128 (1906), S. 80 ff.

[361] Vgl. 2. Teil, B. III. 1. a).

der Immediatkommission im vierten und fünften Kapitel seines Märchens „Meister Floh" verarbeitete.[362]

Dort erscheint ein Hofrat Knarrpanti vor dem Rat der Stadt Frankfurt und bietet die Aufklärung einer Entführung an, die nie stattgefunden hat. Ins Visier Knarrpantis gerät vor allem der Held der Geschichte, Peregrinus Tyß. „Auf die Erinnerung, daß doch eine Tat begangen sein müsse, meinte Knarrpanti, daß, sei erst der Verbrecher ausgemittelt, sich das begangene Verbrechen von selbst finde. Nur ein oberflächlicher und leichtsinniger Richter sei, wenn auch selbst die Hauptanklage wegen Verstocktheit des Angeklagten nicht festzustellen, nicht imstande, dies und das hineinzuinquirieren, welches dem Angeklagten doch irgendeinen kleinen Makel anhänge und die Haft rechtfertige."[363] Diese Beschreibung spiegelt die Demagogenverfolgung, wie sie sich in den Augen Hoffmanns dargestellt hat, wider.

Die privaten Papiere Tyß' werden beschlagnahmt und von Knarrpanti bewußt mißdeutet. Aus der Tagebuchaufzeichnung „Heute war ich leider mordfaul"[364] liest der Hofrat das Bedauern, an diesem Tag keinen Mord begangen zu haben. Die Briefstelle: „Es ist doch etwas Hohes, Herrliches um diese Entführung."[365] hält er für den endgültigen Beweis der Täterschaft Tyß'. Als sich herausstellt, daß Tyß den Abend zuvor Mozarts „Entführung aus dem Serail" angesehen hatte, muß Knarrpanti Frankfurt unter dem Gespött der Bevölkerung verlassen. Tyß besitzt ein Augenglas, das ihn die Gedanken anderer lesen läßt, und erkennt bei Knarrpanti diese Absicht: „Ich muß lachen, daß der Rat [von Frankfurt] wunder glaubt, wieviel mir an der wirklichen Ermittlung gelegen ist, da ich doch nur mich im Auge habe und die ganze Sache als ein Mittel betrachte, mich bei dem Herrn wichtig zu machen und so viel Beifall und Geld zu erobern als nur möglich."[366]

In dieser Schilderung des ehrgeizigen, gewissenlosen Höflings hat sich Kamptz wiedererkannt, zumal auch einige seiner Marotten persifliert wurden, z.B. unterstrich nicht nur Knarrpanti, sondern auch Kamptz Aktenstücke mit Rotstift.[367] Hoffmann selbst hatte während der Arbeit an seinem „Meister Floh" mitgeteilt, daß er hiermit eine Persiflage der aktuellen Zustände beabsichtige.[368] Auch

---

[362] Hoffmann, Meister Floh, S. 289 ff.

[363] Hoffmann, Meister Floh, S. 366.

[364] Hoffmann, Meister Floh, S. 384. Der Begriff „mordfaul" erscheint auch im Tagebuch des Studenten Asverus, gegen den die Immediatkommsision verhandelt hatte; vgl. Ellinger, Dt. Rundschau, Bd. 128 (1906), S. 94.

[365] Hoffmann, Meister Floh, S. 385.

[366] Hoffmann, Meister Floh, S. 389 ff.

[367] Hoffmann, Meister Floh, S. 389. Ellinger, Dt. Rundschau, Bd. 128 (1906), S. 94 f.

[368] Vgl. Hoffmann, Werke, Bd. 7, S. 529 m.w.H.

Kamptz erfuhr von diesem Plan und ließ das Manuskript des „Meister Floh" am 22. Januar 1822 beschlagnahmen; das Märchen ging nur in einer gekürzten Version in den Druck.[369] In einem Schreiben an Schuckmann[370] bezeichnet dessen Neffe Kamptz[371] Hoffmann als „kassationsfähigen Beamten" und erhebt drei Vorwürfe, ohne für diese Rechtsnormen zu benennen: 1) Hoffmann habe die dem König und seinen Vorgesetzten geschuldete Treue und Ehrfurcht verletzt[372], 2) seine Amtsverschwiegenheit gebrochen[373] und 3) einen Staatsbeamten bei Ausübung seines Amtes verleumdet.[374] In einem von Kamptz entworfenen und von Schuckmann an Hardenberg gesandten Schreiben wird nahegelegt, Hoffmann „auch aus seinen hiesigen Amts- und übrigen Verhältnissen in Verhältnisse zu versetzen, in welchen er vermöge seines Leichtsinns, seiner Eitelkeit, Schreibsucht und Gewinnsucht von den, dem bösen Prinzip anhängenden Personen nicht als Werkzeug und zur Compromittierung des öffentlichen Ansehens gemißbraucht werden kann".[375] Am 23. Februar 1822 diktierte Hoffmann eine Verteidigungsschrift[376], in der er bestritt, daß es irgendwelche Vorbilder für die Knarrpantiepisode gab.

Im Zentrum der Erklärung Hoffmanns stand allerdings, daß es „dem humoristischen Dichter [...] freistehen [muß], sich im Gebiet seiner phantastischen Welt frei zu bewegen."[377] Ob Kamptz und Schuckmann mit ihrem Anliegen, Hoffmann in die tiefste Provinz zu versetzen, erfolgreich gewesen wären, oder ob ein Verweis für ausreichend erachtetet worden wäre, ist unbekannt.[378] Hoffmann starb am 25. Juni 1822. Das letzte Aktenstück ist eine Verfügung vom 6. Juli 1822: „Da der Kammergerichts-Rath Hoffmann verstorben ist, so sind die während seiner schweren letzten Krankheit zurückgelegten Actenstücke, nunmehr zu reponiren. Hardenberg."[379]

Sowohl die Beleidigungsklage gegen Kamptz wie das Verfahren gegen Hoffmann waren durch die Verwaltung geprägt. Im Verfahren gegen Kamptz, das

---

[369] Die verschwunden geglaubten Manuskriptseiten wurden 1905 von Ellinger im preußischen Staatsarchiv, GStA, Rep. 75, Nr. 529, entdeckt, vgl. Hoffmann Werke, Bd. 7, S. 543.

[370] Abgedruckt in Hoffmann, Werke, Bd. 7, S. 532 ff.

[371] Baumgart, NDB, Bd. 11, S. 95.

[372] § 333 II 20 ALR, i.V.m. § 2 f. II 10 ALR.

[373] § 357 II 20 ALR.

[374] §§ 207, 353 II 20 ALR.

[375] Zitat bei Mückenberger, Streitbare Juristen, S. 28; vgl. Hoffmann, Werke, Bd. 7, S. 533 f.

[376] Abgedruckt bei Ellinger, Dt. Rundschau, Bd. 128 (1906), S. 97 ff.

[377] Zitat bei Ellinger, Dt. Rundschau, Bd. 128 (1906), S. 98; Hoffmann Werke, Bd. 7, S. 538.

[378] Vgl. Ellinger, Dt. Rundschau, Bd. 128 (1906), S. 100 m.w.H.

[379] Zitat bei Ellinger, Dt. Rundschau, Bd. 128 (1906), S. 101.

von staatlichen Stellen unterdrückt wurde, kommt eine Tendenz zum Vorschein, Mitglieder der Verwaltung gegen Kritik aus dem Bürgertum in Schutz zu nehmen. Im Mittelpunkt dieses Schutzes stand weniger der Beamte als Person, sondern als Mitglied der gesamten Staatsverwaltung, die sich gegen Kritik von außen schützen wollte. Dagegen belegt das Verfahren gegen Hoffmann, daß Kritik aus den eigenen Reihen nicht hingenommen wurde, zumindest dann nicht, wenn sie öffentlich geäußert wurde. Derartiges Fehlverhalten wurde möglichst innerhalb der Verwaltung geahndet, denn ein Disziplinarverfahren war wesentlich diskreter als ein Gerichtsverfahren, dessen Öffentlichkeit immer lauter gefordert wurde und das tatsächlich auch seit 1849 überall in Preußen ein öffentliches Verfahren war.[380]

IV. Disziplinargesetzgebung

1. Entwürfe in der Gesetzrevision

a) Pensum XII der Gesetzrevision und sein Verhältnis zum Strafrecht

Der erste Versuch, mit dem gesamten Beamtenrecht auch das Disziplinarrecht zu regeln, wurde 1830 im 12. Pensum der Gesetzrevision unternommen. Der Revisor Duesberg versuchte, Disziplinarrecht und Strafrecht eindeutig voneinander zu trennen.[381] Er unterschied die höhere von der niederen Disziplin und sah als wichtigstes Mittel der höheren Disziplin die Entfernung aus dem Dienst an.[382] Subalterne Beamte sollten durch die Provinzialbehörde entlassen werden; höhere durch Beschluß des Staatsministeriums.[383] Auf jeden Fall sollte der Beamte vor seiner Entlassung angehört werden[384], ein Rechtsmittel gegen die Entlassung war in Duesbergs Entwurf nicht vorgesehen. Es galt als selbstverständlich, daß viele Pflichtverletzungen von Beamten nicht strafprozessual, sondern ausschließlich administrativ geahndet werden.[385]

Mit Bode, dem Revisor des 1. Pensums, war sich Duesberg dahin einig, daß besonders Fälle fortgesetzten mangelhaften Verhaltens im Dienst und außerhalb des Dienstes nur disziplinarische Folgen haben sollten.[386] Beide Revisoren erteilten allen Versuchen, ein den Tatbeständen der landrechtlichen Amtsdelikte

[380] Ignor, S. 259 m.w.H.
[381] Gesetzrevision, Pensum XII, S. 55 ff.
[382] Gesetzrevision, Pensum XII, §§ 118-135.
[383] Gesetzrevision, Pensum XII, §§ 126, 128
[384] Gesetzrevision, Pensum XII, § 125.
[385] Gesetzrevision, Pensum XII, S. 56.
[386] Motive (1827-30), Bd. 3/I, S. 7 ff., Gesetzrevision, Pensum XII, S. 56 ff.

immanentes Unterscheidungskriterium zwischen Disziplinarunrecht und Straftatbeständen zu finden, eine Absage.[387]

Somit blieb dem Revisor des Strafrechts nichts weiter übrig, als jede Vorschrift des landrechtlichen Strafrechts zu überprüfen und zu entscheiden, ob sie in das neue Strafgesetzbuch aufgenommen werden soll oder nicht.[388] Da weder der Gesetzentwurf Duesbergs noch der Bodes verwirklicht wurden, bestanden neben der gerichtlichen Amtsentfernung mit Entlassung und Pensionierung weiterhin zwei Möglichkeiten, sich eines Beamten auf administrativem Wege zu entledigen. Da diese Möglichkeiten nicht eindeutig voneinander abgegrenzt waren, forderte Friedrich Wilhelm III. 1835, im Rahmen der Gesetzrevision auch ein Gesetz über das Disziplinarrecht vorzulegen.[389]

b) Entwurf eines Disziplinargesetzes von 1837

Die Forderung Friedrich Wilhelms III. wurde 1837 verwirklicht. In diesem Jahr erschien der von Kamptz verfaßte „Entwurf des Gesetzes über das Strafverfahren gegen Beamte und über die Entlassung und Versetzung derselben im Wege der gerichtlichen oder Disciplinar-Untersuchung mit den Motiven desselben". Der Absicht des Revisors des 12. Pensums, ein einheitliches Beamtenrecht zu schaffen, erteilte Kamptz eine klare Absage, da die Sicherheiten der preußischen Beamten ausreichend seien.[390] Sein Entwurf beschränkte sich auf das Disziplinarverfahren und dessen Verhältnis zum Strafverfahren. Es sollten alle unwürdigen oder pflichtwidrigen Verhaltensweisen von Beamten, die nicht unter Tatbestände des Strafgesetzbuches[391] fallen, auf dem Disziplinarwege geahndet werden.[392] Das Disziplinarverfahren war nach diesem Entwurf ein Minus zum Strafverfahren. Je nach Schwere der Pflichtverletzung wurde nur das eine oder das andere Verfahren durchgeführt. Nur wenn eine tatsächlich begangene Handlung im gerichtlichen Verfahren nicht unter einen Straftatbestand subsumiert werden konnte, war ein Disziplinarverfahren im Anschluß an das Strafverfahren zulässig.[393]

---

[387] Motive (1827-30), Bd. 3/I, S. 6 f.; vgl. Motive (1833), S. 409; Protokolle der Staatsratskommission (1842), S. 454; Abegg, Bemerkungen, S. 101; vgl. Feuerbach-Mittermaier, S. 749. Für ein Unterscheidungskriterium Temme, Kritik 1843, Bd. 2, S. 397 ff. (400 f.).

[388] Motive (1827-30), Bd. 3/I, S. 6.

[389] Entwurf/Motive Disziplinargesetz (1837), S. 3.

[390] Entwurf/Motive Disziplinargesetz (1837), S. 14.

[391] Kamptz bezog sich auf seinen Strafrechtsentwurf von 1833.

[392] Entwurf/Motive Disziplinargesetz (1837), § 6.

[393] Entwurf/Motive Disziplinargesetz (1837), §§ 2-4.

Die Entlassung sollte, wie zuvor vom Revisor des 12. Pensums vorgeschlagen, durch die Provinzialbehörde oder durch das Staatsministerium erfolgen.[394] Der wesentliche Unterschied der Entwürfe der Jahre 1830 und 1837 lag darin, daß Duesberg unter Berufung auf § 99 II 17 ALR die Entlassung von Richtern nur durch den höchsten Gerichtshof der Monarchie zulassen wollte[395], während nach dem Entwurf von Kamptz das Disziplinarverfahren auch auf Richter angewandt werden konnte.[396] Dabei sollte gegen Patrimonialrichter wie gegen niedere Beamte und gegen staatliche Richter wie gegen die höheren Beamten verfahren werden.[397] Der Justizminister war bestrebt, die sich mehr und mehr unabhängig fühlenden Richter an die Regierung zu binden.[398] Nach Ansicht Kamptz' durfte zwar aus historischen Gründen § 99 II 17 ALR nicht auf staatliche Richter angewandt werden, für die Praxis hätte die Gleichstellung von Richtern und Verwaltungsbeamten gleichwohl einen Kurswechsel bedeutet.[399]

Ebenso wie die Entwürfe Bodes und Duesbergs wurde auch Kamptz' Entwurf eines Disziplinarverfahrens nicht in die Tat umgesetzt. Er war aber Vorbild des Disziplinargesetzes von 1844.

2. Disziplinargesetze

a) 1844

Das „Gesetz, betreffend das gerichtliche und Disziplinar-Strafverfahren gegen Beamte“[400] vom 29. März 1844 „fiel wie ein Blitz[401] [...] in die Rumpelkammer der Praxis.“[402]

aa) Verhältnis von Disziplinarrecht und Strafrecht

Nach § 2 des Gesetzes von 1844 sollten alle gemeinen und Amtsverbrechen, die in den Strafgesetzen mit der Strafe der Kassation bedroht waren, und sämtliche Bestechungsfälle gerichtlich geahndet werden, alle übrigen dienstlichen und privaten[403] Verfehlungen, die seit dem Gesetz von 1844 Dienstvergehen genannt wurden, disziplinarisch. Außerdem sollten Fälle des § 333 II 20 ALR immer

---

[394] Entwurf/Motive Disziplinargesetz, §§ 13, 15-17.
[395] Gesetzrevision, Pensum XII, S. 61 f.
[396] Entwurf/Motive Disziplinargesetz (1837), § 14, S. 25 ff.
[397] Entwurf/Motive Disziplinargesetz (1837), S. 27.
[398] Loening, S. 240; Vossieg, S. 21.
[399] Vgl. 2. Teil, B. II. 2. b) bb).
[400] prGS 1844, S. 77 ff.
[401] Die Entwürfe Duesbergs und Kamptz' sind nur als Manuskript zu Beratungen gedruckt, aber nicht veröffentlicht worden.
[402] Heffter, ArchCrimR (NF) 1853, S. 423.
[403] § 21 des Gesetzes von 1844, der eine Nachbildung von § 363 II 20 ALR war.

dann gerichtlich geahndet werden, wenn der Täter die Absicht hatte, sich oder einem anderen einen Vorteil zu verschaffen oder den Staat oder einen Dritten zu schädigen, § 4.[404] Dieses rein äußerliche Kriterium war erforderlich, da noch immer die landrechtlichen Amtsdelikte, die jede schuldhafte Pflichtwidrigkeit eines Beamten umfaßten, geltendes Recht waren. Auch nach dem Gesetz von 1844 fand entweder ein Disziplinar- oder ein Strafverfahren statt. Das Disziplinarverfahren war noch nicht vollkommen selbständig, sondern nur Forum für leichte Verfehlungen, ein „minus" zum Strafverfahren.[405] Es blieb bei der Regel, daß ein Disziplinarverfahren nach einem Strafverfahren stattfinden durfte, wenn im Strafverfahren Tatsachen festgestellt wurden, die den Amtsverlust als Kriminalstrafe nicht erlauben. Außerdem durfte ein Disziplinarverfahren im Anschluß an ein Strafverfahren stattfinden, wenn der Beamte ein Amtsverbrechen und ein Dienstvergehen begangen hat, aber im Strafverfahren nicht entlassen wurde, §§ 10 ff.

bb) Disziplinarmaßnahmen

Ordnungsstrafen des Gesetzes von 1844 waren Warnungen, Verweise, Geldbußen in Höhe eines Monatsgehaltes oder bis zu dreißig Talern und kurze Freiheitsstrafen bis zu acht Tagen gegen untere Beamte (§ 15 f.). Mittel der höheren Disziplin war die Entfernung aus dem Amt, die entweder vollkommene Entlassung, Degradation oder Strafversetzung[406] bedeutete, § 17. Die letzten beiden Arten der Entfernung aus dem Dienst waren nur bei unmittelbaren Staatsbeamten möglich (§§ 17 ff.).[407] Die Entlassung aus dem Dienst bedeutete auch den Verlust des Pensionsanspruchs; von dieser Regel konnte jedoch eine Ausnahme gemacht werden, wenn der Beamte entweder einen Anspruch auf Pensionszahlung erworben hatte oder mildernde Umstände vorlagen, § 18.

Das Verfahren der Entlassung, das in der Regel vor den Provinzialbehörden durchgeführt wurde, war im einzelnen in §§ 25 ff. festgelegt. Die Entlassung mußte vom vorgesetzten Verwaltungschef bestätigt werden, der die Entscheidung einer anderen Provinzialbehörde verlangen konnte, wenn ihm die Entlassung zu hart erschien. Beamte konnten gegen den Amtsverlust nicht vorgehen, während Richtern der Rekurs an das geheime Obertribunal möglich war (§ 40).

---

[404] Eine entsprechende Einschränkung von § 333 wurde schon in den zwanziger Jahren gefordert; vgl. Motive (1827-30), Bd. 3/I, S. 118 f.

[405] Wiese, VerwA, Bd. 56 (1965), S. 215.

[406] Strafversetzung war Entziehung des einen und Einsetzung in ein anderes Amt, Stölzel, Bd. 2, S. 558.

[407] Hubrich, GS, Bd. 75 (1910), S. 95, sieht in der Verhängung einer Disziplinarmaßnahme nach dem Gesetz von 1844 eine vergeltende Maßnahme.

cc) Freie Beweiswürdigung

Schon durch die Kabinettsordre von 1828 bestand die Möglichkeit, ein Disziplinarverfahren durchzuführen, wenn im Strafverfahren dessen strenge Beweisanforderungen nicht erfüllt werden konnten. Diese Regelung war nur sinnvoll, wenn im Disziplinarverfahren nicht die Beweistheorie des Inquisitionsprozesses angewandt werden mußte. In § 28, Abs. 2 des Gesetzes von 1844 wurde der Disziplinarbehörde ausdrücklich das Recht zugestanden, sich die eigene Überzeugung zum entsprechenden Sachverhalt in freier Beweiswürdigung ohne Bindung an irgendwelche Beweisregeln zu bilden. Diese Vorschrift lobte Temme als richtungweisend für die Reform des Strafverfahrens.[408]

dd) Politischer Konflikt um das Gesetz von 1844

Da der geheime Erlaß von 1826 mit sofortiger Wirkung aufgehoben wurde, waren Beamte durch das Gesetz von 1844 bessergestellt. Dennoch wurde es in der Öffentlichkeit stark angefeindet; vor allem, da es auch auf Richter anwendbar war, §§ 40 ff. Diese Gleichstellung von Verwaltungsbeamten und Richtern war schon in Kamptz' Entwurf von 1837 enthalten. Der für die Justizverwaltung zuständige Justizminister Mühler vertrat zwar die Meinung, daß an der bislang geübten Praxis, wonach Richter nur durch Gerichte aus ihrem Amt entfernt werden konnten, festgehalten werden solle. Jedoch konnte sich Kamptz mit seiner Position durchsetzen.[409]

Der Hauptwiderstand gegen das Gesetz von 1844 ging von Simon aus.[410] Neben der Gleichstellung von Richtern und Verwaltungsbeamten bemängelte Simon, daß das Disziplinargesetz von 1844 ein Standesgesetz sei und daß es die Beamtenschaft der öffentlichen Kontrolle durch das allgemeine Strafrecht und der Justiz entziehe.[411] Im Zusammenhang mit der Kontroverse um das Gesetz[412] suchte Simon um seine Entlassung nach, was er mit den Worten begründete: „Ich trete ab als Beamter, um Bürger bleiben zu können."[413] Entgegen seinem Zweck stärkte das Gesetz von 1844 die liberale Bewegung.[414]

---

[408] Temme, Zeitschrift für deutsches Kriminalverfahren 1844, S. 325 ff. (327); vgl. Ignor, S. 269; Pöltl, S. 424.

[409] Loening, S. 240.

[410] A. Simon, Richter. Vgl. Stölzel, Bd. 2, S. 557 ff. Vgl. Koselleck, Preußen, S. 411 ff.

[411] Heckert, S. 120; Koselleck, Preußen, S. 413 f.

[412] Gegner Simons war vor allem Kamptz mit seiner Schrift „Prüfung der grellen Irrthümer des Stadtgerichtsraths Simon in Breslau".

[413] Zitat bei Koselleck, Preußen, S. 412.

[414] Koselleck, Preußen, S. 412.

Auch in der Strafrechtsreform wurde das Disziplinargesetz von 1844 angegriffen, und zwar 1848 im vereinigten ständischen Ausschuß.[415] Auslöser der dort teilweise erregt geführten Diskussion war eine Vorschrift im Strafrechtsentwurf von 1847[416], wonach Pflichtverletzungen, die nicht unter die Tatbestände des Strafgesetzbuches subsumiert werden können, im Disziplinarwege geahndet werden.[417] Im die Ausschußdebatten vorbereitenden Gutachten wurde empfohlen, die Vorschrift durch den Zusatz zu ergänzen, daß Richter niemals auf administrativen Wege entlassen werden dürfen.[418]

Die Regierung kritisierte, daß der Ausschuß, der über das Strafrecht beraten sollte, durch die Hintertür das Disziplinarrecht reformieren wolle.[419] Dennoch forderte die Ausschußmehrheit, wenigstens im Strafgesetzbuch die Unabsetzbarkeit der Richterschaft festzulegen, da nur so die Unabhängigkeit der Justiz gewährleistet werden könne.[420] Die Beschlußfassung des vereinigten ständischen Ausschusses hat sich auf das spätere Strafrecht nicht ausgewirkt. Jedoch wurde den Forderungen des liberalen Bürgertums, das sich im Ausschuß durchgesetzt hatte, durch die Verordnung vom 6. April 1848[421] Rechnung getragen. Durch diese Verordnung wurde das Disziplinargesetz von 1844 für die Richterschaft außer Kraft gesetzt.

b) 1849

aa) Entstehung der Verordnungen

Nachdem das Disziplinargesetz 1848 seine Geltung für Richter verloren hatte, mußte eine neue Rechtslage für Richter geschaffen werden. Da es ungerechtfertigt erschien, nur das Disziplinarrecht der Richter neuzuregeln[422], wurden am

---

415 Verhandlungen des ständischen Ausschusses, Bd. 4, S. 519 ff.

416 Eine entsprechende Vorschrift gab es in allen Strafrechtsentwürfen ab 1833.

417 Entwurf (1847), § 401; vgl. auch Entwurf (1833), § 699; (1836), § 794; (1842), § 604; (1843), § 615; (1845), § 396; (1846), § 393.

418 Gutachten zur Vorbereitung, S. 134 ff.

419 Verhandlungen des ständischen Ausschusses, Bd. 4, S. 521 f.

420 Verhandlungen des ständischen Ausschusses, Bd. 4, S. 538 ff. u.ö. Der Abgeordnete Zimmermann, ebd. S. 541 f., forderte, auch die Unabsetzbarkeit der Staatsanwälte zu garantieren.

421 prGS 1848, S. 87 f.

422 Rejewski, S. 24.

10.[423] und 11. Juli 1849[424] im Notverordnungsweg[425] zwei neue Verordnungen über das Disziplinarverfahren der Richter und der nichtrichterlichen Beamten erlassen. Ein weiterer Grund für die Verordnungen war die Angst der Regierung, die Kontrolle über den Staatsapparat zu verlieren.[426] Ein neues Disziplinarrecht wurde aber auch durch die Verfassung von 1848 nötig. Deren Art. 86 legte fest, daß Richter auf Lebenszeit ernannt werden und nur aufgrund eines Richterspruchs ihr Amt verlieren können; die Unabsetzbarkeit der Richter hatte sich endgültig durchgesetzt. Art. 96 sicherte den Verwaltungsbeamten, zu denen auch die Staatsanwälte gezählt wurden, den Schutz vor willkürlichen Entlassungen zu. Ein unkündbares Beamtentum wurde in einer starken Monarchie wie der preußischen als Gegengewicht zu einer allmächtigen Regierung betrachtet und daher von der liberalen Opposition als wichtiger Schritt auf dem Weg zum Rechtsstaat angesehen.[427] Auf der anderen Seite forderten nun Vertreter der Konservativen, daß die Beamten, wenn sie schon verfassungsmäßige Garantien genießen, unbedingt abhängig von der Regierung sein sollten.[428]

Wesentlich beteiligt an der Ausarbeitung dieser Verordnungen war Götze[429], der 1826 für das Oberlandesgericht Magdeburg die landrechtlichen Amtsdelikte begutachtet hatte. Abgesehen davon, daß das Disziplinarverfahren gegen Richter ein Gerichtsverfahren und das gegen Verwaltungsbeamte ein administratives Verfahren war, unterschieden sich beide Verordnungen kaum.[430]

bb) Verhältnis von Disziplinarrecht und Strafrecht

Ein Disziplinarverfahren wurde eingeleitet wegen eines Dienstvergehens, das bei jeder nicht benannten Verletzung von Amtspflichten vorlag. Zu diesen Pflichten gehörte auch ein angemessenes außerdienstliches Verhalten, § 2 der Verordnung vom 11. Juli 1849. Dagegen waren Amtsverbrechen Handlungen,

---

[423] Verordnung, betreffend die Dienstvergehen der Richter und die unfreiwillige Versetzung derselben auf eine andere Stelle oder in den Ruhestand. vom 10 Juli 1849, prGS 1849, S. 253 ff.

[424] Verordnung, betreffend die Dienstvergehen der nicht richterlichen Beamten, die unfreiwillige Versetzung derselben auf eine andere Stelle oder in den Ruhestand. vom 11 Juli 1849, prGS 1849, S. 253 ff, S. 271 ff. Alle Zitate aus der Verordnung vom 11. Juli über Verwaltungsbeamte.

[425] Art. 105 der oktroyierten Verfassung von 1848.

[426] Rejewski, S. 24.

[427] Hartung, Studien, S. 254. Dagegen behielten sich die Regierungen von Ländern mit starken Parlamenten wie England die Kündbarkeit der Beamten als Gegenstück zur Ministerverantwortung vor dem Parlament vor, Raphael, S. 167.

[428] Loening, S. 245.

[429] Kötschau, S. 141.

[430] Hubrich, GS, Bd. 75 (1910), S. 97.

die im Strafrecht mit allgemeinen Strafen bedroht waren. Noch immer waren die landrechtlichen Amtsdelikte geltendes Recht. Nur solche Tatbestände, die mindestens eine Freiheitsstrafe oder Amtsunfähigkeit androhten, sollten vor Gerichten verhandelt werden. Außerdem sollte § 333 II 20 ALR immer dann im Wege des Strafverfahrens durchgesetzt werden, wenn der Beamte mit Bereicherungs- oder Schädigungsabsicht gehandelt hat. Alle übrigen Tatbestände des ALR sowie Verletzungen der Dienstpflicht, die in den Strafgesetzen nicht näher beschrieben sind, wurden als bloße Dienstvergehen bezeichnet (§ 3 f.). Als einzigen speziellen Tatbestand enthielt die Verordnung Regelungen über das unerlaubte Entfernen vom Amt (§§ 11 ff.)

Straf- und Disziplinarrecht standen nach den Verordnungen nicht mehr unter dem gemeinsamen Oberbegriff der dienstlichen Verfehlung.[431] Ein Amtsverbrechen war eine Straftat und zugleich ein Dienstvergehen, das ein Disziplinarverfahren nach sich zog (§§ 3, 5). Disziplinarverfahren und Strafverfahren wurden nicht mehr alternativ durchgeführt, sondern wenn ein Straftatbestand verwirklicht wurde, kumulativ.[432] Der Beamte war zu einer „duplex persona"[433] geworden, die sich als Staatsbürger im Strafverfahren zu verantworten hatte und daneben ein Disziplinarverfahren über sich ergehen lassen mußte. Damit waren beide Rechtsgebiete vollkommen voneinander getrennt. Daher konnten auch gegen Beamte nur allgemeine Kriminalstrafen verhängt werden, während Strafen, die sich auf das dienstliche Verhältnis auswirkten, dem Disziplinarverfahren vorbehalten waren.[434]

Die Disziplinarmaßnahmen der Verordnung vom 11. Juli 1849 entsprachen denen des Gesetzes von 1844, wobei der Arrest für untere Beamte entfallen war, außerdem war Entlassung automatisch mit dem Verlust der Pension verbunden (§ 19, Nr. 2). Nach der Verordnung von 1849 stand dem Beamten gegen seine Entlassung die Berufung an das Staatsministerium zu (§ 45).

cc) Politische Betätigung von Beamten

Eine materiellrechtliche Eigenart beinhaltete § 20, Abs. 2 der Verordnung vom 11. Juli 1849:

> Die Dienstentlassung muß insbesondere dann erfolgen, wenn der Beamte die Pflicht zur Treue verletzt oder den Muth, den sein Beruf erfordert, nicht bethätigt,

---

[431] Wiese, VerwA, Bd. 56 (1965), S. 215.

[432] Temme, Augenzeugenberichte, S. 242 f., kritisierte das mögliche Nebeneinander beider Verfahren als Verstoß gegen den Grundsatz ne bis in idem; vgl. für das heutige Recht, Lambrecht, S. 27 ff.

[433] Wiese, VerwA, Bd. 56 (1965), S. 216.

[434] Vgl. 2. Teil, C. III. 3. c).

oder sich einer feindseligen Parteinahme gegen die Staatsregierung schuldig gemacht hat.

Diese Vorschrift war keine Kann-, sondern ein Mußvorschrift, mit ihr wollte die Regierung die Beamten politisch fest an sich binden.[435] Nach den Erfahrungen von 1848 bestand die Befürchtung, daß ein Staat, der sich der politischen Treue seiner Beamten nicht sicher sein kann, vom Zusammenbruch bedroht ist.[436]

Außerdem konnten Spitzenbeamte nach § 94 in den einstweiligen Ruhestand verabschiedet werden, was allerdings keine Disziplinarmaßnahme war. Mit dieser Vorschrift wurde zum ersten Mal eine Beamtenklasse etabliert, deren Mitglieder heute als politische Beamte bezeichnet werden.[437]

c) 1851 und 1852

Ihren Abschluß fand die Disziplinargesetzgebung mit den Gesetzen vom 10. Juli 1851[438] für Richter und vom 21. Juli 1852[439] für Verwaltungsbeamte. Beide Gesetze sind im wesentlichen Nachbildungen der Verordnungen von 1849, die nun durch das Parlament beschlossen waren. Jedoch konnten Disziplinarverfahren nach den Disziplinargesetzen erst im Anschluß an Strafverfahren durchgeführt werden (§ 4, Abs. 1 des Gesetzes von 1852).[440] Da 1851 das neue Strafgesetzbuch in Kraft getreten war und die landrechtlichen Amtsdelikte der Vergangenheit angehörten, mußte in den Disziplinargesetzen nicht mehr bestimmt werden, welche Tatbestände der landrechtlichen Amtsdelikte Straftaten waren und welche nicht. Da das PrStGB keine Generalklauseln mehr enthielt, war das Innominatdelikt ausschließlicher Bestandteil des Disziplinarrechts geworden. Es fehlte jedoch die Vorschrift, wonach Beamte wegen feindseliger Betätigung gegen die Regierung entlassen werden mußten.[441] Zur politischen Disziplinierung von Beamten wurde nun die Generalklausel des Gesetzes, wonach jedes pflichtwidrige Verhalten ein Disziplinarverfahren nach sich ziehen kann, herangezogen.[442]

---

[435] Rejewski, S. 24.
[436] Vgl. Motive (VO 11. Juli 1849), S. 154.
[437] Rejewski, S. 25.
[438] Gesetz, betreffend die Dienstvergehen der Richter und die unfreiwillige Versetzung derselben auf eine andere Stelle oder in den Ruhestand, vom 7. Mai 1851, prGS 1851, S. 218 ff.
[439] Gesetz, betreffend die Dienstvergehen der nicht richterlichen Beamten und die unfreiwillige Versetzung derselben auf eine andere Stelle oder in den Ruhestand vom, 21. Juni 1852, prGS 1852, S. 465 ff.
[440] Kritisch dazu Wiese, VerwA, Bd. 56 (1965), S. 216 f.
[441] Rejewski, S. 27.
[442] Rejewski, S. 27

3. Disziplinarverfahren gegen Temme und Kirchmann

Während das Verfahren gegen Hoffmann zwar in einem politisch aufgereizten Umfeld, letztlich aber aus persönlichen Gründen durchgeführt wurde, sind die Disziplinarverfahren gegen Temme und Kirchmann Beispiele für die politische Disziplinierung von Staatsdienern, die auch vor Richtern nicht halt machte.[443] Spätestens seit den Karlsbader Beschlüssen von 1819 wurde die besondere Treue, die ein Staatsdiener dem Staatsoberhaupt nach § 2 II 10 ALR schuldig war, auch politisch verstanden. Mit der Kabinettsordre von 1823 wurden zwar Verfahrensgarantien gegeben. Der Erlaß von 1826 erlaubte aber die Entfernung von Beamten wegen „moralischer Gebrechen". Erst das Gesetz von 1844 gab den Beamten einen Teil ihrer politischen Freiheit zurück, die nach der kritischen Beteiligung vieler Staatsdiener am vereinigten Landtag nach 1847 wieder eingeschränkt wurde.[444]

a) Temme

Jodocus Donatus Hubertus Temme[445] war Mitglied der preußischen und dann der in Frankfurt tagenden deutschen Nationalversammlung. Nach deren Scheitern erklärte die preußische Regierung am 14. Mai 1849 die Mandate der preußischen Abgeordneten für erloschen und forderte sie auf, innerhalb von acht Tagen nach Preußen zurückzukehren.[446] Dieser Anordnung widersetzten sich einige Mitglieder der Nationalversammlung, darunter Temme[447], und tagten weiter in Stuttgart. Die preußischen Mitglieder des Stuttgarter Rumpfparlaments

---

[443] Zur politischen Einstellung preußischer höherer Beamter in der ersten Hälfte des 19. Jhdts., Branig, Neue Forschungen, S. 161 ff.

[444] Rejewski, S. 29 ff.

[445] Jodocus Donatus Hubertus Temme (1798-1881) war seit 1819 im Justizdienst, und zwar ab 1839 als Direktor am Kriminalgericht in Berlin, von wo er 1844 nach Tilsit versetzt wurde. 1848 wurde Temme Staatsanwalt in Berlin, er wurde aber noch im selben Jahr Vizepräsident des Oberlandesgerichts in Münster. Wegen politischer Betätigung verlor er 1851 sein Amt und übersiedelte 1852 nach Zürich, wo er bald eine schlecht bezahlte Professur erhielt. Um sein Auskommen zu sichern, verarbeitete Temme seine Erfahrungen in der Strafjustiz zu Kriminalnovellen. 1863 wurde er für Berlin in das preußische Abgeordnetenhaus gewählt, kehrte aber schon bald nach Zürich zurück, wo er bis 1878 lehrte. Brümmer ADB, Bd. 37, S. 558 ff; Hettinger, Trusen-FS, S. 335 ff. Zu Temmes politischen Ansichten, Freund in Temme, Der tolle Graf, S. 96 ff. Auch zu strafrechtlichen Fragen hat Temme veröffentlicht. 1837 erschien eine der wenigen Monographien zum landrechtlichen Strafrecht (Handbuch), die sich nicht auf die Wiedergabe und Erläuterung ergänzender Vorschriften beschränkt; vgl. Abegg, GA, Bd. 1 (1853), S. 508.

[446] Abberufungsordre vom 14. Mai 1849 abgedruckt in: Huber, Dokumente, Bd. 1, S. 423 f.

[447] Brümmer ADB, Bd. 37, S. 559.

sollten wegen Hochverrats angeklagt werden.[448] Nachdem Temme von diesem Vorwurf freigesprochen wurde, wurde im Februar 1851 ein Disziplinarverfahren nach der Verordnung vom 10. Juli 1849 gegen ihn eingeleitet.[449] Begründet wurde das Disziplinarverfahren in einer Verfügung des Präsidenten des Oberlandesgerichts Hamm[450]: „Die Untersuchung betrifft die Anschuldigung der Verletzung der richterlichen Würde und der allgemeinen Amtspflichten, sowie insbesondere der Pflichten eines Direktors und Mitgliedes eines Landes-Justiz-Kollegiums, dessen Betragen nach den Gesetzen zum Muster der Redlichkeit, Uneigennützigkeit und Verträglichkeit dienen, und der sich durch sein Verhalten in und außer dem Dienste der Achtung, des Ansehens und des Vertrauens würdig erweisen soll, die sein Beruf erfordert, ferner der Verletzung der beschworenen Treue und des Gehorsams gegen seine Majestät, den König, und der Insubordination." Vorgeworfen wurden Temme verschiedene Handlungen, wie die Veröffentlichung einer Beschwerdeschrift an den Justizminister oder eine Zeitungsanzeige, in der Temme für sich als Rechtsberater warb. Im Mittelpunkt des Verfahrens stand jedoch Temmes Teilnahme am Stuttgarter Rumpfparlament.[451] Am Ende des Verfahrens wurde Temme „wegen grober Verletzung seiner Amtspflichten" aus dem Staatsdienst entlassen, was in der deutschen Presse empört aufgenommen wurde.[452]

b) Kirchmann

Julius Hermann von Kirchmann[453] stand Temme politisch nahe[454] und war ebenfalls Mitglied der preußischen und der deutschen Nationalversammlung. In Berlin war er einer der ersten Staatsanwälte gewesen, wurde aber 1848 als Vizepräsident des Oberlandesgerichts nach Ratibor befördert. Diese Beförderung

---

[448] Zur strafrechtlichen Verfolgung der Teilnehmer des Stuttgarter Rumpfparlaments, Collin, S. 258 ff.

[449] Vgl. Temme, Augenzeugenberichte, S. 235 ff.; Hettinger, Trusen-FS, S. 353 f.

[450] Abgedruckt in Temme, Augenzeugenberichte, S. 237.

[451] Temme, Augenzeugenberichte, S. 237 ff.

[452] Hettinger in Temme, Augenzeugenberichte, S. XIII.

[453] Julius Hermann von Kirchmann (1802-1884) wurde 1846 einer der ersten preußischen Staatsanwälte. Er wirkte durch rechtstheoretische Veröffentlichungen und Vorträge, von denen der 1847 gehaltene „Die Wertlosigkeit der Jurisprudenz als Wissenschaft" berühmt wurde. Seit 1848 politische Betätigung als Abgeordneter, zuletzt 1877 im Reichstag. 1855 erhielt Kirchmann auf eigenen Antrag fünf Jahre bezahlten Urlaub, der später um fünf Jahre verlängert wird. Wegen eines Vortrages „Über den Communismus in der Natur" vor dem Berliner Arbeiterverein 1866 wurde Kirchmann unter Verlust aller Bezüge aus dem preußischen Staatsdienst entlassen. Dieses Disziplinarverfahren bezeichnet Wiethölter, Streitbare Juristen, S. 56, als „eine Fundgrube [...] für die erfolgreiche juristische Fallenstellerei"; vgl. Wiethölter, Streitbare Juristen, S. 44 ff.; Holz, NDB, Bd. 11, S. 654 f.

[454] Beide waren linksliberal; vgl. Wiethölter, Streitbare Juristen, S. 54; Böhr, S. 19.

sollte vor allem einen politisch mißliebigen Beamten aus Berlin entfernen.[455] In Ratibor war Kirchmann mit dem Fall des Grafen Reichenbach betreut, dem wegen seiner Teilnahme am Stuttgarter Rumpfparlament der Prozeß wegen Hochverrats gemacht werden sollte. Einer Anweisung des Obertribunals, den Prozeß wirklich durchzuführen, widersetzte sich Kirchmann mit der Begründung, daß das Obertribunal in diesem Falle keine Weisungsbefugnisse habe. Während Reichenbach nach England floh, wurde Kirchmann am 11. Februar 1850 unter Belassung des halben Gehalts vom Dienst suspendiert. Am 16. Dezember 1850 wurde diese Suspendierung wegen grob fahrlässiger Verletzung der Amtspflicht um drei Monate verlängert.

Bis in die vierziger Jahre hinein wurde die mißliebige politische Betätigung von Beamten als Einzelfall entschieden.[456] Nach dem Aufkommen des Parlamentarismus und damit der häufigeren politischen Betätigung von Staatsdienern bot das Disziplinarrecht in Gestalt der Verordnungen von 1849 und der Gesetze von 1851/52 ein festes Verfahren, das auch zur politischen Maßregelung von Beamten eingesetzt werden konnte. Die formalen Anforderungen dieses Verfahrens waren weit geringer als die des Strafverfahrens. Vor allem aber schien die Richterschaft in der Mitte des 19. Jahrhunderts nicht mehr unbedingt geeignet zur Disziplinierung von Beamten, da sie in den ersten Jahrzehnten des 19. Jahrhunderts immer liberaler geworden war.[457] Beweis dieser liberalen Einstellung war gerade auch die Weigerung Kirchmanns, politische Anweisungen zu seiner richterlichen Tätigkeit zu befolgen.

Während die Abgeordnetentätigkeit Kirchmanns noch hingenommen und gegen ihn ein Disziplinarverfahren angestrengt wurde, weil er sich dem Einfluß höherer Stellen auf seine richterliche Tätigkeit widersetzte, hatte Temme die Grenze des in den Augen der Regierung noch Erträglichen gänzlich überschritten, als er sich der Abberufungsordre widersetzte. Die Beamtenschaft wurde als Stand angesehen, der dem Staat vollkommen verpflichtet war; daher durfte Temme sich auch nicht den Anordnungen der Regierung zu seiner politischen Tätigkeit widersetzen.

---

[455] Koselleck, Preußen, S. 412, Wiethölter, Streitbare Juristen, S. 53.

[456] Z.B. schildert Koselleck, Preußen, S. 411 f., den Fall des Münsteraner Oberlandesgerichtsrates Forckenbeck, der 1833 ohne Zahlung der Umzugskosten nach Breslau versetzt wurde, was nach dem Gesetz von 1844 einer Strafversetzung gleichgekommen wäre. Dem Oberpräsidenten Theodor von Schön nützte nach der Veröffentlichung der Schrift „Woher und Wohin?“, mit der er die Entzweiung des Volkes von einer „Beamtenkaste“ beklagte, die Freundschaft des Königs nichts mehr; er wurde aus dem Staatsdienst verabschiedet, vgl. Hattenhauer, Geschichte, S. 223.

[457] Collin, S. 99 m.w.H.

V. Zwischenergebnis

Die landrechtlichen Amtsdelikte waren wirkliche Straftatbestände, die im administrativen oder im gerichtlichen Wege durchgesetzt werden konnten. Während die Kodifikatoren die gerichtliche Ahndung jeder Pflichtwidrigkeit zumindest ermöglichen wollten, ist in den ersten Jahrzehnten des 19. Jahrhunderts die praktische Bedeutung des administrativen Disziplinarverfahrens stetig gewachsen. Dies liegt zum einen daran, daß erst mit der Entwicklung der Beamtenschaft zu einem eigenen Stand im Staate diese selbständig genug wurde, Verfehlungen in ihren eigenen Reihen zu erledigen, ohne dabei die Hilfe der Justiz in Anspruch nehmen zu müssen. Zum anderen war das Disziplinarverfahren aber auch geeigneter zur politischen Maßregelung von Beamten.

Bis 1849 konnte grundsätzlich nur ein Straf- oder ein Disziplinarverfahren durchgeführt werden. Erst mit den Verordnungen von 1849 konnte die Handlung eines Beamten sowohl unter strafrechtlichen Gesichtspunkten im Strafverfahren als auch unter dienstrechtlichen Gesichtspunkten im Disziplinarverfahren geahndet werden. Diese Unterscheidung beider Rechtsgebiete wurde in den Motiven der Verordnungen von 1849 auch klar erkannt, jedoch nicht näher begründet.[458] Der Grund für diese Lösung des Disziplinarrechts vom Strafrecht wird erst aus der Entwicklung der Beamtenstrafen im preußischen Straf- und Disziplinarrecht ersichtlich.

C. Beamtenstrafen

Die Strafen der landrechtlichen Amtsdelikte waren nicht nur allgemeine, sondern vor allem solche Strafen, die sich ausschließlich auf das Dienstverhältnis des Beamten auswirkten. Derartige Standesstrafen entsprachen einem Sonderstrafrecht der Beamten. Das Disziplinargesetz von 1844 ging noch davon aus, daß zumindest die Entfernung aus dem Amt auch eine Kriminalstrafe sein kann. Erst die Disziplinarverordnungen von 1849 basierten auf der Vorstellung, daß nur allgemeine Strafen Kriminalstrafen sein können.[459] Dagegen waren die Standesstrafen zu reinen Disziplinarmaßnahmen geworden.

Die leichten Strafübel gegen Beamte waren die Ordnungsstrafen des § 335 II 20 ALR, also Warnungen, Verweise[460] und Geldbußen.[461] Diese wurden schon von

---

[458] Motive (VO 10. Juli 1849), 138 f.

[459] § 3 der Verordnung vom 11. Juli 1849.

[460] Ein Verweis war mit der Androhung der Entlassung verbunden, vgl. Heffter, NarchCrimR, Bd. 13 (1832/33), S. 79.

[461] Vgl. i.E. Heffter, NArchCrimR, Bd. 13 (1832/33), S. 78 ff.

den Kodifikatoren als Disziplinarmaßnahmen angesehen und in das Strafrecht des ALR nur aufgeführt, um einen möglichst lückenlosen Schutz von Beamten vor nichtrichterlichen Entlassungen zu erreichen.[462] Die Ordnungsstrafen wurden durch §§ 10 f. III 2 AGO[463] auch durch Arrest für untere Beamte ergänzt.[464] So blieb diesen Beamten die Zahlung einer Geldbuße, die bei den geringen Einkommen oft mit großen Schwierigkeiten verbunden war, erspart.[465] Mit der Disziplinarverordnung vom 11. Juli 1849 wurde der Katalog der Ordnungsstrafen auf Warnungen, Verweise und Geldbußen beschränkt.

Neben den Ordnungsstrafen waren die landrechtlichen Amtsdelikte durch schwerwiegendere Maßnahmen wie Degradation, Suspension und vor allem die Entziehung des Amtes gekennzeichnet. Die Qualität dieser Maßnahmen als wirkliche Strafen wurde weder im gemeinen noch im preußischen Strafrecht bestritten.[466]

I. Degradation

1. Im ALR

Die Degradation ist bis heute[467] die schwerste unter den Sonderstrafen, die den Staatsdiener im Amt belassen. In der preußischen Rechtspraxis bedeutete Degradation Entziehung des einen und unmittelbar anschließende Verleihung eines anderen niederen Amtes.[468] In den landrechtlichen Amtsdelikten wird sie als Strafe an drei verschiedenen Stellen angedroht; in § 334 ist die Degradation eine mögliche Rechtsfolge einer grob fahrlässig begangenen Amtspflichtverletzung; nach § 345 konnte ein Vorgesetzter, der eine pflichtwidrige Handlung eines Untergebenen grob fahrlässig nicht verhindert hat, degradiert werden. Schließlich sollte auch ein Richter degradiert werden, der es aus Mitleid unterließ, eine Straftat zu verfolgen, § 396. Dagegen wurden alle anderen Fälle, in denen Richter die Strafverfolgung unterlassen haben, mindestens mit Amtsverlust bestraft. Sieht man von § 396, der eine Strafmilderungsnorm war, ab, war die Degradation in den landrechtlichen Amtsdelikten in zwei Tatbeständen die Reaktion auf grob fahrlässiges Verhalten. Solche Pflichtverstöße machten die Stellung eines Beamten im öffentlichen Dienst noch nicht ganz unmöglich.

---

[462] Vgl. 2. Teil, B. II. 2. d).
[463] Vgl. auch § 10 III 2 Corpus Juris Fridericianum.
[464] Vgl. Entwurf/Motive Disziplinargesetz (1837), S. 21.
[465] Vgl. Reskript vom 19. Februar 1829, Kamptz' Annalen, Bd. 13, S. 12 ff.
[466] Z.B. Dorn, Bd. 1, S. 108; Abegg, Lehrbuch, S. 199; a.A. nur Gönner, S. 254. Für die preußische Gesetzgebung, Abegg, Kritische Betrachtungen, S. 532.
[467] Z.B. § 9 BDG.
[468] Stölzel, Bd. 2, S. 558

2. Feuerbachs Kritik an der Degradation

In der Jurisprudenz des späten 18. und des 19. Jahrhunderts wurde die Degradation wenig beachtet. Lediglich Feuerbach nahm zu Beginn des 19. Jahrhunderts Stellung zur Degradation, und zwar in seiner Kritik an Kleinschrods bayerischem Entwurf. In diesem Entwurf war die Degradation als Strafe einer mittelschweren vorsätzlichen Pflichtverletzung vorgesehen[469]; der Täter wurde versetzt „auf einen andern Dienst, der um die Hälfte geringer ist“. Der Gebrauch der Degradation forderte die Kritik Feuerbachs heraus:

„Dieser Entwurf kennt unter anderem die Umsetzung von einem Amt in das andere, die Ertheilung eines geringer besoldeten Amtes als Strafe. [...] Ist es nicht eine wahre Schändung eines Amtes, wenn es zur Strafe für einen Verbrecher gebraucht wird? Ein Staatsamt, das als solches Ehre haben und Ehre geben soll, und das zugleich eine Galeere ist, auf die man einen Schurken schmiedet - das ist ein Gedanke, der Grauen macht. [...] Ein ehrlicher Mann wird doch nicht auf einen Posten verlangen, der auch für die Verbrecher bestimmt ist. [...] Hier setzt man Verbrecher zur Strafe in Staatsämter, zur Zierde und Ermunterung für die würdigen Männer, denen das Glück höher besoldete Ämter vorenthielt, die aber für geringere Belohnung treu dem Staat mit ihren Kräften dienen.“[470]

Gegen Feuerbachs Angriff[471] wandte Kleinschrod ein, daß das neue Amt Strafe nur für den sei, der zuvor ein besseres Amt innehatte.[472] Kleinschrod begnügte sich mit der Degradation, um nicht mit dem Amtsentzug die wirtschaftliche Existenz einer ganzen Familie zu zerstören.[473] Den Täter zu einer Freiheitsstrafe zu verurteilen, hätte zur Folge gehabt, daß das Amt über einen längeren Zeitraum verwaist gewesen wäre.[474] Seine Kritik an der Strafe der Degradation hat Feuerbach nicht daran gehindert, diese auch in sein bayerisches Strafgesetzbuch von 1813 aufzunehmen.[475]

---

[469] Kleinschrod, Entwurf, § 635.

[470] Feuerbach, Kritik, Bd. 2, S. 234 ff.

[471] Kleinschrod Abhandlungen, Bd. 3, S. 5, gesteht der Kritik Feuerbachs zu, die „imponierendste mit großem Aufwande von Witz und Bitterkeit gewürzte Kritik“ zu sein, ihr Verfasser sei aber auch der Erwartung gerecht geworden, seinen Gegner niederzuschlagen.

[472] Kleinschrod, Abhandlungen, Bd. 3, S. 79.

[473] Kleinschrod, Abhandlungen, Bd. 3, S. 78 f.

[474] Kleinschrod, Abhandlungen, Bd. 3, S. 78.

[475] V.a. Art. 438, Zusammenstellung (1841), Bd. 5, S. 362 f. Auch im bayerischen StGB von 1827 findet sich die Strafe der Degradation, Art. 347, abgedruckt ebd., S. 363 f.

3. In der Gesetzrevision

In den Strafrechtsentwürfen bis 1843 wurde die Degradation als eine der leichteren Strafen angedroht.[476] In der gerichtlichen Praxis spielte diese Strafe jedoch nur eine untergeordnete Rolle. In den Jahren 1833-1844 wurden gegen Mitarbeiter der Justiz insgesamt 2493 Strafverfahren beendet, davon nur 28 mit Degradation.[477] Wegen dieser geringen praktischen Bedeutung wurde die Degradation im Jahr 1845 bei der Revision des Staatsratsentwurfs aus dem Katalog der Kriminalstrafen gestrichen. Dieser Schritt wurde außerdem damit begründet, daß Gerichte nicht den Umfang der Degradation bestimmen könnten, ohne in die Befugnisse der Verwaltung einzugreifen.[478] In der Praxis kam mit dem Disziplinargesetz von 1844 das vollständige Ende der Degradation im Strafverfahren, indem bestimmt wurde, daß nur Handlungen, die mindestens mit dem Verlust des Amtes bedroht sind, auf gerichtlichem Wege verfolgt werden sollten.[479]

4. Strafversetzung

Keine Degradation war die Versetzung an einen anderen Ort, die durchaus zur Disziplinierung von Beamten eingesetzt wurde. Zum Beispiel wurde E.T.A. Hoffmann wegen von ihm gezeichneter Karikaturen preußischer Beamter in Posen in die tiefste Provinz versetzt.[480] Der Münsteraner Oberlandesgerichtsrat Forckenbeck hatte den Entwurf einer Verfassung erarbeitet und wurde deswegen 1833 nach Breslau versetzt, ohne daß ihm die Umzugskosten gezahlt worden wären.[481] Nach dem Disziplinargesetz von 1844 waren solche „Strafversetzungen" allerdings nur noch nach einem förmlichen Verfahren möglich.[482] Von der Möglichkeit, unliebsame Beamte kaltzustellen durch die Versetzung an einen anderen Ort verbunden mit einer Beförderung, wurde aber auch nach 1844 weiter Gebrauch gemacht.[483]

---

[476] Entwürfe (1828), (1830), (1833), §§ 22, Nr. 4, 28; (1836), § 41; (1842), §§ 8, Nr. 6, 32; (1843), §§ 8, Nr. 10, 29.

[477] Geschäftsberichte der Justiz für die Jahre 1832-1850, GStA, Rep. 84, Nr. 10107-10116, 10121-10122. Statistiken sind aufgegliedert nach Strafen und Freisprüchen für bestimmte Klassen von Amtsträgern.

[478] Revision (1845), Bd. 1, S. 82.

[479] § 2 des Disziplinargesetzes vom 29. März 1844.

[480] I.E. Safranski, S. 142 ff.

[481] Vgl. Koselleck, Preußen, S. 411 f.

[482] Vgl. Disziplinargesetz vom 29. März 1844, prGS, S. 77 ff., § 17, Nr. 3.

[483] Koselleck, Preußen, S. 412; vgl. 2. Teil, B. IV. 3. a) und b).

II. Suspension

1. Als Strafe

Neben der Degradation kannte das landrechtliche Strafrecht an drei Stellen die zeitliche Dienstentsetzung, die Suspension (§§ 403, 500, 928). Diese Maßnahme war im römischen Recht bekannt und wurde im kanonischen Recht besonders wichtig, als mit dem Aufkommen der Lehre von der Unlösbarkeit der Priesterweihe der Amtsentzug nicht mehr möglich war.[484] Dieser kirchenrechtliche Ursprung der Suspension lebte in § 500 II 20 ALR auf, wo die Suspension die Strafe für einen Geistlichen war, der das Beichtgeheimnis verletzte. Nach § 403 sollte ein Richter suspendiert werden, wenn er in Fällen, an denen er oder ein Verwandter beteiligt war, abstimmte. Die Dauer der Suspension wurde aber in § 403 nicht bestimmt; wahrscheinlich sollte sie bis zum Abschluß des entsprechenden Falles dauern.

Unklar bleibt neben ihrer Dauer vor allem, ob die Suspension des ALR nur ab officio ging oder auch ab beneficio[485], das heißt, ob für die Dauer der Suspension ein Gehalt gezahlt wurde oder nicht. Bode behielt in seinem ersten, nur den allgemeinen Teil des Strafrechts umfassenden Entwurf von 1827[486] die Suspension als Strafe bei; sie sollte mindestens drei und höchstens zwölf Monate dauern und in der Regel mit dem Verlust des Gehaltes für diese Zeit verbunden sein. Jedoch wurde die Suspension in den nächsten Monaten aufgegeben, bereits im Entwurf von 1828 fehlte sie.

2. Im Disziplinarverfahren

Bedeutend blieb die Suspension, weil sie viele Disziplinarverfahren gegen Beamte begleitete.[487] Nach dem Entwurf des Revisors für das 12. Pensum der Gesetzrevision[488] und dem Entwurf eines Disziplinargesetzes von Kamptz[489] sollte ein Beamter suspendiert werden können, wenn gegen ihn ein Verfahren durchgeführt werden sollte wegen Tatsachen, die seine Entfernung aus dem Amt rechtfertigten. Die Suspension durfte nur so lange dauern wie das Verfahren selbst. In dieser Zeit sollte dem Staatsdiener nur die Hälfte des Gehalts ausgezahlt werden, während der Rest zur eventuellen Deckung von Gerichtskosten einbehalten wurde. Die Vorschläge Duesbergs und Kamptz' wurden in die späteren Disziplinargesetzgebungen übernommen. An der Halbierung des Gehalts

---

[484] Meves, Holtzendorffs Handbuch, Bd. 3, S. 916.
[485] Vgl. Heffter, NArchCrimR, Bd. 13 (1832/33), S. 53 f.
[486] Entwurf (1827), § 34.
[487] I.E. Entwurf/Motive Disziplinargesetz (1837), S. 31 f. m.w.H.
[488] Gesetzrevision, Pensum XII, §§ 136 ff.
[489] Entwurf/Motive Disziplinargesetz (1837), §§ 18 ff.

änderte sich auch durch die Disziplinarverordnung vom 11. Juli 1849[490] und das Gesetz von 21. Juli 1852[491] nichts.[492] Der Dienstbehörde stand es jederzeit frei, einen Beamten, gegen den ein Straf- oder Disziplinarverfahren lief, zu suspendieren. Kraft Gesetzes traf die Suspension Beamte, die im Rahmen eines Strafverfahrens in Untersuchungshaft kamen, oder gegen die im Disziplinarverfahren auf Amtsverlust erkannt worden ist, diese Entscheidung aber noch nicht rechtskräftig geworden war.[493]

III. Amtsverlust

Die bedeutendste Beamtenstrafe war die Entfernung eines Staatsdieners aus dem Amt. Von 2493 Strafverfahren gegen Justizbeamte von 1833-1844 endeten immerhin 699 mit der Amtsentfernung des Angeklagten, aber 878 mit Geld- oder Freiheitsstrafen.[494] Zwar kannte das ALR auch die Möglichkeit der administrativen Entlassung, daneben war der Amtsverlust jedoch auch eine besondere Kriminalstrafe der Beamten. In Preußen wurde die Strafqualität des Amtsverlustes erst in den vierziger Jahren des 19. Jahrhunderts bezweifelt. Im PrStGB von 1851 wurde auf die Sonderstrafe des Amtsverlustes vollkommen verzichtet.

1. Gemeines Strafrecht

Das gemeine Strafrecht des 18. Jahrhunderts unterschied zwei Grade der Strafe der Amtsentfernung: Die einfache Entlassung (Dimission, Dienstentsetzung) war als mildere Maßnahme mit keinen weiterreichenden Folgen verbunden. Die schwerwiegendere Form des Amtsverlustes wird im gemeinen Recht meist als Kassation bezeichnet; mit ihr sind der Verlust der Ehrenrechte und die Unfähigkeit zu weiteren Ämtern verbunden.[495] Daß die Kassation wegen ihres entehrenden Charakters nicht willkürlich erfolgen konnte, sondern stets von einem Gericht in einem Strafverfahren ausgesprochen werden mußte, wurde niemals bestritten.[496]

---

[490] Verordnung vom 11. Juli 1849, prGS, 1849, S. 271 ff, §§ 52 ff. vgl. auch Gesetz vom 29. März 1844, prGS, S. 77 ff., §§ 54 ff.

[491] Disziplinargesetz vom 21. Juli 1852, prGS 1852, S. 465 ff, §§ 48 ff.

[492] Vgl. §§ 39 f. BDG.

[493] Verordnung vom 11. Juli 1849, § 52. Mr. 2; Gesetz vom 21. Juli 1852, § 48, Nr. 2.

[494] Zahlen in GStA, Rep. 84, Nr. 10107-10116, 10121-10122. Die Zahl der gerichtlichen Kassationen war stark rückläufig (1833: 77; 1844: 40), obwohl die Zahl der Justizbedienten im selben Zeitraum gestiegen ist (1833: 12.488; 1844: 15.733).

[495] Vgl. Dollmann, Bluntschli, Staatswörterbuch, Bd. 1, S. 222 (Amtsverbrechen und Amtsvergehen).

[496] Stirken, S. 137.

2. In II 20 ALR

a) Amtsverlust im engeren Sinne

Von dieser gemeinrechtlichen Abstufung der Arten des Amtsverlustes wich das landrechtliche Strafrecht erheblich ab. Die Entfernung aus dem Amt wurde in ALR II 20 als Kassation und Dienst- bzw. Amtsentsetzung bezeichnet; daneben war in seltenen Fällen von „Verlust" oder „Entzug" des Amtes die Rede.[497] Der Gebrauch dieser Bezeichnungen war zufällig.[498] Zum Beispiel wurde die Strafe der Schädigung des Staats bei Berechnung und Einziehung von Abgaben in § 410 als Amtsentsetzung und in § 411 als Kassation bezeichnet. Es bleibt unklar, ob der häufige Wechsel der Ausdrücke für die selbe Sache rein stilistische Gründe hatte[499], oder ob der die Kodifikatoren mit dem häufigen Gebrauch des Begriffs Kassation klarstellen wollten, daß der Verlust des Amtes nur durch Richter ausgesprochen werden soll.

In den ersten Jahren nach Inkrafttreten des ALR wurden Beamte, die mehrere Ämter innehatten, wegen eines Amtsdelikts nur zum Verlust desjenigen Amtes verurteilt, in dem die Straftat verübt wurde. Mit Reskript vom 27. Oktober 1810[500] wurden die Gerichte angewiesen, stets die Entfernung aus allen öffentlichen Ämtern auszusprechen, denn die Pflichten eines Beamten seien unteilbar. Ein Pflichtverstoß werde zwar nur in einem Amt begangen, durch ihn werde der Täter aber insgesamt unfähig, irgendein öffentliches Amt auszuüben.

In der Praxis[501] (zumindest innerhalb der Justizverwaltung) waren vor allem untere Beamte dem Risiko ausgesetzt, in einem Strafverfahren[502] zum Verlust ihres Amtes und damit ihrer Existenz verurteilt zu werden. Während von den Strafverfahren, die gegen Richter in den Jahren 1833-1844 geführt wurden, nur 19,7 % mit dem Amtsverlust endeten, waren es bei den Verfahren gegen Subalternbeamte 29,3%. Von den Verfahren gegen Unterbeamte endeten sogar 45,2 % aller Strafverfahren mit der Kassation des Angeklagten.[503]

---

[497] „Kassation" oder „kassiert werden", Verweisungen auf entsprechende Tatbestände eingeschlossen, 33 mal; „Amtsentsetzung" u.ä. 21 mal; viermal „Verlust des Amtes" u.ä.

[498] Motive (1827-30), Bd. 1, S. 54 f.

[499] Motive (1827-30), Bd. 1, S. 54 f.

[500] Abgedruckt in: Gräff/Rönne/Simon, Bd. 6, S. 326 f.

[501] Zahlen in GStA, Rep. 84, Nr. 1017-10116, 10121-10122.

[502] Für administrative Entlassungen liegen keine Zahlen vor.

[503] Möglicherweise kamen bei unteren Beamten wegen der schlechten Besoldung besonders häufig Vermögensdelikte vor, die zur Amtsunfähigkeit führen konnten. Die Zahlen aus dem Justizministerium geben jedoch keinen Anhalt für diese Vermutung.

b) Amtsunfähigkeit

Vom eigentlichen Verlust des Amtes geht die Unfähigkeit zu weiteren öffentlichen Ämtern im landrechtlichen Strafrecht eigene Wege.[504] Die Feststellung der Amtsunfähigkeit wurde stets selbständig bei schweren Pflichtverletzungen angedroht, und zwar in Verbindung mit der Amtsentsetzung in § 1338 II 20 ALR[505], mit der Kassation in §§ 333[506] und 421[507], sowie in Verbindung mit dem Verlust des Amtes in § 372.[508] Losgelöst von der tatsächlichen Amtsträgereigenschaft des Täters wurde die Erklärung der Unfähigkeit zu öffentlichen Ämtern außerdem jedem angedroht, der ihm bekannte Staatsgeheimnisse verriet, § 142.

Der Haupttatbestand der landrechtlichen Amtsdelikte, dessen Erfüllung die Feststellung der Unfähigkeit zu öffentlichen Ämtern mit sich brachte, war die Generalklausel des § 333, die Kodifikation des vorsätzlichen Innominatdelikts. Wenn ein Beamter nach diesem Tatbestand wegen irgendeiner vorsätzlichen Pflichtwidrigkeit bestraft wurde, wurde er stets für die Zukunft von Staatsämtern ausgeschlossen. Nur Bode wollte § 333 so verstanden wissen, daß die Amtsunfähigkeit erst beim Vorliegen besonderer nicht näher bestimmter Umstände eintreten sollte.[509] Tatsächlich sollten die erschwerenden Umstände, die in § 333, Satz 2 erwähnt wurden, nicht die Erklärung der Unfähigkeit des Täters zu öffentlichen Ämtern, sondern eine darüber hinausgehende Verurteilung zu Geld- oder Freiheitsstrafe rechtfertigen.

In den ersten Jahren nach Inkrafttreten des ALR wurde die Unfähigkeit zu öffentlichen Ämtern nicht immer ausgesprochen, zum Beispiel im Fall des Kriegs- und Domänenrats Zerboni.[510] Durch das Reskript vom 27. Oktober 1810[511] wurde jedoch klargestellt, daß mit einer Verurteilung wegen einer vorsätzlichen Pflichtverletzung nach § 333 stets die Unfähigkeit zu weiteren öffentlichen Ämtern verbunden sein muß.

---

504 Motive (1827-30), Bd. 1, S. 54.

505 Prozeßverschleppung durch Konsulenten und Justizkommissarien; diese Tat wurde von Friedrich II. besonders beklagt, vgl. Gneist, S. 5.

506 Vorsätzliche Übertretung von Amtspflichten.

507 Unterschlagung von mehr als fünfzig Talern durch Kassenbeamte.

508 Grob fahrlässige Pflichtverletzung und Schädigung Dritter durch Justizbeamte, die nach ihrem Wortlaut nur die Unfähigkeit zur Bekleidung von Justizämtern mit sich brachte.

509 Motive (1827-30), Bd. 1, S. 55.

510 Vgl. 2. Teil, B. II. 1. c).

511 Abgedruckt in: Gräff/Rönne/Simon, Bd. 6, S. 326 f.

Die Erklärung der Unfähigkeit zu öffentlichen Ämtern hatte eine doppelte Funktion: Zum einen waren Staatsdiener wegen ihrer Tat unfähig, ein öffentliches Amt zu bekleiden. Dies wird besonders deutlich am Wortlaut zweier Vorschriften, die jedoch nicht die Erklärung der Unfähigkeit zu zukünftigen Ämtern androhen. Nach §§ 417[512], 499[513] war ein Staatsdiener wegen der beschriebenen Taten „seines Amts, als dessen unfähig [in § 499: unwürdig], zu entsetzen." Diese Formulierung macht deutlich, daß der Täter in erster Linie unfähig ist, sein Amt zu bekleiden. Der eigentliche Verlust des Amtes steht hier nicht im Mittelpunkt der Rechtsfolgenandrohung; er ist nur die zwingende Folge der Unfähigkeit des Täters, sein Amt auszuüben.

Zum anderen sollte die Erklärung der Unfähigkeit zu weiteren öffentlichen Ämtern sicherstellen, daß der Täter auf keinen Fall wieder in den Staatsdienst eingestellt werden kann. Diese Sicherungsfunktion der Unfähigkeit zu weiteren öffentlichen Ämtern hat sich der Oberappellationssenat des Kammergerichts in seiner Rechtsprechung zunutze gemacht. In einigen Fällen, in denen ein spezieller Tatbestand der landrechtlichen Amtsdelikte zwar die Entfernung des Täters aus dem Amt, nicht aber dessen Unfähigkeit zu weiteren öffentlichen Ämtern vorsah, hat der Senat § 333 ergänzend herangezogen, um zu verhindern, daß der Täter in Zukunft wieder ein öffentliches Amt bekleiden kann.[514]

c) Tatbestände für den Amtsverlust

Ein Beamter konnte wegen dienstlichen oder privaten Fehlverhaltens entlassen werden, wobei eine einzige Handlung, und zwar ein Amtsdelikt oder ein gemeines Verbrechen, die Entlassung des Beamten bewirken konnte. Aber auch fortgesetztes dienstliches oder privates Fehlverhalten konnte den Amtsverlust nach sich ziehen, ohne daß eine einzelne Handlung für sich genommen diese Maßnahme gerechtfertigt hätte.

aa) Amtsdelikte

Die Tatbestände der landrechtlichen Amtsdelikte sahen den Amtsverlust meistens als verbindliche Strafe vor. Die Wahl, an die Stelle des Amtsverlustes eine mildere Strafe treten zu lassen, hatte der Richter nur in sehr wenigen Fällen,

---

[512] Wiederholte grob fahrlässige Beeinträchtigung des Vermögens von Bürgern durch Kassenbeamte.

[513] Stark anstößiger Lebenswandel von Geistlichen und Lehrern.

[514] GStA, Rep. 84. II. 4. I, Nr. 1, Bd. 1, Bl. 2 RS f.

besonders wenn eine nicht weiter benannte grob fahrlässige Pflichtwidrigkeit nach § 334 II 20 ALR vorlag.[515]

Amtsverlust trat oft nicht schon ein, wenn der Grundtatbestand eines Amtsdelikts erfüllt war, sondern erst dann wenn ein Qualifikationsmerkmal hinzutrat. Zum Beispiel wurde ein Beamter wegen Insubordination nur dann aus dem Amt entlassen, wenn er tätlich geworden ist, § 353. Die widerrechtliche Entnahme von Geldern aus öffentlichen Kassen bei gleichzeitiger Sicherheitsleistung führte erst zum Amtsverlust, wenn der Täter versucht hatte, seine Handlung durch Unrichtigkeiten in der Buchführung zu verschleiern, §§ 430 f. Daneben wird in einigen Straftatbestände „böse Absicht" als Grundlage des Amtsverlustes gefordert (§§ 384, 395, 407).

In der Praxis wird der Amtsverlust häufig eingetreten sein, weil Staatsdiener versucht haben, sich mit einer absichtlichen Pflichtverletzung zu bereichern.[516] Offensichtlich haben manche Beamte ihre kargen Gehälter auf illegale Weise aufgebessert.[517] Für die Jahre nach 1836 ist belegt[518], daß Veruntreuungsdelikte zu Lasten des Staats in der Regel mehr als ein Drittel[519] der gerichtlich verfolgten Amtsdelikte ausgemacht haben. Die Strafrechtspflegedelikte sind durch die Absicht gekennzeichnet, dem Opfer zu schaden, etwa wenn ein Richter eine Strafe eigenmächtig schärfte (§§ 386, 388, 389) oder eine zu harte Strafe vollstrecken ließ (§ 392).

Daß bei vielen Spezialtatbeständen die Entfernung des Täters aus dem öffentlichen Dienst erst in besonders qualifizierten Fällen möglich war, würde den Schluß nahe legen, daß ein Beamter nach § 333 entgegen dem Wortlaut der Vorschrift[520] nur entlassen werden mußte, wenn er eine besonders qualifizierte Pflichtverletzung begangen hat. Diese Auslegung ist insofern naheliegend, als §§ 333 ff. II 20 ALR nach dem Willen Svarez' allgemeine Prinzipien der Amts-

---

[515] Außerdem konnte eine mildere Strafe als der Amtsverlust verhängt werden bei: Beleidigung (§ 362), Richtern, die zivilrechtliche Fälle verhandeln, in denen ein Angehöriger Partei ist (§ 403), Kassenkontrolleuren, die das Fehlverhalten eines Kassenbeamten nicht melden und so einen Schaden (mit-)verursachen (§ 438), verzögerter Ablieferung von Geldern an die Staatskasse, um sie in der Zwischenzeit für sich zu verwenden (§ 446); sowie bei Verletzung des Beichtgeheimnisses (§ 500).

[516] Vgl. auch § 331, 340, 347, 361 f., 366 ff., 374, 411, 414, 418 ff., 459.

[517] Vgl. Rotteck, Rotteck/Welcker, Staatslexikon, Bd. 2, S. 494 (Besoldung).

[518] Geschäftsberichte der Justiz für die Jahre 1832-1850, GStA, Rep. 84, Nr. 10107-10116, 10121-10122.

[519] Ausnahmen 1841 (33,1 %) und 1845 (27,4 %).

[520] Vorsätzlich bedeutete nach § 26 II 20 ALR absichtlich etwas tun oder unterlassen, ein weiteres Motiv erforderte der Vorsatz nicht.

delikte festlegen sollten.[521] Schon in den Vorarbeiten zum ALR wurde der Wortlaut dieser Vorschrift als unmäßig hart kritisiert.[522] Der Verfasser einer anonymen Preisschrift forderte die Einschränkung der Vorschrift, so daß sie nur angewandt werden konnte, wenn der Täter den Staat oder einen Bürger geschädigt hat oder wenigstens schädigen wollte.[523] Globig verlangte, diese Vorschrift Verstöße gegen Hauptpflichten des Amtes zu beschränken.[524]

Die Strafbarkeit der vorsätzlichen Pflichtwidrigkeit war sowohl in Kleinschrods bayerischem Entwurf als auch im preußischen Entwurf von 1804 milder als im landrechtlichen Strafrecht. Kleinschrods Entwurf behandelte vorsätzliche Pflichtwidrigkeiten differenzierter als das ALR. Sie unterschieden sich nach ihrer Schwere, wobei mit Amtsverlust nur die schwersten Verletzungen von Hauptpflichten bedroht waren, während sonst Degradation oder Geldstrafe angedroht wurden.[525] Die Einschränkung des Amtsverlustes begründete Kleinschrod damit, daß „der Verbrecher doch die Fähigkeit behält, für sich und seine Familie zu sorgen."[526] Die Antwort auf die Frage, wann eine schwere Pflichtverletzung vorliegt, sollte der Richter im Einzelfall selbst entscheiden.

Diese Freiheit gewährten weder das ALR noch der Entwurf von 1804 den Richtern. Im Entwurf von 1804 wurde am Tatbestand des § 333 festgehalten, er wurde jedoch auf Fälle beschränkt, in denen der Täter „aus bösem Wille den Vorschriften seines Amtes zuwiderhandelt".[527] Während das landrechtliche Strafrecht für eine vorsätzliche Tat eine absichtliche Rechtsverletzung forderte, § 26, kannte der Entwurf von 1804, der als Ergänzung zur Kriminalordnung gedacht war, eine zweistufigen Vorsatzbegriff. Nicht nur derjenige, „welcher den gesetzwidrigen Erfolg seiner Handlung geradezu beabsichtet, sondern auch derjenige, welcher denselben deutlich vorausgesehen und nicht gehindert hat,"[528] handelt vorsätzlich. Böswillige Amtspflichtverletzungen sollten nach den Vorschriften des Entwurfs besonders vorliegen, wenn die Handlung zu Lasten der allgemeinen Sicherheit oder zu Lasten Einzelner ging.[529] Beamte die zwar wissentlich, aber ohne eine derartige Böswilligkeit gegen ihre Pflichten verstoßen haben, sollten dagegen ebenso wie grob fahrlässig handelnde Beamte

---

521 GStA, Rep. 84, Abt. XVI, Nr. 7, Bd. 20, Bl. 175 VS.

522 Monita des geheimen Rates Scholz zum ungedruckten Entwurf, GStA, Rep. 84, Abt. XVI, Nr. 7, Bd. 20, Bl. 383 VS f.

523 GStA, Rep. 84, Abt. XVI, Nr. 7, Bd. 52, Bl. 361 RS f.

524 GStA, Rep. 84, Abt. XVI, Nr. 7, Bd. 53, Bl 271 RS ff.

525 Kleinschrod, Entwurf, §§ 635, 636.

526 Kleinschrod, Abhandlungen, Bd. 3, S. 79.

527 GStA, Rep. 84. II. 4. I, Nr. 21, § 355.

528 Entwurf (1804/05), § 29.

529 GStA, Rep. 84. II. 4. I, Nr. 21, § 356.

mit Geldstrafe, Degradation oder mit Kassation bestraft werden.[530] Mit dieser Änderung des Gesetzes wäre § 333 II 20 ALR zwar erheblich gemildert worden; an der schematischen Ausgestaltung des Innominatdelikts im preußischen Strafrecht, die dem Richter nicht die Beurteilung des Einzelfalles überließ, hat sich jedoch nichts geändert.

Die Kritik an der Härte des § 333 war auch später nicht verstummt und wurde 1826 erneut von den Gutachtern mehrerer Oberlandesgerichte vorgebracht.[531] Nach dem Wortlaut des § 333 müsse ein Richter entlassen werden, wenn er aus Faulheit vorsätzlich einen Termin versäumt habe. Möglicherweise ist eine solche Entlassung tatsächlich vorgefallen, immerhin schilderten drei Gutachter diesen Fall.[532] Götze räumte in seinem Gutachten ein, daß das OLG Magdeburg § 333 in der Vergangenheit tatsächlich nur angewandt habe, wenn der Täter böswillig gehandelt hat.[533]

Dieser Auslegung schlossen sich die ersten Entwürfe der Gesetzrevision an. In den Entwürfen bis 1836 war eine Vorschrift[534] enthalten, wonach ein Beamter bestraft wird, der vorsätzlich seine Amtspflichten verletzt, um sich einen unerlaubten Vorteil zu verschaffen oder den Staat beziehungsweise einen Dritten zu schädigen. Nach dem Grad der Böswilligkeit des Motivs und der Bedeutung der verletzten Pflicht konnte die Tat auch mit Kassation bestraft werden. In den Entwürfen von Kamptz[535] konnte neben diesen Strafen auch noch eine Freiheitsstrafe von bis zu vier Jahren verhängt werden, verhängt werden. Jedoch wurde der Dienstbehörde des Täters die Möglichkeit eingeräumt, die Tat auf dem Disziplinarweg zu ahnden.

Erst die Staatsratskommission verzichtete in ihrem Entwurf vollkommen auf einen Straftatbestand, der in der Tradition des gemeinrechtlichen Innominatdelikts stand. Dieser Schritt könne unbedenklich getan werden, da Pflichtwidrigkeiten, die nicht unter einen speziellen Straftatbestand subsumiert werden könnten, nicht so schwer seien, daß eine strafrechtliche Ahndung unbedingt erforderlich sei; vielmehr sei in diesen Fällen ein Disziplinarverfahren ausreichend.[536] In der Praxis war § 333 II 20 ALR noch bis 1851 geltendes Recht. Seine Anwendung im Strafverfahren wurde jedoch durch das Disziplinargesetz von 1844, § 4, Abs. 1, und die Verordnung von 1849. § 4, auf Fälle beschränkt,

---

[530] GStA, Rep. 84. II. 4. I, Nr. 21, §§ 357 f..
[531] Motive (1827-30), Bd. 3/I, S. 118 ff.
[532] OLG Magdeburg, Oberappellationssenat des Kammergerichts, OLG Königsberg.
[533] GStA, Rep. 84, II, 4, I, Nr. 1, Bd. 2, Bl. 108 RS f.
[534] Entwurf (1828), II 6 § 47; (1830), § 527; (1833), § 695; (1836), § 790.
[535] Entwurf (1833), § 695; (1836), § 790.
[536] Protokolle der Staatsratskommission (1842), S. 472 f.

in denen der Täter die Absicht hatte, sich oder einem anderen einen Vorteil zu verschaffen oder den Staat oder einen Dritten zu schädigen.

bb) Fortgesetzte mangelhafte Dienstführung

Nicht nur einzelne Pflichtverletzungen konnten zum Verlust des Amtes führen, sondern auch mehrere Handlungen „die zwar nicht einzeln, wohl aber zusammengenommen die moralische Untüchtigkeit des Thäters zur fernern Amtsverwaltung darthun.“[537] Die landrechtlichen Amtsdelikte enthielten eine Reihe von Tatbeständen, in denen ein Pflichtverstoß erst im Wiederholungsfall zum Verlust des Amtes führte. Zum Beispiel wurde Insubordination beim ersten Mal mit einer Geldbuße geahndet und führte erst im Wiederholungsfall zur Kassation des Täters, § 352 II 20 ALR. Ein Kassenverwalter, der grob fahrlässig einen Schaden verursachte, hatte diesen zu ersetzen und sollte durch Ordnungsstrafen zu mehr Gewissenhaftigkeit gebracht werden. Halfen die Ordnungsstrafen nichts, wurde er aus dem Amt entlassen, §§ 415 ff. Vor allem konnte ein Beamter wegen leichter Pflichtverletzungen erst im Wiederholungsfall wie ein grob fahrlässig handelnder Staatsdiener kassiert werden, §§ 335 f. Fortgesetzte mangelhafte Dienstführung wurde sehr bald nach Inkrafttreten des ALR nur disziplinarisch geahndet, weil die Beurteilung dieser Fälle mehr Kenntnis der Umstände in einer Behörde als Rechtskenntnisse voraussetzte.[538]

cc) Gemeine Straftaten

Der Verlust des Amtes war auch die Reaktion auf außerdienstliche Verfehlungen eines Beamten.[539] Vor allem konnten Beamte nach § 339 II 20 ALR entlassen werden wegen eines Verbrechens, „welches mit ihrem Dienst in keiner Beziehung steht; wofür aber, nach der Vorschrift der Gesetze, Zuchthaus oder Festungsstrafe gegen sie erkannt werden muß.“ Auch diese Vorschrift war eine Kodifikation der preußischen Praxis des 18. Jahrhunderts.[540] Ebenso wie § 333 wurde auch § 339 sehr bald nach Inkrafttreten des ALR als zu schematisch empfunden und durch die Kabinettsordre vom 11. Januar 1813[541] dahin eingeschränkt, daß nur Beamte, die zu Zuchthaus- oder Festungsarbeitsstrafe verurteilt waren, regelmäßig entlassen werden mußten. Eine Verurteilung zu Festungsarrest führte erst dann zum Verlust des Amtes, wenn der Freiheitsentzug länger als ein Jahr dauern sollte. Die Amtsentfernung nach § 339 bei

---

[537] Motive (1827-30), Bd. 3/I, S. 8.
[538] Motive (1827-30), Bd. 3/I, S. 15.
[539] Nur Rogan, S. 30, behauptete, daß der Amtverlust wegen eines gemeinen Verbrechens immer mit der Amtsunfähigkeit verbunden sei.
[540] Heffter, NArchCrimR, Bd. 13 (1832/33), S. 62 ff.
[541] Abgedruckt in: Gräff/Rönne/Simon, Bd. 6, S. 330.

Festungsarrest sollte verhindern, daß das Amt des Täters durch die Verbüßung der Freiheitsstrafe zu lange verwaist ist.[542] Warum das Amt gerade ein Jahr praktisch unbesetzt bleiben konnte, wurde in der Kabinettsordre nicht erläutert.

Diese Kabinettsordre ist eine Antwort auf die um 1800 übliche Strafpraxis. Eine Reihe von Tatbeständen des landrechtlichen Strafrechts drohte dem Täter Festungsstrafe an. Dann hatte der Richter zu wählen, ob ein Angeklagter Festungsarbeit oder Festungsarrest verbüßen mußte; Festungsarbeit war die schwerste, Festungsarrest die leichteste Form der Freiheitsstrafe.[543] Gegen Mitglieder des Adels und des Bürgertums sollte stets der nicht entehrende Festungsarrest (custodia honestas) verhängt werden.[544] Festungsarbeit betraf nur solche Mitglieder unterer Schichten, bei denen keine Besserung zu erwarten war.[545] Während die leichte Form der Festungsstrafe nicht immer den Verlust des Amtes mit sich brachte, war mit der entehrenden Festungsarbeit stets die Kassation verbunden. Damit sollte der öffentliche Dienst vor Mitgliedern geschützt werden, deren Ehrlosigkeit gerichtlich festgestellt war.[546]

Es wurde jedoch sehr bald klar, daß der Zweck, die Beamtenschaft vor unwürdigen Staatsdienern zu schützen, mit § 339 nicht vollständig erreicht werden konnte. Daher wurde § 339 im Entwurf von 1804 durch eine Vorschrift ersetzt, wonach ein Beamter sein Amt wegen einer gemeinen Straftat verlor, durch die er das für die Amtsführung erforderliche Vertrauen eingebüßt hat.[547]

Götze beklagte als Gutachter des Oberlandesgerichts Magdeburg, daß § 339 die Gefängnisstrafe nicht berücksichtigt. Die Gefängnisstrafe wurde in vielen Tatbeständen des landrechtlichen Strafrechts angedroht. In erster Linie war sie die Reaktion auf einfachen Diebstahl (§§ 1123 ff.) und einfachen Betrug (§ 1326), also auf Alltagskriminalität. In der Tat habe, so Götze, ein Beamter, der staatliche Kassen verwaltet habe, nicht nach § 339 aus dem Amt entfernt werden können, obwohl er wegen eines Vermögensdelikts bestraft worden sei.[548] Diesem Mangel des § 339 wurde erst durch die Kabinettsordre vom 26. September 1845[549] abgeholfen. Danach wurde ein Beamter, der „wegen eines von Mangel an ehrliebender Gesinnung zeugenden Verbrechens verurtheilt wird", aus dem

542 Motive (1827-30), Bd. 3/I, S. 26.
543 Temme, Handbuch, S. 32. Vgl. Motive (1827-30), Bd. 1, S. 20 f.
544 I.E. Koselleck, Preußen, S. 97. Radbruch, Stand und Strafrecht, S. 365.
545 Temme, Handbuch, S. 32 f.
546 Motive (1827-30), Bd. 3/I, S. 26.
547 GStA, Rep. 84. II. 4. I, Nr. 21, § 361.
548 GStA, Rep. 84. II. 4. I, Nr. 1, Bd. 2, Bl. 104 ff.
549 Abgedruckt in: Gräff/Rönne/Simon, Bd. 6, S. 327.

Amt entlassen, und zwar unabhängig davon, zu welcher Strafe er deswegen verurteilt wurde.

Bis dahin behalf man sich mit § 363, der eigentlich den Amtsverlust wegen mangelhaften, aber grundsätzlich nicht strafbaren Privatverhaltens regelte. Und zwar wurde ein Beamter nach § 363 auch dann entlassen, wenn er die Nationalkokarde nicht mehr tragen durfte. Diese wurde durch die Verordnung vom 22. Februar 1813[550] durch den König gestiftet und sollte von allen erwachsenen Männern als „allgemeine Äußerung treuer Vaterlandsliebe" getragen werden.[551] Gleichzeitig wurde übereinstimmend mit dem Prinzip des § 339 festgelegt, daß Verbrecher, die zu Festungsarbeit oder Zuchthausstrafe verurteilt waren, die Nationalkokarde nicht tragen durften. Das Tragen dieses Zeichens war aber auch bei einem Mangel an ehrliebender Gesinnung verboten.[552] Zum Beispiel konnte das Recht, die Kokarde zu tragen, auch wegen Betrugs zumindest zeitweise aberkannt werden, selbst wenn diese Tat nur mit einer Geldstrafe geahndet wurde.[553] Wurde einem Staatsdiener das Tragen der Nationalkokarde verboten, mußte er deswegen nach § 363 entlassen werden, denn ein Beamter, der die Nationalkokarde nicht tragen durfte, sollte in den Augen der Öffentlichkeit zugleich des Staatsdienstes unwürdig sein.[554] Mit dieser Auslegung des § 363 wurden die engen Grenzen, welche die Kodifikatoren den Gerichten setzen wollten, erheblich erweitert. Eine derartige Auslegung war in der ersten Hälfte des 19. Jahrhunderts die einzige Möglichkeit, das landrechtliche Strafrecht den veränderten Zeiten anzupassen.

dd) Fortgesetztes mangelhaftes Privatleben

In erster Linie sollte mit § 363 II 20 ALR auf „unordentliche Lebensart" von Beamten reagiert werden. Er bot vor allem die Möglichkeit, Alkoholiker aus dem Staatsdienst zu entfernen und damit die Wirksamkeit des gesamten Beamtenstandes sicherzustellen. Wie § 339 ist auch diese Vorschrift eine Kodifikation gemeinrechtlicher und preußischer Praxis.[555] Bedeutend war § 363 vor allem bei Beamten, die wiederholt betrunken zum Dienst erschienen oder in der Öffentlichkeit gesehen wurden oder die ihre Schulden nicht mehr tilgen konnten.

---

[550] prGS 1813, S. 22.

[551] Allerdings wurde die Nationalkokarde Ende der zwanziger Jahre des 19. Jahrhunderts nur noch selten getragen, vgl. Motive (1827-30), Bd. 1, S. 47.

[552] Vgl. Reskript vom 2. Februar 1825, Kamptz' Jahrbücher, Bd. 25, S. 129 f.

[553] Vgl. GStA, Rep. 84. II. 4. I, Nr. 1, Bd. 2, Bl. 106 VS f.

[554] Reskript vom 2. Februar 1825, Kamptz' Jahrbücher, Bd. 25, S. 129 f., a.A. Temme, Handbuch, S. 39.

[555] Beispiele für die zweite Hälfte des 18. Jhdts. bei Stock, S. 142.

In den achtziger Jahren des 18. Jahrhunderts forderte Eggers, daß ein unmoralisch lebender Beamter zunächst verwarnt werden sollte.[556] Jedoch hatte dieses Monitum keinen Einfluß auf die Gesetzgebung, da Grolmann die Ansicht vertrat, die Gesetze seien selber Warnung genug.[557]

Hitzig beklagte in seinem Gutachten aus den zwanziger Jahren des 19. Jahrhunderts die inhaltliche Unbestimmtheit der Norm, welche die Entscheidung über eine Entlassung letztlich vom moralischen Empfinden des Richters abhängig mache.[558] In diesem Zusammenhang schilderte er, ohne Daten zu nennen, den Fall eines höheren Steuerbeamten, der „sich in der Dienstuniform in mehreren Hurenhäusern betrunken herumgetrieben habe und sich unter dem Schutz seines Beamten-Charakters (man hält ihn für einen Polizei-Officianten) die gebrauchten Mädchen nicht bezahlt hatte." In der ersten Instanz wurde der Beamte kassiert; der Oberappellationssenat des Kammergerichts hob dieses Urteil auf, „indem er ausführte: Bordelle seyen in einer großen Stadt ein notwendiges Übel, deren Besuch an sich, da er von Personen aller Klassen geschehe, noch nicht die Verachtung der Mitbürger auf sich ziehe; die Excesse des Inculpanten an dem Abend, der zur Untersuchung Veranlassung gegeben, seien Folge seines trunkenen Zustandes gewesen; eine solche Aufführung würde ihn im Sinne des Gesetzes nur verächtlich machen, wenn mehrere ähnliche Fälle einträten, [...]" und verurteilte den Beamten zu einer geringen Geldstrafe; ein Urteil, das Hitzig zu milde war.

Ein weiteres Beispiel für kompromittierte „bürgerliche und Amts-Ehre"[559] im höheren Beamtentum ist der Fall des Grafen Fermemont.[560] Dieser wurde wegen mehrerer Hundert Taler Schulden 1819 von Danzig nach Oppeln versetzt.[561] Da Fermemont in Oppeln nur die Hälfte seines Gehalts bezog, beklagte man, daß er einen für einen Regierungsrat unstandesgemäßes Leben führe. 1822 hatte Fermemont den russischen Zaren Alexander II. mit einer Delegation an die Grenze geleitet. Vorgeworfen wurde ihm, daß er die Erlaubnis für dieses instruktionswidrige Verhalten nicht von seinem Vorgesetzten, sondern von einem General eingeholt hatte.[562] Dennoch nahmen ihn seine Kollegen gegen Kritik des Breslauer Regierungspräsidenten, der in Fermemonts Verhalten vor

---

[556] GStA, Rep. 84, XVI, 7, Bd. 52, Bl. 309 RS.
[557] GStA, Rep. 84, XVI, 7, Bd. 78 a, Bl. 400 RS.
[558] GStA, Rep. 84, II, 4, I, Nr. 1, Bd. 3, Bl. 66 RS f. Fallschilderung und folgende Zitate ebd.
[559] Lüdtke, S. 134.
[560] Fallschilderung bei Lüdtke, S. 134 f. m.w.H. ohne Angabe von einzelnen Vorschriften. Die Akten zum geschilderten Fall finden sich im Staatsarchiv Breslau.
[561] Vgl. § 363 II 20 ALR.
[562] Vgl. §§ 333, 355 II 20 ALR.

allem eine „Bloßstellung des Zivildienstes“[563] sah, in Schutz. Das Maß war allerdings voll, als herauskam, daß Fermemont vom Zaren eine goldene Uhr geschenkt bekam, was er nicht angezeigt hatte.[564] 1827 nahm Fermemont deshalb von sich aus seinen Abschied aus dem preußischen Staatsdienst. Eine Entscheidung, die der neue Regierungspräsident in Breslau, Hippel, mit Erleichterung aufnahm. Jedoch scheint dieser Fall, der aus einer Reihe unterschiedlicher Verfehlungen besteht, ein Extrem gewesen zu sein.

Denn in der Regel wurden die privaten Verfehlungen (bei Richtern) zwar aktenkundig gemacht, hatten aber keine unmittelbaren Auswirkungen.[565] Aufgrund der Kabinettsordre vom 24. Dezember 1836[566] wurden Handlungen, die unter den Tatbestand von § 363 fielen, nur noch auf dem Disziplinarwege geahndet.

3. In der Gesetzrevision

Nach den preußischen Strafrechtsentwürfen sollte der Amtsverlust nur die Folge einer Straftat sein. Fortgesetztes Fehlverhalten, sei es im Dienst, sei es privat, sollte dagegen stets disziplinarisch geahndet werden, da die Dienstbehörden wesentlich besser als die Gerichte derartiges Fehlverhalten beurteilen konnten.[567]

a) Entwürfe bis 1847

aa) Bei Amtsdelikten

Alle Strafrechtsentwürfe bis 1847 unterschieden die Kassation von der Amtsentsetzung.[568] Die Kassation fiel in die Gruppe der schweren Strafen und war mit der die Unfähigkeit zu weiteren Ämtern sowie mit dem Verlust der Ehrenrechte verbunden. Dagegen war die Amtsentsetzung eine leichtere Strafe, die ausschließlich den Verlust des Amtes mit sich brachte, eine spätere Wiederanstellung aber nicht ausschloß.

---

563 Lüdtke, S. 134.

564 Die Annahme der Uhr war keine passive Bestechung nach § 360 II 20 ALR, da sie nicht der Lohn „für die Ausrichtung [des] Amts“ war.

565 Hodenberg, S. 130 f.

566 Abgedruckt in: Gräff/Rönne/Simon, Bd. 6, S. 334.

567 Motive (1827-30), Bd. 3/I, S. 14 f.

568 In Bodes Entwurf, Teil 1, §§ 22, 33, wurde die Kassation als Amtsentsetzung und die leichtere Strafe der Amtsentsetzung als Amtsentlassung bezeichnet, vgl. Motive (1827-30), Bd. 1, S. 54. Kamptz, Motive (1833), S. 17 kritisierte diese Terminologie, da Amtsentlassung eine administrative Entlassung war. In den Entwürfen Kamptz' und in allen späteren Entwürfen werden die Ausdrücke Kassation für den schweren und Amtsentsetzung für den einfachen Verlust des Amtes gebraucht. Hier wird der von Kamptz aufgestellten Terminologie gefolgt.

Zwar wurde die Strafe des Amtsverlustes in allen Strafrechtsentwürfen der Gesetzrevision seltener angedroht als im landrechtlichen Strafrecht.[569] Jedoch hatte auch hier der Richter kaum die Möglichkeit, statt der Kassation nur die Amtsentsetzung auszusprechen oder auf den Verlust des Amtes ganz zu verzichten und diesen durch eine mildere Strafe zu ersetzen. Außerdem war der Verlust des Amtes nicht mehr die alleinige Strafe eines Delikts. Er war fast immer mit einer weiteren Geld- oder Freiheitsstrafe verbunden, wobei die Kassation immer mit Zuchthausstrafe und die Amtsentsetzung mit einfacheren Strafen verbunden war.

bb) Bei gemeinen Verbrechen

Zuchthausstrafe und Kassation entsprachen wegen ihres entehrenden Charakters in allen Entwürfen bis 1847 stets einander.[570] Außerdem wurde die Regelung der Kabinettsordre vom 11. Januar 1813[571] kodifiziert, wonach auch eine einjährige nicht entehrende Freiheitsstrafe immer zur einfachen Amtsentsetzung[572] führte.[573] Lediglich in den beiden Entwürfen Kamptz' sollten erst Freiheitsstrafen von zweijähriger Dauer zum regelmäßigen Verlust des Amtes führen.[574] Damit wollte Kamptz unbedingt verhindern, daß auch fahrlässig begangene Straftaten zum automatischen Verlust des Amtes führen können.[575] Die Staatsratskommission kehrte jedoch wieder dahin zurück, daß bereits eine ein-

---

[569] Vgl. i.E. 3. Teil.

[570] Revision (1845), Bd. 1, S. 83. Vgl. Entwurf (1827), § 20; (1828), I §§ 17, Nr. 3, 19; II 6, § 5; (1830), §§ 17, Nr. 3, 19, 489; (1833), §§ 18, Nr. 2, 21, 700, Nr. 1; (1836), §§ 37, Nr. 2, 40, 795, Nr. 1; (1842), §§ 39, 18, 605, Nr. 1; (1843), §§ 34, 33, Nr. 2, 28, 616; (1845), §§ 24, 21, Abs. 2, 398; (1846), §§ 20, 22; (1847), §§ 21, 23, 24.

[571] Vgl. 2. Teil, C. III. 2. c) cc).

[572] Entwurf (1828), II 6 § 5, gebraucht den Ausdruck Amtsentsetzung, der in diesem Entwurf die schwerere Form des Amtsverlusts meint. In den Motiven (1827-39), Bd. 3/I ist von Amtsentlassung die Rede. In der Gesetzrevisionskommission wurde diese Zweideutigkeit dahin aufgeklärt, daß der Ausdruck Amtsentsetzung im Entwurf ein Druckfehler sei und daß die mildere Strafe, also in der Terminologie des Entwurfs von 1828 Amtsentlassung gemeint sei; GStA, Rep. 84, II, 4, I, Nr. 2, Bd. 3 a, Bl. 10 VS f.

[573] Entwurf (1828), II 6, § 5, Nr. 1; (1830), § 490, Nr. 1. Damit sollte verhindert werden, daß das Amt zu lange verwaist, Motive (1827-30), Bd. 3/I, S. 26. In einer Plenarkonferenz der Gesetzrevisionskommission wurde ernsthaft vorgeschlagen, auch in Fällen längerer Freiheitsstrafen nicht immer die Amtsentsetzung eintreten zu lassen. Ein Schreiber könne im Gefängnis seiner Arbeit sogar konzentrierter nachgehen als in Freiheit; GStA, Rep. 84, II, 4, I, Nr. 2, Bd. 3 a, Bl. 11 VS.

[574] Entwurf (1833), § 700, Nr. 2; (1836), § 795, Nr. 2.

[575] Motive (1833), S. 441.

jährige nicht entehrende Freiheitsstrafe mit der einfachen Amtsentsetzung verbunden wurde.[576]

Außerdem war im Entwurf Bodes eine Vorschrift enthalten, wonach ein Beamter wegen einer gemeinen Straftat zur Amtsentsetzung verurteilt werden konnte, wenn durch diese Straftat dem Täter das für die Amtsführung erforderliche öffentliche Vertrauen entzogen wird.[577] Diese Vorschrift hätte dem Tatrichter die Beurteilung der Frage, wie weit das öffentliche Vertrauen zerstört ist, überlassen. In der Gesetzrevisionskommission wurde diese richterliche Freiheit stark angegriffen; die Frage, ob ein Beamter sein Amt verlieren soll oder behalten darf, hänge letztlich vom moralischen Empfinden des jeweiligen Richters ab.[578]

1830 konnte sich dieser Einwand zwar noch nicht durchsetzen, mit den Entwürfen Kamptz' sollten die Gerichte wieder an starre Formen gebunden werden. Dort waren die Straftaten, die zur Amtsentsetzung führten, ohne daß sie mit einer bestimmten Freiheitsstrafe bestraft wurden, in einem Katalog aufgelistet.[579] Dieser reicht von Staatsverbrechen über Gotteslästerung bis zu Vermögensdelikten. Erst Bischoff verzichtete bei der Revision des Staatsratsentwurfs von 1843 auf die Aufzählung von Straftaten, die unabhängig vom Strafmaß mit Amtsentsetzung bestraft werden.[580] Ebenfalls auf Kamptz geht die Regelung zurück, wonach Straftaten des Beamten, welche dieser von Amts wegen verhindern mußte, regelmäßig mit Amtsentsetzung bestraft werden sollten, wenn der Täter zur Begehung seine amtliche Stellung ausgenutzt hat.[581]

Die Entwürfe bis 1842 hatten außerdem vorgesehen, daß die einfache Amtsentsetzung wegen eines Amtsdelikts sich nur auf dasjenige Amt, in dem die Straftat begangen wurde, erstrecken soll, der Täter seine übrigen Ämter jedoch grundsätzlich behalten durfte.[582] In diesem Fall konnte aber die Dienstbehörde entscheiden, ob der Täter nicht doch alle Ämter verlieren sollte. Amtsentsetzung wegen eines gemeinen Verbrechens sollte dagegen stets den Verlust aller Ämter mit sich bringen. Der Staatsrat beschloß dagegen, daß auch Amtsentsetzung den

---

[576] Protokolle der Staatsratskommission (1842), S. 474; vgl. Entwurf (1842), § 605, Nr. 2 a; (1843), § 616; (1845), § 398; (1846), § 23, Abs. 2; (1847), § 24, Abs. 2.

[577] Entwurf (1828), II 6 § 5, Nr. 2; vgl. Entwurf (1830), § 490, Nr. 2.

[578] GStA, Rep. 84, II, 4, I, Nr. 2, Bd. 3 a, Bl. 11 RS ff.

[579] Entwurf (1833), § 700, Nr. 2; (1836), §§ 795, Nr. 2, 605, Nr. 2; (1843), § 616, Abs. 2.

[580] Revision (1845); Bd. 3, S. 11.

[581] Entwurf (1833), § 700, Nr. 2 m; (1836), § 795, Nr. 2 l; (1842); § 605, Nr. 2 v; (1843), § 616, Nr. 4; (1845), § 397, Nr. 3; (1846), § 394, Nr. 2; (1847), § 402, Nr. 2.

[582] Entwurf (1828), I §§ 19, 27; (1830), §§ 19, 27; (1833), §§ 21, 27; (1836), § 41; (1842), § 31; die Vorschriften über Kassation drohen den Verlust „aller“ Ämter, die über Amtsentsetzung nur den Verlust „des“ Amtes an; vgl. Protokolle der Staatsratskommission (1839), S. 64 f., 73 ff.

Verlust aller von einem Beamten bekleideten Ämter bedeuten solle und stellte so den Zustand, wie er seit dem Reskript vom 27. Oktober 1810 in Preußen bestand, wieder her. Der Amtsentzug müsse sich stets auf den gesamten Wirkungskreis des Täters erstrecken, da nicht nur die Kassation, sondern auch die Amtsentsetzung den Verlust der Amtsehre bedeute, diese aber unteilbar sei.[583]

b) Entwurf von 1847

Im Entwurf von 1847 war der Amtsverlust wie folgt geregelt:[584]

In den Tatbeständen der Amtsdelikte wurden Kassation oder Amtsentsetzung als Strafe angedroht.[585] Wurde ein Täter wegen einer gemeinen Straftat zu einer Zuchthausstrafe verurteilt oder wurden ihm die Ehrenrechte aberkannt, war damit immer die Kassation verbunden.[586] Beamte, die wegen gemeiner Straftaten zu einer einjährigen oder längeren nicht entehrenden Freiheitsstrafe verurteilt wurden, traf regelmäßig die Amtsentsetzung.[587] Außerdem konnte ein Staatsdiener entweder entsetzt oder kassiert werden, wenn er ein gemeines Verbrechen begangen hatte, das eine „Verletzung der Untertanentreue, oder eine grobe Nichtachtung der Religion oder Sittlichkeit“[588] darstellte oder das der Beamte kraft Amtes hätte verhindern müssen. Sofern der Richter die Wahl hatte, welche Form des Amtsverlustes ausgesprochen werden soll, kam es darauf an, ob der Täter „das Verbrechen mit Verläugnung des Ehrgefühls begangen“[589] hat oder nicht.

c) Entwicklung ab 1847

aa) Promemoria von 1847

Dieses kaum mehr zu übersehende System der Strafen wurde im Jahr 1847 angegriffen. In ihren Promemoria vom 1. Oktober 1847 forderten drei rheinische Juristen, Madihn, Ammon und Grimm, das preußische Strafensystem dem französischen anzupassen.[590] Eine Strafe müsse jeden Bürger gleichartig treffen.[591]

---

583 Vgl. Goltdammer, Bd. 1, S. 138.

584 Vgl. Goltdammer, Bd. 1, S. 139 f.

585 Entwurf (1847, §§ 372-411.

586 Entwurf (1847), 24, Abs. 1.

587 Entwurf (1847), § 24, Nr. 2.

588 Entwurf (1847), § 402.

589 Entwurf (1847), § 25.

590 Mit den Promemoria sollte außerdem der bisher im Rheinland praktizierte Grundsatz, wonach nur Schwurgerichte bürgerliche Rechte absprechen können, beibehalten werden; vgl. Fernere Verhandlungen der Kommission des Staatsrats, S. 52 f.; Beseler, S. 547.

591 Der code pénal, Art. 8, kannte die „degradation civique“.

Diese Anforderung erfülle die Amtsentziehung nicht.[592] „[...] sie nimmt dem Betroffenen an seinem Rechte als Bürger nichts, sondern läßt ihn mit allen anderen Unterthanen, die nicht Beamte sind, auf einer Stufe; sie ist die Auflösung eines besonderen zwischen ihm und der Staatsregierung bestehenden civilrechtlichen Verhältnisses, welche aus vielerlei nicht zu präzisierenden Gründen der Regel nach [...] auch von anderen Behörden ausgesprochen werden kann."[593] Während der Beamte den tatsächlichen Besitz seines Amtes einem Entschluß der Regierung verdanke, sei die Fähigkeit zu öffentlichen Ämtern „ein Ausfluß der allgemeinen Rechtsfähigkeit des Bürgers; auf ein besonderes Amt hat er kein Recht [...]"[594] Daher könne nur die Fähigkeit zu öffentlichen Ämtern, niemals ein wirklich bekleidetes Amt im Strafverfahren aberkannt werden.

Folge man dieser Ansicht, so führen die rheinischen Juristen aus, könne ohne weiteres zwischen Straf- und Disziplinarrecht unterschieden werden. Diese bildeten keine Gegensätze, sondern seien zwei unterschiedliche Wege, die mit unterschiedlicher Zielsetzung betreten würden: „der eine, damit eine Strafe des gemeinen Strafrechts ausgesprochen; der andere, damit eine Verletzung der Dienstpflichten geahndet, nöthigenfalls ein unwürdiger Beamter von seinem Amte entfernt werde. Der eine Weg darf durch die Betretung des anderen nie ausgeschlossen werden [...]"[595] Die Strafe des Verlustes der bürgerlichen Rechte unterschied nicht zwischen den Bürgern und Beamten, obwohl sie sich unterschiedlich auswirke, je nachdem, ob ein Verurteilter Beamter war oder nicht. In der Staatsratskommission fand diese Ansicht im Oktober 1847 keine Befürworter.[596]

Als diese Ansicht 1848 im vereinigten ständischen Ausschuß wiederholt wurde[597], widersprach vor allem Savigny. Da das Dienstverhältnis der Beamten kein zivilrechtliches, sondern ein öffentlich-rechtliches sei, müsse der Amtsverlust auch im Strafrecht geregelt sein. Das entspreche überdies der preußischen Tradition.[598] Daß die von den rheinischen Juristen vertretene Position letztlich nicht mit der Qualität des Dienstverhältnisses der Beamten zusammenhing[599], blieb im Ausschuß unerwähnt. Wie schon in der Staatsratskommission

---

[592] Promemoria, S. 7.

[593] Verhandlungen des ständischen Ausschusses, Bd. 4, S. 696.

[594] Promemoria, S. 3, vgl. C. Th. Welcker, Rotteck/Welcker, Staatslexikon, Bd. 14, S. 758 (Staatsdienst usw.).

[595] Promemoria, S. 8.

[596] Vgl. Fernere Verhandlungen der Kommission des Staatsrats, S. 52.

[597] Verhandlungen des ständischen Ausschusses, Bd. 4, S. 696 f..

[598] Verhandlungen des ständischen Ausschusses, Bd. 4, S. 697 f.; vgl. Beseler, S. 549 f.

[599] Vgl. Wachinger, VDB, Bd. 9, S. 205, wonach der Vorschlag der rheinischen Juristen grundsätzlich richtig ist, aber wegen der Vorstellung, daß das Dienstverhältnis des Beamten zivilrechtlicher Natur ist, „im falschen Gewande" daherkommt.

im Oktober 1847 fand die rheinisch-französische Position auch im vereinigten ständischen Ausschuß zu Beginn des Jahres 1848[600] keine Mehrheit.

bb) Verwirklichung des französischen Strafensystems

Trotz der ablehnenden Haltung von Staatsratskommission und vereinigtem ständischen Ausschuß setzte sich das französisch geprägte System im Laufe des Jahres 1848 durch. Im Entwurf von 1848 wurde der Verlust des Amtes selber nicht mehr als Strafe angedroht, sondern nur noch der auf zehn Jahre beschränkte Verlust der staatsbürgerlichen Rechte, was die Unfähigkeit zu öffentlichen Ämtern einschloß.[601] Der Verlust der bürgerlichen Rechte sollte regelmäßig eintreten, wenn der Täter zu einer entehrenden Freiheitsstrafe verurteilt wurde.[602] Außerdem wurde der Verlust der staatsbürgerlichen Rechte in einzelnen Tatbeständen als Nebenstrafe ausdrücklich angedroht. In den Amtsdelikten des Entwurfs von 1848 wurde der Verlust der staatsbürgerlichen Rechte in allen Tatbeständen, in denen diese Nebenstrafe nicht die automatische Folge einer entehrenden Freiheitsstrafe war, als mögliche Nebenfolge der Straftat angedroht.[603]

Die Rechtsansicht, daß der Verlust des Amtes eine Disziplinarmaßnahme ist, wurde zuerst in den Disziplinarverordnungen von 1849 verwirklicht. In den Motiven zur Verordnung vom 10. Juli 1849 wurde diese Ansicht bekräftigt: „Allein der Beamte ist nicht blos Staatsbürger, er ist zugleich Träger eines Theiles der öffentlichen Autorität. Besondere Pflichten sind es, welche ihm in dieser Eigenschaft obliegen, besondere Mittel, um deren Verletzung zu verhindern. Das schärfste dieser Mittel, die Dienst-Entlassung, trifft nur den Beamten als solchen, nicht den Staatsbürger in ihm. Denn dem Beamten, welcher entlassen wird, entzieht diese seine Entlassung keines der Rechte, welche dem Staatsbürger zustehen.“[604]

Im Grunde waren die Disziplinarverordnungen eine Ergänzung zum Strafrechtsentwurf von 1848. Da dieser Entwurf nicht inkraft getreten ist, wurden jedoch die Verordnungen von 1849 ihrerseits um das PrStGB von 1851 ergänzt. Nach §§ 11 f., 21 ff. PrStGB sollte die Verurteilung zu einer Zuchthausstrafe stets

---

[600] Vgl. Verhandlungen des ständischen Ausschusses, Bd. 4, S. 698.

[601] Entwurf (1848), § 17; (1849), Art. 10.

[602] Der Entwurf (1848) unterschied Zuchthausstrafe von Einschließung; beide Strafarten brachten den Verlust der staatsbürgerlichen Rechte mit sich, §§ 10, 11, Im Entwurf von 1849, Art. 9, 10, war nur die Zuchthaustrafe regelmäßig mit dem Verlust der staatsbürgerlichen Rechte verbunden.

[603] Im Entwurf von 1849 wurde in den Amtsdelikten der mit „Entsetzung vom Amte“ bezeichnete Verlust der bürgerlichen Rechte ebenfalls in allen Tatbeständen, deren Hauptstrafe nicht den automatischen Verlust des Amtes mit sich brachte, angedroht.

[604] Motive (VO 10. Juli 1849), S. 138.

zum Verlust der bürgerlichen Ehrenrechte führen. Außerdem wurde in bestimmten Tatbeständen die Aberkennung der bürgerlichen Ehrenrechte selbständig angedroht; dann war der Verlust der Ehrenrechte zeitlich begrenzt, und zwar auf mindestens ein und höchstens zehn Jahre. Im PrStGB führte dies letztlich dazu, daß bei fast allen „Vergehen und Verbrechen im Amte" die Unfähigkeit zu öffentlichen Ämtern zumindest ausgesprochen werden konnte. Lediglich der Tatbestand des Hausfriedensbruchs (§ 318) und des Parteiverrats, der nicht in Übereinstimmung mit der Gegenpartei erfolgte (§ 329, Abs. 1) konnte nicht mit dem Verlust der Amtsfähigkeit bestraft werden.

cc) Französisches Strafensystem und Rechtsgleichheit

Nach den Regeln des PrStGB von 1851 konnte jedermann die Fähigkeit zu öffentlichen Ämtern entzogen werden. Damit wurde zugleich anerkannt, daß jedermann diese Fähigkeit besitzt. Außerdem wurde in PrStGB auf Sonderstrafen für bestimmte Gruppen verzichtet und so im Rahmen der Strafrechtsreform die staatsbürgerliche Gleichheit[605] anerkannt. Die Idee eines „allgemeinen Staatsbürgertums" kam aus Frankreich und wurde vor allem im Rheinland gefordert.[606] Als wesentliche Bestandteile staatsbürgerlicher Gleichheit wurden stets auch allgemeingültige Strafen[607] gefordert.

Eine weitere Forderung der Aufklärung war die allgemeine Fähigkeit zu öffentlichen Ämtern[608], die in den deutschen Verfassungen des 19. Jahrhunderts meistens garantiert wurde.[609] Auch in den preußischen Verfassungen von 1848 und 1851 wurde der Zugang zu Ämtern ausdrücklich als Bestandteil der rechtlichen Gleichheit garantiert.[610]

---

[605] Vgl. Erler, HRG, Bd. 1, Sp. 1072 ff. (Gleichheit); Stolleis, HRG, Bd. 4, Sp. 1811 ff. (Staatsbürger).

[606] Koselleck, Preußen, S. 578 f. m.w.H.

[607] Vgl. Beccaria, S. 109. Im gemeinen Recht des frühen 19. Jhdts. war die Gleichartigkeit aller im Strafrecht noch umstritten, Gwinner, S. 63 ff. Radbruch, Stand und Strafrecht, S. 366 f., weist darauf hin, daß die rechtsformale Gleichheit aller im Strafrecht nur eine „Scheingleichheit" ist.

[608] Vgl. Art. 6 der Menschenrechtserklärung von 1789, die zur Präambel der französischen Verfassung von 1791 wurde; abgedruckt bei Franz, Staatsverfassungen, S. 302 ff.

[609] Bayern (1818), Tit. 4, § 5; Baden (1819), § 9; Württemberg (1819), § 22; Großherzogtum Hessen (1820), Art. 19; Kurhessen (1831), § 34; „Paulskirchenverfassung" (1849), § 137; sämtliche Verfassungstexte abgedruckt bei Huber, Dokumente, Bd. 1.

[610] Art. 4 der oktroyierten Verfassung: „Alle Preußen sind vor dem Gesetze gleich. Standesvorrechte finden nicht statt. Die öffentlichen Ämter sind für alle dazu Befähigten gleich zugänglich." Diese Vorschrift wurde auch als Art. 4 in die Revidierte Verfassung von 1851 aufgenommen.

Auf der anderen Seite ist das Disziplinarrecht seit 1844 eine „staatsständische Eigengerichtsbarkeit“.[611] Gerade die Disziplinarverordnungen von 1849 sind der Ausdruck eines Standesrechts, wie es in dieser Reinheit im ALR noch nicht bestanden hatte.[612] Jedoch sollte auch nicht übersehen werden, daß auch andere Berufsstände eine eigenständige Disziplinargewalt errichtet haben, und zwar in Form der Ehrengerichte zum Beispiel für Rechtsanwälte oder Ärzte. Auch diese Ehrengerichte agieren unabhängig von eventuellen Strafverfahren.[613]

dd) Neubestimmung des Schutzguts der Amtsdelikte nach 1847/49

Mit dem 1848 vollzogenen Wandel des Strafsystems geht auch ein Wandel des Schutzguts der Amtsdelikte einher.

Den landrechtlichen Amtsdelikten lag als einheitliches Schutzgut die Dienstpflicht der Beamten zugrunde.[614] Entsprechend dieser Ansicht gab es keinen prinzipiellen Unterschied zwischen Straf- und Disziplinarrecht. Die eine Materie erfaßte alle schweren, die andere alle leichten Pflichtverletzungen der Beamten.[615] Um einen Staatsdiener so oder so aus dem Amt entfernen zu können, wurde in allen Strafrechtsentwürfen bis 1847 an der Amtsentfernung als Kriminalstrafe festgehalten.

Der Wandel des Schutzguts der Amtsdelikte begann jedoch mindestens zwei Jahrzehnte früher. In der Rechtspraxis der zwanziger Jahre des 19. Jahrhunderts setzte eine unbewußte Abkehr von der Lehre von der Dienstpflichtverletzung ein; ein Strafverfahren wurde wohl vor allem dann durchgeführt, wenn durch die abzuurteilende Staat ein über die Belange des öffentlichen Dienstes hinausgehendes öffentliches Interesse betroffen war.[616] Auch in der Gesetzrevision war die Dienstpflicht nicht mehr alleiniges Schutzgut der Amtsdelikte. So sollte die vorsätzliche Verletzung der Pflichten, in § 333 II 20 ALR noch Prototyp des Amtsdelikts[617], nur noch dann strafrechtlich geahndet werden, wenn der Täter seine Pflichten mit der Absicht, sich einen rechtswidrigen Vorteil zu verschaffen oder den Staat oder einen Bürger zu schädigen, verletzt hat.[618] Dennoch blieb der Schutz des öffentlichen Dienstes vor pflichtwidrigen Beamten für die Gestaltung der Entwürfe maßgebend. Daher war eine Pflichtwidrigkeit eines

---

[611] Koselleck, Preußen, S. 413.
[612] Stock, S. 195.
[613] Binding, Lehrbuch, Bd. 2/II, S. 398.
[614] GStA, Rep. 84, Abt. XVI, Nr. 7, Bd. 20, Bl. 175 VS; vgl. Heffter, ArchCrimR, Bd. 13 (1832/33), S. 68 f.
[615] Heinrich, S. 211 f.
[616] Vgl. Motive (1827-30), Bd. 3/I, S. 9 (Anmerkung).
[617] GStA, Rep. 84, Abt. XVI, Nr. 7, Bd. 20, Bl. 175 VS.
[618] Entwurf (1828), II 6 § 47.

Beamten auch nach dem Disziplinargesetz von 1844 entweder eine Straftat oder ein disziplinarisch zu ahndendes Dienstvergehen (§ 2, 3).

Die Ansicht, daß die Entfernung eines Staatsdieners aus dem Amt keine Kriminalstrafe sein könne, wurde nach den Entwürfen von 1848 beziehungsweise 1849 zuerst in den Disziplinarverordnungen vom 10. und 11. Juli 1849 verwirklicht. In deren Motiven wurde die doppelte Verpflichtung eines Beamten betont; auf dem Weg des Strafverfahrens sollten nicht mehr Verletzungen der Dienstpflichten, sondern nur noch Verletzungen staatsbürgerlicher Pflichten bestraft werden.[619] Auch stand die Rechtskraft eines freisprechenden Urteils einem Disziplinarverfahren nicht im Wege, denn beide Verfahren beruhten auf einem unterschiedlichen Rechtsgrund.[620]

Aber auch die Strafgesetzgebung war durch ein von der Dienstpflicht verschiedenes Rechtsgut geprägt. Seit dem Entwurf von 1849 waren die Amtsdelikte nicht mehr mit „Verbrechen der Beamten"[621] überschrieben, sondern mit „Vergehen und Verbrechen im Amte". Damit knüpften die Amtsdelikte nicht mehr an die beamtenrechtliche Stellung des Täters an, sondern an dessen Funktion als Amtsträger. Als Täter der Amtsdelikte des PrStGB kamen nicht nur Beamte, sondern Geschworene und Schiedsrichter[622] in Betracht (§§ 310, 314, Abs. 2, 313).[623] Deren Straftaten konnten keine Verstöße gegen die Dienstpflicht sein, da sie keinem Dienstherrn verpflichtet waren. Auch wurde die Vorstellung, die den älteren Entwürfen und dem Disziplinargesetz von 1844 zugrunde lag, daß nur die schwersten Verletzungen der Dienstpflicht strafrechtlich geahndet werden, im PrStGB nicht immer verwirklicht. Zumindest in § 318 (Hausfriedensbruch im Amt) und in § 322, Abs. 2 PrStGB (fahrlässiges Entweichenlassen von Gefangenen) wurden zwei vergleichsweise leichte Pflichtwidrigkeiten mit Kriminalstrafe bedroht.[624]

Die strafbaren Handlungen der Beamten im PrStGB sind Verletzungen der Interessen der Allgemeinheit[625] oder einzelner Bürger.[626] Mit der Bestrafung von Amtsdelikten sollten in erster Linie die Allgemeinheit und einzelne vor Übergriffen oder Gefährdungen ihrer jeweiligen Rechtssphäre geschützt werden.

---

[619] Motive (VO 10. Juli 1849), S. 138 f.
[620] Motive (VO 10. Juli 1849), S. 139.
[621] Entwurf (1848): Vergehen und Verbrechen der Beamten.
[622] Vgl. Beseler, S. 555 m.w.H.
[623] Vgl. Schröder, S. 43, vgl. Stock, S. 246.
[624] Vgl. Stock, S. 246.
[625] Stock, S. 246, weist darauf hin, daß die Interessen der Allgemeinheit nicht mit denen des Dienstherrn verwechselt werden dürfen.
[626] Vgl. Stock, S. 246.

Gleichwohl wurde noch in den 1851 gedruckten Motiven zum letzten preußischen Strafrechtsentwurf an der Ansicht festgehalten, „Verbrechen und Vergehen im Amte" seinen besonders schwerwiegende Pflichtwidrigkeiten, bei denen eine disziplinarische Ahndung allein nicht ausreicht[627]; dogmatisch war dies ein „Ding der Unmöglichkeit"[628].
Somit wurde das PrStGB die Grundlage für die Neubestimmung des Schutzguts der Amtsdelikte. Diese wurde ebenso wie die Beantwortung der Frage, ob allen Amtsdelikten ein einheitliches Schutzgut eigen ist oder nicht, zur Aufgabe der Strafrechtswissenschaft. Zuerst trennte Hälschner in den achtziger Jahren des 19. Jahrhunderts die persönliche Dienstpflicht des Beamten von der überpersonalen Amtspflicht.[629] Mit einer Straftat im Amt verletze der Täter nämlich die Pflicht, „die ihm vom Staate übertragene Amtsgewalt nur nach Maßgabe von Recht und Gesetz auszuüben."[630] Die genaue Bestimmung des inneren Wesens der Amtsdelikte und ihre Unterscheidung vom Disziplinarrecht durch innere Kriterien ist seitdem in der Rechtswissenschaft umstritten.[631]

[627] Motive (1851), S. 66. Vgl. Kommissionsbericht, 1. Kammer, S. 497; Kommissionsbericht, 2. Kammer, S. 180; Temme, Lehrbuch (1853), S. 1070 f.; ders. Glossen, S. 315 f.; Beseler, S. 550; vgl. auch Heinrich, S. 210.
[628] Karstedt, S. 11.
[629] Hälschner, Gemeines Strafrecht, Bd. 2/II, S. 1017 ff.
[630] Hälschner, Gemeines Strafrecht, Bd. 2/II, S. 1022.
[631] Vgl. i.E. Heinrich, S. 215 ff.

3. Teil: Die einzelnen Pflichtverletzungen

Die von Svarez vorgenommene Einteilung der Amtsdelikte in allgemeine, die von allen Beamten begangen werden konnten, und in besondere, welche die Beschäftigung des Täters in einem bestimmten Zweig der Staatsverwaltung voraussetzten, wurde zu Beginn der Gesetzrevision als unzweckmäßig verworfen.[1] Statt dessen wurden einheitliche Amtsdelikte geschaffen. Der Abschnitt „Von den Verbrechen der Diener des Staats“ beginnt mit einer Gruppe von Straftatbeständen, die den rechtswidrigen Zugang zur Beamtenschaft mit Strafe bedrohte (§§ 323-332 ff. II 20 ALR). Die folgenden Amtsdelikte (§§ 333-462) lassen sich wesentlich in drei Gruppen einteilen, nämlich in Bestechung, Vermögensdelikte gegen den Staat sowie Straftaten bei Ausübung der Rechtspflege. Eine besondere Untergruppe der landrechtlichen Amtsdelikte waren die Tatbestände der Geistlichen und Lehrer (§§ 499-504). Sie wurden in den vierziger Jahren kontrovers diskutiert und letztlich aus dem Strafrecht ausgeschieden.

Vor allem bei der Fortbildung der landrechtlichen Amtsdelikte in der Strafrechtsreform standen jene Tatbestände im Vordergrund, die weiterhin strafrechtlich geahndet werden sollten. Denn die nur disziplinarisch zu ahndenden Handlungen wurden immer allgemeiner, bis nur noch eine Generalklausel übrigblieb, wonach jede schuldhafte Verletzung der Dienstpflichten ein Dienstvergehen sein sollte.[2] Dagegen hatten die Tatbestände, die Straftatbestände bleiben sollten, dem strafrechtlichen Bestimmtheitsgrundsatz zu genügen. Die Weiterentwicklung der schwersten im ALR normierten Pflichtverletzungen hat beinahe drei Jahrzehnte in Anspruch genommen.

A. Amtserschleichung und Amtsanmaßung

Der achte Abschnitt des landrechtlichen Strafrechts beginnt mit einer Gruppe von Vorschriften, die mit „Vergehungen bey Erlangung eines Amts“ überschrieben sind und von Amtsanmaßung und Amtserschleichung handeln. Da der Täter dieser Delikte in der Regel kein Beamter war, waren aus neuerer Sicht

---

[1] Motive (1827-30), Bd. 3/I, S. 17.

[2] Eine Generalklausel war schon in § 6 des Entwurfs eines Disziplinargesetzes von Kamptz aus dem Jahr 1837 enthalten.

weder Amtsanmaßung noch Amtserschleichung Amtsdelikte.[3] Sie waren im ALR und in den Strafrechtsentwürfen bis 1836 dennoch wegen ihres Sachzusammenhangs als Teil der Amtsdelikte geregelt.[4] Erst die Staatsratskommission beschloß 1842, die Vorschriften über Amtsanmaßung und Amtserschleichung in einem eigenen Titel zusammenzufassen.[5] Seit dem Entwurf von 1848 fehlte eine Strafvorschrift über Amtserschleichung ganz; die Amtsanmaßung wurde im PrStGB zum „Vergehen wider die öffentliche Ordnung".

I. Vor dem ALR

Amtserschleichung war schon im römischen Strafrecht bekannt und in der lex julia de ambitu mit Strafe bedroht.[6] Dieser Tatbestand sollte die Ämterverfassung der römischen Republik, in der Ämter von der Volksversammlung vergeben wurden, schützen. Bestraft wurden Bewerber, welche die Volksversammlung mit verbotenen Mitteln für sich einnahmen. Unerlaubt waren Gewalt und Hinterlist sowie Stimmenkauf. Erlaubt war es dagegen einem Bewerber, Behörden dazu zu bewegen, sich für seine Kandidatur einzusetzen.[7] Als Staatsämter vom Kaiser vergeben wurden, war die Anwendung des ambitus auf kommunale Ämter beschränkt.[8] Erst als in der späten Kaiserzeit Beamten erlaubt wurde, für sich Unterbeamte zu ernennen, konnte die lex julia de ambitu wieder auf Staatsbeamte angewandt werden. Nun rückte auch der ernennende Beamte in den Blick des Gesetzes.[9] In Justinians Novellen gab es eine weitere Vorschrift zum ambitus.[10]

Das gemeine Recht unterschied den ambitus, das Erschleichen weltlicher Ämter, vom Erschleichen geistlicher Ämter, dem crimen de simonia.[11] Bis ins 19. Jahrhundert hinein galten der Bewerber um ein Amt und dessen Erteiler als Beteiligte an einem einheitlichen Vorgang; beide waren Täter der Amtserschleichung.[12] Eduard Henke gab diese Einheitlichkeit auf. Wie schon im römischen Recht[13] könne sich nur der Bewerber in ein Amt „einschleichen". Der Erteiler des Amtes sei möglicherweise bestochen worden, zumindest habe er aber seine

---

[3] Z.B. Grolmann, S. 485 ff.; Bauer, S. 428 ff. A.A. z.B. Tittmann, Grundlinien, S. 152 f.
[4] Motive (1827-30), Bd. 3/I, S. 19; Abegg, Lehrbuch, S. 617 ff.
[5] Protokolle der Staatsratskommission (1842), S. 457.
[6] Z.B. Dorn, Bd. 1, S. 721 ff.
[7] Im einzelnen, Roßhirt, Geschichte, Bd. 3, S. 200 f.
[8] Schweppe, S. 639 m.w.H.; Marezoll, S. 304.
[9] Z.B. Temme, Lehrbuch (1876), S. 234.
[10] Vgl. Martin, S. 561 f.
[11] Vgl. Wächter, S. 490 ff. m.w.H. Zu den Strafen der simonie, J.C. Koch, Anfangsgründe, S. 442.
[12] Z.B. Abegg, Lehrbuch, S. 619 f.
[13] Diese Ansicht war im gemeinen Recht umstritten, vgl. W. Sturm, S. 18.

Amtspflichten verletzt.[14] Umstritten war im gemeinen Recht auch, ob eine Amtserschleichung die Anstellung des Bewerbers voraussetzt[15] oder ob schon der Versuch, ein Amt rechtswidrig zu erlangen, den Tatbestand vollendete, womit die Amtserschleichung einem Unternehmensdelikt gleichen würde.[16]

Bestraft wurde der ambitus im gemeinen Recht mit dem Verlust des Amtes für den Bewerber[17], während der Erteiler oft nur sein Ernennungsrecht verlor.[18] War die Amtserschleichung mit einer Bestechung des Erteilers verbunden, traf diesen die entsprechende Strafe.

Während bei der Amtserschleichung die tatsächliche dauerhafte Einstellung in den Staatsdienst beabsichtigt wird, besteht die Amtsanmaßung nur in der vorübergehenden Ausübung eines Amtes. Dieser Tatbestand hat keinen römischrechtlichen Vorläufer, er ist eine Schöpfung des gemeinen Strafrechts.[19] Dort wurde Amtsanmaßung vor allem als besonderes Täuschungsmittel zu einem Betrug[20] oder als Spezialfall der Majestätsbeleidigung[21] angesehen.

II. Im ALR

1. Amtserschleichung

a) Strafbarkeit des Bewerbers

Das landrechtliche Strafrecht selber bedrohte nur Bewerber, die ihr Amt durch Bestechung erhalten haben, mit der Kassation (§ 325). Nach § 72 II 10 ALR sollte jeder, der sich auf irgendeinem unerlaubten Weg in ein Amt eingeschlichen hat, dieses wieder verlieren, ohne daß der Begriff des unerlaubten Weges näher bestimmt wurde. Die Amtserschleichung durch den Bewerber war insofern ein Amtsdelikt, als der Verlust des Amtes nicht selbstverständlich war, sondern der Täter als Beamter angesehen wurde, der mit der Ausstoßung aus der Beamtenschaft bestraft wurde.[22] Der in den Vorarbeiten zum ALR[23] erhobene

---

[14] Henke, Handbuch, Bd. 3, S. 354 f.

[15] Feuerbach, Lehrbuch, S. 159 f.

[16] Roßhirt, Lehrbuch, S. 542. Nach Martin, S. 565 f., ist der ambitus beendet, wenn der Erteiler des Amtes alle erforderlichen Handlungen durchgeführt hat; auf die tatsächliche Anstellung kommt es nicht an.

[17] Z.B. Theresiana, Art. 64, § 3; Quistorp, Grundsätze, Bd. 1, S. 334; Dorn, Bd. 1, S. 723, fordert nur Geldstrafe.

[18] Z.B. Tittmann, Grundlinien, S. 152.

[19] Quistorp, Entwurf, § 91.

[20] Z.B. Grolmann, S. 483, Bauer, S. 428.

[21] Hiergegen wendet sich Tittmann, Handbuch, Bd. 2, S. 35.

[22] Vgl. Schröder, S. 42.

[23] Vgl. §§ 295-302 I III 8 Entwurf (AGB).

Einwand, daß auch ein Beamter, der sich sein Amt erschlichen habe, dazu dennoch befähigt sein könne, hat sich nicht im Gesetz niedergeschlagen.[24] Die Vorschriften über die Amtserschleichung sprachen keine Strafe im eigentlichen Sinne aus, sie entzogen dem Täter nur, was er auf unerlaubtem Wege erhalten hat.[25] Dies wurde von Globig in seinem Monitum von 1786 bemängelt; er forderte, zumindest Bewerber, die sich ihr Amt durch Bestechung verschafft hätten, mit einer Geldstrafe in Höhe der doppelten Bestechungssumme zu bestrafen.[26] Nach § 337 II 11 ALR verloren Geistliche, die sich ein Patronatskirchenamt erschlichen hatten, nicht nur ihr Amt, sondern wurden darüber hinaus auch zu Amtsunfähigkeit verurteilt.

b) Strafbarkeit des Amtserteilers

Vorgesetzte Beamte, die einen Bewerber gegen das Versprechen eines Vorteils einstellen, verloren gemäß §§ 331 f. II 20 ALR ihr Amt und mußten das Vierfache des Vorteils als Geldstrafe entrichten. War der Vorteil nicht geldwert, hatten sie eine „willkührliche Geldstrafe, entsprechend ihres Jahresgehalts"[27] zu zahlen. Tatsächlich bedeutete das nur eine willkürliche Geldstrafe von höchstens fünfzig Talern nach § 35 II 20 ALR.[28] Außerdem hafteten Vorgesetzte, die einen Bewerber einstellten oder einen Beamten beförderten, ohne zuvor dessen Fähigkeiten überprüft zu haben, für den von ihm angerichteten Schaden, § 329. Hatte ein Beamter ein Amt nicht wegen eines Vorteils rechtswidrig erteilt, machte er sich nur wegen einer Dienstpflichtverletzung nach §§ 333 ff. II 20 ALR strafbar.

Im Grunde war die rechtswidrige Erteilung des Amtes ein besonderer Fall der Bestechung. Die Strafe des Quadruplum, des Vierfachen der Bestechungssumme als Geldstrafe, findet sich in den landrechtlichen Amtsdelikten in weiteren Tatbeständen, die durch die unerlaubte Annahme eines Vorteils gekennzeichnet waren.[29] Die Verbindung von rechtswidriger Erteilung eines Amtes mit der Zahlung einer Geldsumme war der Normalfall des ambitus. Daher war auch in Art. 64 der Theresiana diese Verbindung nicht strafschärfend, sondern vielmehr sollte das Fehlen einer Bestechung bei einem Fall von Amtserschleichung sich strafmildernd auswirken.

---

[24] Hippel, GStA, Rep. 84, Abt. XVI, Nr. 7, Bd. 52, Bl. 426 VS.

[25] Motive (1827-30), Bd. 3/I, S. 23.

[26] GStA, Rep. 84, Abt. XVI, Nr. 7, Bd. 53, Bl. 270 VS.

[27] Die (scheinbare) Zumessung der Strafe nach der wirtschaftlichen Leistungsfähigkeit geht auf Globig, GStA, Rep. 84, Abt. XVI, Nr. 7, Bd. 53, Bl. 271 RS, zurück und wurde von Grolmanns, GStA, Rep. 84, Abt. XVI, Nr. 7, Bd. 78 a, Bl. 396 VS, mit dem Einkommen in Bezug gesetzt.

[28] Reskript vom 7. Februar 1807, Kamptz' Jahrbücher, Bd. 5, S. 32.

[29] Z.B. §§ 340, 347, 360 II 20 ALR.

c) Ämterhandel

Der erste ungedruckte Entwurf des landrechtlichen Strafrechts sah noch eine Strafbestimmung für den Handel mit Ämtern vor[30], die aber im gedruckten Entwurf von 1786 bereits fehlte. Im 18. Jahrhundert war es durchaus üblich, Ämter zu verkaufen, um so die Staatskasse zu füllen. Preußen konnte es sich seit der Mitte des 18. Jahrhunderts wegen seiner entspannten Finanzlage jedoch leisten, diese Praxis zu verbieten.[31] Am Ende des Jahrhunderts vorkommende Einzelfälle waren „nur noch [...] Rückzugsgefecht des institutionalisierten Ämterhandels".[32] Offensichtlich waren diese Gefechte vor der Drucklegung des Strafrechtsentwurfs 1786 beendet, so daß der eigenmächtige Ämterhandel nicht mehr unter Strafe gestellt wurde und es ausreichend erschien, einen Beamten, der bei der Besetzung eines Amtes Vorteile angenommen hatte, wegen dieser Vorteilsnahme zu bestrafen. Selbst wenn die Vorschriften über den ambitus im ALR nach heutiger Ansicht als im Grunde überflüssige Spezialtatbestände der Bestechung erscheinen, war es den vom gemeinen Strafrecht geprägten Kodifikatoren wohl selbstverständlich, die Amtserschleichung ausdrücklich unter Strafe zu stellen; der ambitus war einer der ältesten Straftatbestände im Zusammenhang mit dem Ämterwesen.

d) Mißbrauch des Ernennungs- und Wahlrechts

Neben diesen Strafvorschriften legten die §§ 326-328, 330 II 20 ALR fest, daß der Mißbrauch des Rechtes, Beamte zu ernennen, zum Verlust dieses Rechtes führen sollte. Diese Vorschrift richtete sich vor allem gegen die Inhaber von Patronats- und Patrimonialrechten.[33] Wurde ein Beamter durch ein Kollegium ernannt, verloren gemäß § 327 die Mitglieder ihr Ernennungsrecht, die es mißbraucht haben. Gemäß § 328 war ein Kollegium für eine Ernennung beschlußfähig, wenn mindestens drei Mitglieder ihr Ernennungsrecht ausüben dürfen, sonst konnte die zuständige Aufsichtsbehörde den Posten eigenständig besetzen, § 330.[34] Diese Vorschrift betraf das Recht vieler Kirchengemeinden, ihre Pfarrer selber zu wählen, vgl. § 324 II 11 ALR. Außerdem waren vor allem Gremien betroffen, die landständische Ämter besetzten. Das wichtigste landständische Amt war das des Landrats, der grundsätzlich von den Kreisständen gewählt wurde. Jedoch hatte schon Friedrich Wilhelm I. sich oft über dieses Wahlrecht

---

[30] GStA, Rep. 84, Abt. XVI, Nr. 7, Bd. 20, Bl. 224 VS (§ 306 des Entwurfs).

[31] Vgl. zu Ämterhandel, Möller, Ämterkäuflichkeit, S. 156 ff.

[32] Möller, Ämterkäuflichkeit, S. 163.

[33] Motive (1827-30), Bd. 3/I, S. 25 f.

[34] Ein Vorläufer von § 328 II 20 ALR erscheint erst Entwurf (AGB) von 1786, § I 3 7, § 299, und geht auf eine Anmerkung des geheimen Rats Scherer zurück; GStA, Rep. 84, Abt. XVI, Nr. 7, Bd. 20, Bl. 362 RS.

hinweggesetzt und den Kreisständen nicht einmal ein Vorschlagsrecht eingeräumt.[35] §§ 327 f. und besonders § 330 II 20 ALR machten deutlich, daß der Staat sich auch die Aufsicht über die ständische und Parorchialverwaltung vorbehielt und diese Verwaltung unter Umständen auch an sich ziehen konnte.

Der eigentliche Zweck der Amtserschleichung war jedoch der Schutz des staatlichen Ämtermonopols und damit der Zusammensetzung der gesamten Beamtenschaft vor äußeren Eingriffen. Dies wurde besonders seit der Mitte des 18. Jahrhunderts bedeutend, da in dieser Zeit Zugangsvoraussetzungen für den öffentlichen Dienst geschaffen wurden. Für die Justiz wurden schon 1750 und für die Verwaltung 1770 Eintrittsexamina und Vorbereitungsdienste eingeführt.[36] Die Tatbestände über Amtserschleichung sollten helfen, die so erreichte Verbesserung des öffentlichen Dienstes sicherzustellen.

e) Politische Bedeutung der Amtserschleichung

Rotteck und Welcker[37] wiesen in den dreißiger Jahren des 19. Jahrhunderts auch auf einen politischen Aspekt einer anderen Amtserschleichung hin. Die Autoren des Staatslexikons gingen dabei von der römischen Republik aus. Abweichend davon würden Staatsregierungen versuchen, politisches Wohlverhalten bei der Wahl öffentlicher Ämter zu erzwingen, etwa indem sie mit der Schließung öffentlicher Einrichtungen drohen für den Fall, daß ein mißliebiger Bewerber in ein öffentliches Amt gewählt wird. Die Regierungen seien jedoch verpflichtet, solchen Fällen Einhalt zu gebieten. Die „unwürdigen Bedrohungen [und ...] die bestechlichen Zusicherungen" seien geeignet, die Würde und die gute Wirkung der Volksvertretungen ebenso zu zerstören wie die öffentliche Moral. Diese Kritik an der Beeinflussung einer Wahl in ein Amt durch materielle Zusagen der Regierung kam aus dem liberalen Bürgertum, bei der weiteren Gestaltung der Amtserschleichung in der Gesetzrevision spielte sie keine Rolle.

2. Amtsanmaßung

Im landrechtlichen Strafrecht fand sich kein eigenständiger Tatbestand der Amtsanmaßung. § 323 II 20 ALR war eine zivilrechtliche Vorschrift, wonach der Täter einer Amtsanmaßung für allen aus dieser Handlung entstandenen Schaden haftete. Wer sich ein Amt anmaßte, um einen Dritten zu betrügen, wurde nach den Betrugsvorschriften bestraft, § 324.

---

[35] Neugebauer, Preuß. Geschichte, Bd. 2, S. 550.
[36] Hintze, Beamtenstand, S. 90.
[37] W., Rotteck/Welcker, Staatslexikon, Bd. 1, S. 544 ff. (Amtserschleichung).

Als eigenständiger Straftatbestand war die Amtsanmaßung in II 10 ALR „Von den Rechten und Pflichten der Diener des Staats“ geregelt. Nach § 79 II 10 ALR wurde einfache Amtsanmaßung mit fünfzig Talern Geldbuße oder Gefängnis bis zu sechs Wochen geahndet, also mit willkürlichen Strafen im Sinne von § 35 II 20 ALR.[38] Ein Sonderfall der Amtsanmaßung war § 81 II 10 ALR, wonach ein bereits angestellter Beamter eine Geldbuße von bis zu dreihundert Taler zahlen mußte, wenn er das Amt schon ausübte, bevor es ihm ordnungsgemäß übergeben wurde.[39] Der Anmaßung weltlicher Ämter war die Anmaßung geistlicher Ämter grundsätzlich gleichgestellt, das Recht, Nottaufen vorzunehmen war davon jedoch nicht berührt.[40]

In den Vorarbeiten zum ALR[41] wurde von Hippel in seiner Preisschrift die Frage aufgeworfen, ob Amtsanmaßung in einem geordneten Staatswesen überhaupt vorkommen könnte.[42] Dem hielt Grolmann entgegen, daß es in der Vergangenheit durchaus Fälle gegeben habe, die eine entsprechende gesetzliche Regelung erforderlich machen.[43]

Die Anmaßung eines Amtes bestand im unbefugten Ausüben amtlicher Handlungen. Dagegen war das bloße Führen amtlicher Titel, etwa aus Eitelkeit, in § 1397 II 20 ALR mit Geldstrafen bedroht.[44] Im Laufe der Vorarbeiten zum PrStGB wurde klargestellt, daß lediglich die unbefugte Anmaßung solcher Tätigkeiten, die ausschließlich von Beamten ausgeübt werden dürfen, unter Strafe stehen soll.[45]

---

38 Dieses Strafmaß entspricht ungefähr dem in Quistorp, Entwurf, § 91.

39 Diese Variante wurde von Bode ins Disziplinarrecht überwiesen; vgl. Motive (1827-30), Bd. 3/I, S. 20 f.

40 Vgl. Revision (1845), Bd. 3, S. 98 m.w.H.

41 Vgl. § 294 I III 8 Entwurf (AGB).

42 Hippel in GStA, Rep. 84, Abt. XVI, Nr. 7, Bd. 53, Bl. 426 VS.

43 GStA, Rep. 84, Abt. XVI, Nr. 7, Bd. 78 a, Bl. 395 VS.

44 Motive (1827-30), Bd. 3/I, S. 20. Vgl. Motive (1833), S. 414 f.; Protokolle der Staatsratskommission (1842), S. 457.

45 Vgl. Goltdammer, Bd. 2, S. 171 f.

III. In der Gesetzrevision

1. Amtserschleichung

a) Im Entwurf von 1828

Amtserschleichung war im Entwurf Bodes nur als besonderer Fall der Bestechung vorgesehen.[46] Amtserschleichung auf anderen unerlaubten Wegen war dagegen nicht mit Strafe bedroht, weil in diesen Fällen die strafbare Handlung nicht eindeutig bestimmt werden könne.[47]

Fälle des Mißbrauchs von Patronats- und Patrimonialrechten und des Mißbrauchs des Wahlrechts ständischer Beamter und Geistlicher wurden im Entwurf nicht geregelt. Derartige Mißbräuche seien, so Bode, an anderen Stellen des ALR ebenfalls geregelt und kämen überdies in der Praxis nur selten vor, da die Konsistorien und die Justizbehörden die Ernennung von Dorfgeistlichen und -richtern kontrollierten.[48]

In den späteren Entwürfen wurde jede Amtserschleichung durch Bestechung, Betrug und Fälschung[49] mit Strafe bedroht.[50] Die angedrohte Strafe war in den Entwürfen gleich, der Bewerber sollte mit Kassation bestraft werden, womit ausgeschlossen war, daß er in Zukunft ein öffentliches Amt bekleidet; außerdem konnte er wegen Bestechung bestraft werden. Der erteilende Beamte wurde wegen Bestechlichkeit bestraft.

b) Entwurf von 1833

Der Entwurf von Kamptz aus dem Jahr 1833 nahm wieder Vorschriften über den Mißbrauch von Grundherrschaftsrechten und Wahlrechten durch Kollegien auf, diese Vorschriften entsprachen denen des ALR.[51] Kamptz vertrat anders als Bode die Ansicht, daß derartige Mißbräuche im ALR nicht ausreichend geregelt seien und daher in das Strafgesetzbuch aufgenommen werden müßten.[52]

---

[46] Entwurf (1828), II 6 § 3.

[47] Motive (1827-30), Bd. 3/I, S. 25.

[48] Motive (1827-30), Bd. 3/I, S. 25 f.

[49] In den beiden Entwürfen Kamptz' von 1833 und 1836 auch Amtserschleichung durch „andere gesetzwidrige Mittel". Dies war der Staatsratskommission zu unbestimmt, vgl. Protokolle der Staatsratskommission (1842), S. 458.

[50] Entwurf (1833), § 661; (1836), § 756; (1842), § 569; (1843), § 581; (1845), § 365; (1846), § 360; (1847), § 367.

[51] Entwurf (1833), §§ 662-665; (1836), §§ 757-760; (1842), §§ 572-575; (1843), §§ 582-585; (1845), §§ 366-367; (1846), §§ 361-363; (1847), §§ 369-371.

[52] Motive (1833), S. 415 f.

c) *Aufgabe der Amtserschleichung*

Die gesamte gesetzliche Regelung der Amtserschleichung, die seit dem Entwurf von 1842 mit der Amtsanmaßung in einem eigenen Titel unmittelbar vor den Amtsdelikten zusammengefaßt war[53], wurde 1848 im vereinigten ständischen Ausschuß aufgegeben.

Die Kassation desjenigen, der ein Amt durch Amtserschleichung erhalten habe, sei überflüssig. Der Täter werde ohnehin wegen Bestechung, Betrugs oder Fälschung bestraft und verliere schon deswegen die Fähigkeit zu öffentlichen Ämtern.[54] Ohnehin sei es selbstverständlich, daß niemand ein durch verbotene Mittel erlangtes Amt besetzt halten dürfe.[55] Auch die übrigen Vorschriften über den Mißbrauch des Patronatsrechts wurden fallengelassen, denn der Grundherr habe in der Regel nur ein Vorschlags- und kein Ernennungsrecht, weshalb entsprechende Mißbräuche ausgeschlossen werden könnten.[56]

Besondere Berücksichtigung verdient noch eine Äußerung des Abgeordneten von Galen. Dieser nahm Stellung zu der Vorschrift, daß das Ernennungsrecht nach einem Mißbrauch durch den Inhaber auf die vorgesetzte Behörde übergehen sollte. Galen stellte dazu ausdrücklich klar, daß das Recht, einen katholischen Geistlichen zu ernennen, unter keinen Umständen vom Staat ausgeübt werden dürfe.[57]

Mit diesen Verhandlungen war in Preußen das Ende der Amtserschleichung gekommen. Deren Tatbestand war einer der ältesten Amtsdelikte überhaupt gewesen. Im PrStGB war die dauerhafte rechtswidrige Besetzung eines Amtes kein eigener Tatbestand mehr. Hierin sah erst Radbruch als Verfasser des Strafrechtsentwurfs von 1922 einen Widerspruch.[58] Der Anwendungsbereich der Amtserschleichung gehe über jenen des Anstellungsbetrugs hinaus.[59] Auch der Strafrechtsentwurf von 1962 enthielt eine Vorschrift über Amtserschleichung, die aber nur dann eingreifen sollte, wenn der Täter sich nicht wegen Betruges strafbar gemacht hat.[60] Rechtswirklichkeit wurde die Amtserschleichung nach

---

[53] „Anmaßung, Erschleichung oder gesetzwidrige Uebertragung eines Amts"; Entwurf (1842), §§ 569-575; (1843), §§ 579-585; (1845), §§ 364-367; (1846), §§ 359-363; (1847), §§ 367-371.

[54] Vgl. Verhandlungen des ständischen Ausschusses, Bd. 4, S. 447.

[55] Vgl. Verhandlungen des ständischen Ausschusses, Bd. 4, S. 447.

[56] Verhandlungen des ständischen Ausschusses, Bd. 4, S. 448 ff.

[57] Verhandlungen des ständischen Ausschusses, Bd. 4, S. 453.

[58] Entwurf (1922), § 139; die Vorschrift wurde in den Entwurf (1925), § 139, übernommen.

[59] Begründung (1925) zu Entwurf (1925), § 139, S. 76 f.

[60] Entwurf (1862), § 468 im Titel „Straftaten gegen den öffentlichen Dienst".

Inkrafttreten des PrStGB nicht mehr; die Rechtsprechung hat sich seitdem mit der Konstruktion des Anstellungsbetruges beholfen.[61]

2. Amtsanmaßung

Die Amtsanmaßung[62] erschien als eigener Tatbestand zuerst im Entwurf Bodes aus dem Jahr 1828[63], wo die einfache Amtsanmaßung mit Gefängnis bis zu sechs Monaten oder einer Geldbuße bis zu fünfhundert Talern bedroht wurde. Wer jedoch die Absicht hatte, den Staat oder einen Dritten zu schädigen, sollte mit Arbeitshaus bestraft werden.[64] Die Staatsratskommission änderte den Tatbestand dahin, daß qualifizierte Amtsanmaßung nur noch vorlag, wenn tatsächlich ein Schaden eingetreten war.[65] Die bloße Schädigungsabsicht sei nur ein Merkmal, das der Richter bei der Strafzumessung berücksichtigen solle.[66]

In der Gesetzrevision wurde vor allem anerkannt, daß die bloße Amtsanmaßung unabhängig von weiteren Zwecken ein strafwürdiger Eingriff in die öffentliche Ordnung und die Staatsverwaltung ist.[67] Zwar gehöre die Amtsanmaßung an sich in den Titel über Straftaten gegen die Hoheitsrechte des Staates, wegen des engen Zusammenhangs mit den Amtsdelikten sei er jedoch an dieser Stelle geregelt.[68] Auch qualifizierte Amtsanmaßung war ein eigenständiger Tatbestand, der einen mit der Tat begangenen Betrug aber nicht konsumierte. Vielmehr sollte in diesen Fällen eine Gesamtstrafe gebildet werden.[69] Abegg forderte, dies klarer auszudrücken.[70] Dem wurde entgegengehalten, daß die Entwürfe bereits eindeutig genug seien.[71]

---

[61] Dazu kritisch Jeruscheck/Koch, GA 2001, S. 275 ff.

[62] In den Entwürfen von 1830-1847 war nicht nur die Anmaßung staatlicher, sondern auch geistlicher Ämter mit Strafe bedroht; vgl. Entwurf (1830), § 174; (1833), § 203; (1836), § 297; (1842) § 570; (1843), § 580; (1845), § 364, Abs. 1; (1846); § 359, Abs. 1; (1847), § 367, Abs. 1.

[63] Entwurf (1828), II 6 § 2, 1. Alternative.

[64] Entwurf (1828), II 6 § 2, 2. Alternative.

[65] Entwurf (1842), § 569, Abs. 2.

[66] Protokolle der Staatsratskommission (1842), S. 457.

[67] Motive (1827-30), Bd. 3/I, S. 21; vgl. Entwurf (1828), II 6 § 2; (1830), § 487. Kamptz stellt den landrechtlichen Zustand insofern wieder her, als die qualifizierte Amtsanmaßung als solche nicht strafbar ist, wenn durch die Tat zugleich eine schwereres Verbrechen verübt wurde; vgl. Entwurf (1833), § 660; (1836), § 755. Die Staatsratskommission regelte 1842 die Amtsanmaßung wieder als eigenständiges Delikt (Protokolle, S. 457 f.); vgl. Entwurf (1842), § 569; vgl. Entwurf (1843), § 579; (1845), § 364; (1846), § 359; (1847), § 367.

[68] Motive (1827-30), Bd. 3/I, S. 19.

[69] Revision (1845), Bd. 3, S. 98.

[70] Abegg, Kritische Betrachtungen, S. 526 f.; Bemerkungen, S. 98 f.

[71] Revision (1845), Bd. 3, S. 98.

Seit dem Entwurf von 1848 war Amtsanmaßung eine Straftat gegen die öffentliche Ordnung[72] und wurde in § 104 PrStGB mit bis zu einem Jahr Gefängnis bestraft. Der Tatbestand war weder durch eine besondere Absicht noch durch einen angerichteten Schaden qualifiziert. Diese Merkmale, die vorher den Tatbestand der Amtsanmaßung qualifizieren sollten, waren aber entweder im Wege der Gesamtstrafenbildung oder bei der Strafzumessung zu berücksichtigen.[73]

An sich ist die Kodifikation der Amtsanmaßung in der Gesetzrevision gradlinig verlaufen. Lediglich der Entwurf Kamptz' enthielt eine bemerkenswerte Besonderheit. Die Amtsanmaßung war ein Antragsdelikt.[74] Antragsberechtigt war der Chef derjenigen Behörde, die von der Amtsanmaßung betroffen war. Damit sollte zum einen verhindert werden, daß jemand, der sich in Notsituationen Polizeigewalt angemaßt hat, bestraft werden konnte.[75] Zum anderen sollte damit die gerichtliche Ahndung der Tat verhindert werden können, die in den Augen Kamptz' eine störende Einmischung in die Abläufe der Verwaltung war.[76] Wiederum zeigt sich hier das Bemühen Kamptz', die Tätigkeit der Verwaltung der gerichtlichen Kontrolle zu entziehen. Das Antragserfordernis wurde allerdings bei nächster Gelegenheit durch die Staatsratskommission 1842 als unzweckmäßig verworfen.[77]

B. Bestechung

1812 erschien ein Beitrag Feuerbachs über Bestechung, die nicht nur die Dogmatik der Bestechungsdelikte, sondern auch ihren Strafgrund untersuchte.[78] „Unter allen Verbrechen, welche von Staatsbeamten als solchen begangen werden können, verdient in der That keines so sehr die Aufmerksamkeit des Gesetzgebers, als die Bestechung. Es ist die Quelle vieler andern, und eine Krankheit des Staates, welche, sobald sie überhand genommen, dessen edelsten Theile und zuletzt ihn selbst zerstört."[79]

---

[72] Entwurf (1848), § 76; (1849), Art. 73; (1851), § 92.

[73] Vgl. Goltdammer, Bd. 2, S. 172.

[74] Entwurf (1833), § 660, Abs. 2; (1836), § 755, Abs. 2, dies war neu, vgl. materielle Abweichungen, S. 114.

[75] Motive (1833), S. 415.

[76] Vgl. Motive (1833), S. 415.

[77] Protokolle der Staatsratskommission (1842), S. 457.

[78] Die Ansicht, wonach Bestechung das „Grundübel aller öffentlichen Verwaltung" ist, galt bereits in der Antike, Martin, S. 569 f.

[79] Feuerbach, Themis, S. 190.

Beamten sei, so Feuerbach, die Sorge für das Gemeinwohl in die Hände gelegt, weshalb sie auf keinen Fall ihren eigenen Interessen den Vorrang geben dürften.[80] Wo sich amtliches Handeln am Eigennutz der Beamten orientiere, sei der Weg frei für weitere Straftaten wie Erpressung, Rechtsbeugung usw.[81] Ein korrupter öffentlicher Dienst entfremde die Bürger vom Staat und gefährde deshalb das Gemeinwohl.[82] Der Gefahr von Bestechung könne durch die angemessene Sicherung der wirtschaftlichen Existenz der Beamten entgegengewirkt werden.[83] Feuerbach bekennt sich mit dieser Ansicht, mit der seine Abhandlung beginnt, ausdrücklich zu den in der bayerischen Staatsdienerpragmatik festgelegten Prinzipien.[84] Allerdings müsse Korruption im Staatsdienst auch durch Strafandrohungen vorgebeugt werden. Diese dürften nicht zu milde sein, damit nicht der schädliche Eindruck entstehe, daß die Gesetze im Interesse der Beamtenschaft erlassen wurden.[85] Bestechlichkeit steht bis heute im Mittelpunkt der öffentlichen Wahrnehmung von Amtsdelikten.[86] Tatsächlich waren Bestechungen im 18. und frühen 19. Jahrhundert zumindest auf dem Land an der Tagesordnung.[87]

I. Vor dem ALR

Im römischen Recht war Bestechung Teil des Amtsmißbrauchs (crimen repetundarum), der eine Reihe von einzelnen Handlungen umfaßte und unter anderem Beamten jede Geschenkannahme verbot.[88] In einigen fränkischen Volksrechten war Bestechlichkeit (der Richter) enger geregelt. Bestechung lag nur dann vor, wenn das Geschenk als Gegenleistung einer „Diensthandlung“ bestimmt war.[89] Die Karolina enthielt keine Strafvorschriften über Bestechung, bekämpfte aber in Art. 205 die Unsitte, daß Strafrichter für Verurteilungen Geschenke von Anklägern annehmen, weil damit die Gerechtigkeit untergraben werde.[90] Das gemeine Recht entwickelte vor allem die römisch-rechtlichen Vor-

---

[80] Feuerbach, Themis, S. 190 f.

[81] Feuerbach, Themis, S. 192 f.

[82] Feuerbach, Themis, S. 192.

[83] Feuerbach, Themis, S. 187 f.

[84] vgl. Hattenhauer, Geschichte, S. 198 ff.

[85] Feuerbach, Themis, S. 194 f. Allerdings behauptet Feuerbach, ebd. S. 193, daß in der römischen Republik Gesetze gegen die Bestechung erst dann erforderlich wurden, als sie nicht mehr von der Tugend ihrer Bürger leben konnte.

[86] Vgl. Stock, S. 69.

[87] Vgl. für das 18. Jhdt., Wehler, S. 13; Jeserich, Dt. Verwaltungsgeschichte, Bd. 2, S. 304; für das 19. Jhdt. im ländlichen Raum, Hoffmann, Elixiere, S. 96 (sowie Anmerkung auf S. 381, 388); Bismarck, Bd. 1, S. 19.

[88] Mommsen, S. 705 ff. (717 f.); Merges, S. 5 ff., Geerds, S. 5 f.

[89] I.E. Schlemmer, S. 5 f.

[90] Vgl. Geerds, S. 7 m.w.H.

schriften[91] über den Amtsmißbrauch zu einem eigenen Bestechungstatbestand weiter; dieser wurde nun crimen repetundarum oder crimen barattaria[92] genannt. Danach war es Beamten und Richtern verboten, für eine Amtshandlung - diese Beschränkung war frühmittelalterlichen Ursprungs[93] - Geschenke anzunehmen oder durch einen Dritten[94] annehmen zu lassen. Im 18. Jahrhundert setzte sich die Ansicht durch, daß der Tatbestand der Bestechung bereits durch das Anbieten eines Geschenks bzw. durch das Eingehen auf dieses Angebot vollendet war.[95] Der Wert des Geschenks oder die Frage, ob eine mit der Bestechung intendierte Handlung rechtswidrig war oder nicht, sollte nur eine Frage der Strafzumessung sein.[96] Im gemeinen Recht wurden schließlich einige Ausnahmen des römischen Rechts unkritisch wiederholt.[97]

Geahndet wurde Bestechung im gemeinen Recht mit einer Geldstrafe in Höhe des Mehrfachen der Bestechungssumme. Zum Beispiel forderte die Theresiana, Art. 65, § 3, das dreifache des versprochenen und das vierfache des tatsächlich gegebenen Geschenks als Strafe.[98] Außerdem bestand auch die Möglichkeit, einen bestechlichen Beamten zu entlassen.[99] Bestechliche Richter wurden ebenfalls mit einer Geldstrafe des Mehrfachen der Bestechungssumme bestraft; diese lag aber unter der von Verwaltungsbeamten.[100] Dafür verloren Richter auf jeden

---

[91] Feuerbach, Themis, S. 196. Nur Dorn, Bd. 1, S. 731, und Quistorp, Grundsätze, Bd. 1, S. 660, erwähnen die Bestechungsvorschriften der germanischen Volksrechte.

[92] Zum Begriff barattaria: Feuerbach-Mittermaier, Lehrbuch, S. 753; Morstadt, S. 780.

[93] Schlemmer, S. 5 f.

[94] Z.B. Grolmann, S. 509; Heffter, Lehrbuch, S. 562 f. m.w.H.

[95] Vgl. Stock, S. 71. Im 19. Jahrhundert Heffter, Lehrbuch, S. 563. Eine gegenteilige Ansicht vertrat noch 1823 Salchow, S. 509, der für die Annahme einer vollendeten Bestechung die Vornahme der geforderten Diensthandlung forderte.

[96] Marezoll, S. 315.

[97] Z.B. sollte es einem Richter im römischen Recht erlaubt sein, sich unmittelbar nach Dienstantritt in der Provinz bewirten zu lassen, Buddeus, Weiske Rechtslexikon, Bd. 1, S. 241 (Amtsverbrechen). Dieser Grundsatz wurde von einigen Lehrern des gemeinen Rechts in modifizierter Form übernommen; Dorn, Bd. 1, S. 728 f. wies darauf hin, daß es in manchen Gegenden üblich sei, daß Beamte Nahrungsmittel als Geschenke erhalten. In der Theresiana, Art. 65, § 7, war Strafmilderung vorgesehen, wenn das Geschenk in einer Bewirtung bestanden hat; a. A. Quistorp, Grundsätze, Bd. 1, S. 658 f. m.w.H.

[98] Nach Martin, S. 577, und Abegg, Lehrbuch, S. 626, betrug die Geldstrafe das Vierfache der Bestechungssumme.

[99] Z.B. Quistorp, Grundsätze, Bd. 1, S. 661 f.

[100] Nach Martin, S. 577, das Doppelte, nach Abegg, Lehrbuch, S. 627, das doppelte des Versprochenen und das dreifache des gegebenen Geschenks.

Fall ihre Ehrenrechte und damit ihr Amt.[101] Strafrichter wurden mit Vermögenseinzug und Landesverweisung bestraft.[102]

Der aktiv Bestechende wurde als Miturheber[103] der Tat möglichst so wie der bestochene Beamte bestraft, d.h. auch er hatte ein Mehrfaches der Bestechungssumme als Geldstrafe zu zahlen; hatte er einen Zivilrichter in einem Prozeß bestochen, sollte er diesen auf jeden Fall verlieren.[104]

II. Im ALR

Auch im landrechtlichen Strafrecht wurde unterschieden, ob der bestechliche Staatsdiener Verwaltungsbeamter oder Richter war, wobei korrupte Richter härter bestraft wurden. Aktive Bestechung wurde nur bestraft, wenn der Staatsdiener Richter war.

1. Passive Bestechung

a) Tatbestand und Rechtsfolge

aa) Bestechliche Verwaltungsbeamte

Das landrechtliche Strafrecht übernahm die gemeinrechtlichen Grundsätze der Bestechung, die es teilweise weiterentwickelte. Nach § 360 II 20 ALR hatten Beamte, die „für die Ausrichtung ihres Amtes Geschenke oder Gaben" angenommen hatten, das Vierfache von deren Wert, das Quadruplum, als Geldstrafe zu zahlen. Bestand ein erheblicher Verdacht, daß die als Gegenleistung für das Geschenk erbrachte Diensthandlung pflichtwidrig war, hatte der Täter nach § 361 das Quadruplum zu zahlen und verlor außerdem sein Amt. Konnte die Pflichtwidrigkeit tatsächlich bewiesen werden, traf ihn daneben eine drei- bis sechsjährige Festungs- oder Zuchthausstrafe, § 361.

Die erste Alternative des § 361 mit der gegenüber § 360 erhöhten Strafbarkeit bei Verdacht einer Pflichtwidrigkeit enthält einen Überrest des arbiträren Strafrechts[105], auf welches das landrechtliche Strafrecht anders als die österreichische Josephina von 1787 nicht vollkommen verzichtet. Eines der Hauptelemente des arbiträren Strafrechts war die Verdachtsstrafe, die verhängt wurde, wenn die Täterschaft des Angeklagten mit den strengen Beweisregeln des Inquisitions-

---

[101] Z.B. Martin, S. 577, wonach Verwaltungsbeamte das Vierfache und Gerichtspersonen das zweifache des Geschenks als Geldstrafe zahlen sollen.

[102] Z.B. Martin, S. 579 f.

[103] Z.B. Martin, S. 578 f.; Feuerbach, Lehrbuch, 11. Auflage, S. 319; Feuerbach-Mittermaier, S. 763.

[104] Dorn, Bd. 1, S. 735 f.; Marezoll, S. 317 f.

[105] Vgl. Neef, HRG, Bd. 3, Sp. 1781 ff. (poena arbitraria).

verfahrens, dessen letzte Kodifikation die preußische Kriminalordnung von 1805 war[106], nicht nachgewiesen werden konnte. Eine Verdachtsstrafe war stets milder als die ordentliche Strafe. Die Strafe des § 361, 1. Alternative war zwar höher als die des § 360, zugleich aber geringer als die Strafe in Fällen, in denen eine Pflichtwidrigkeit tatsächlich bewiesen wurde, § 361, 2. Alternative. In der ersten Alternative des § 361 wird der volle Beweis der Tathandlung des Nehmens durch den bestechlichen Beamten gefordert, der Verdacht bezieht sich nur auf ein Qualifikationsmerkmal. Die Vorschrift[107] wurde bereits in den Kodifikationsarbeiten kritisiert. In seiner Bewertung der Monita wandte sich Grolmann gegen die Amtsentsetzung bei erheblichem Tatverdacht; vielmehr müsse im Tatbestand festgelegt sein, wann die Tat als bewiesen angesehen werden könne.[108] In Kleinschrods bayerischem Entwurf lag qualifizierte Bestechlichkeit nur vor, wenn die Pflichtwidrigkeit der erbrachten Diensthandlung feststand.[109] Im preußischen Strafrechtsentwurf von 1828 fehlte die Strafe bei Verdacht einer rechtswidrigen Handlung, da der Begriff des erheblichen Verdachts zu unbestimmt sei.[110]

Der zweite Fall des § 361, wonach beim gelungenen Beweis einer Pflichtwidrigkeit der Beamte das Quadruplum zahlen mußte, sein Amt verlor und zu einer drei- bis sechsjährigen Freiheitsstrafe verurteilt wurde, ist im gedruckten Entwurf des ALR aus dem Jahr 1786 noch nicht enthalten, seine Entstehungsgeschichte bleibt unklar.[111] Nach diesem Entwurf hätte der Täter wegen der einfachsten Form der Bestechung das Quadruplum zahlen müssen.[112] Bestand der Verdacht einer erheblichen Pflichtwidrigkeit, sollte der Täter kassiert werden.[113] Wenn eine schwere Pflichtwidrigkeit tatsächlich vorgelegen hätte, wäre die Strafe nach den Regeln der Konkurrenzen zum einen aus den Vorschriften über Bestechung und zum anderen aus der Generalklausel über vorsätzliche Pflichtwidrigkeiten festgesetzt worden.[114]

Diese Systematik wurde durch die Einfügung des zweiten Falles des § 361 verändert. Damit wurde der letzte Fall der Bestechlichkeit, in dem der Täter eine Pflichtwidrigkeit tatsächlich begangen hat, abschließend geregelt. § 333 II 20 ALR konnte daneben nicht mehr zur Anwendung kommen. Nun war es nicht

---

[106] Thäle, S. 166.
[107] § 328 I III 8 Entwurf (AGB).
[108] GStA, Rep. 84, Abt. XVI, Nr. 7, Bd. 78 a, Bl. 400 VS f.
[109] Kleinschrod, Entwurf, § 653.
[110] Vgl. Motive, (1827-30), Bd. 3/I, S. 44.
[111] Vgl. Motive (1827-30), S. 44.
[112] § 327 I III 8 Entwurf (AGB).
[113] § 328 I III 8 Entwurf (AGB).
[114] § 303 I III 8 Entwurf (AGB).

mehr möglich, die tatsächlich begangene Pflichtwidrigkeit neben der Geschenkannahme für sich angemessen zu würdigen und im Endergebnis eine Gesamtstrafe auszusprechen.[115]

bb) Bestechliche Richter

Die Strafbarkeit bestechlicher Richter[116] wurde innerhalb der landrechtlichen Amtsdelikte an eigener Stelle behandelt, §§ 366-370 Diese Vorschriften stellten an die Richterschaft höhere Anforderungen als an Verwaltungsbeamte, da ein prozeßführender Richter immer aus dem Amt entfernt wurde, wenn er sich von Parteien Geschenke versprechen ließ oder diese annahm, und zwar unabhängig davon, ob er eine weitere Pflichtwidrigkeit begangen hat. Weitere nennenswerten Unterschiede zu den Bestechungstatbeständen für Verwaltungsbeamte bestanden jedoch nicht.[117]

Eine bedeutende Weiterentwicklung im ALR gegenüber dem gemeinen Recht waren §§ 210 f. I 16 ALR, wonach das Bestechungsmittel dem Fiskus zustand. Hier wurde die Strafe vom Tatmittel abstrahiert, die eine hatte mit dem anderen nichts mehr zu tun, weswegen das landrechtliche Strafrecht mit Quadruplum wirklich das Vierfache der Bestechungssumme als Strafe meinte.[118]

b) Bestechungsmittel

In der älteren Strafrechtsdogmatik ist man davon ausgegangen, daß nur die Zuwendung materieller Vorteile einen Beamten korrumpieren kann. Im gemeinen Strafrecht wurde das Bestechungsmittel als „Geschenk" bezeichnet. Die Strafe, nämlich das Vierfache des Werts des Geschenks, setze dessen materielle Natur voraus.[119]

Dagegen bekannte das landrechtliche Strafrecht sich nicht eindeutig zu einem materiellen Vorteilsbegriff. Im Grundtatbestand der Bestechung, §§ 360 f. II 20 ALR, war nur die Annahme von „Geschenke[n] oder Gaben" strafbar. Die

---

[115] Motive (1827-30), Bd. 3/I, S. 44.

[116] Ob die Vorschriften auf alle „Justizbediente" oder nur auf Richter angewandt werden sollen, bleibt unklar. In § 366 ist nur von Richtern die Rede, in § 368 von „Gerichtspersonen"; in der Literatur sind nur Richter als Täter der §§ 366 ff. angesehen worden, vgl. Henke, Handbuch, Bd. 3, S. 505.

[117] Vgl. Motive (1827-30), Bd. 3/I, S. 46.

[118] Dagegen war die Strafe in der Theresiana, Art. 65, § 3, das Vierfache nur, wenn das Geschenk gegeben wurde; war es nur versprochen, war die Strafe das Triplum.

[119] Schlemmer, S. 3 ff. m.w.H.; Bauchrowitz, S. 14 ff., lediglich der Visitationsabschied des Reichskammergerichts von 1713, § 46 (abgedruckt bei Dorn, Bd. 1, S. 732), sprach von Geschenken oder Nutzen, was aber auch nur materielle Vorteile bezeichnet, da die Strafe ein Vielfaches des Bestechungsmittels ist.

Strafe der Bestechung war eine Geldstrafe in Höhe des Vierfachen des Wertes des Bestechungsmittels, was voraussetzte, daß nicht nur Geschenke, sondern auch Gaben einen materiellen Wert hatten. In anderen Bestechungstatbeständen, vor allem in §§ 368 ff. (aktive Bestechung von Richtern) wurden „Geschenke oder Vortheile" als Bestechungsmittel bezeichnet. Auch hier betrug die Strafe grundsätzlich das Vierfache der Bestechungssumme; allerdings ist Vorsorge getroffen worden für den Fall, daß ein immaterieller Vorteil zugewendet wurde. Dann sollte nach § 370 eine verhältnismäßige Gefängnisstrafe eintreten. Eine derartige Ersatzstrafe für Fälle, in denen der Wert der Zuwendung nicht geschätzt werden konnte, wurde im landrechtlichen Strafrecht nur in Tatbeständen angedroht, in denen „Vortheile" ausdrücklich als Bestechungsmittel genannt sind.[120] Im landrechtlichen Strafrecht bedeutete „Vortheile" mehr als „Geschenke"[121], nämlich auch immaterielle Vorteile.[122]

2. Aktive Bestechung

Bestechung ist ein „Doppelverbrechen"[123], dessen sich der Bestechende und der Bestochene schuldig machen. Auch wenn der Schwerpunkt der Strafbarkeit beim Beamten liegt, nimmt die Tat im Angebot eines Geschenks[124] durch einen Bürger ihren Anfang. „Wo niemand Lust hätte zu bestechen, da würde niemand bestochen sein."[125] Der aktiv Bestechende wurde nach gemeinrechtlicher Ansicht bestraft, weil er die Integrität des Beamtentums angegriffen hat.[126] Die dogmatische Konstruktion der aktiven Bestechung war jedoch schwierig.

a) Bestechung von Richtern

Da gemeinem und landrechtlichem Strafrecht die Teilnahme eines Extraneus an einem Sonderdelikt nicht möglich war[127], wurde aktive Bestechung durch einen selbständigen Tatbestand geregelt. Dieser war kein Amtsdelikt, wurde aber in

---

120 §§ 332, 347II 20 ALR; jedoch benutzen §§ 340, 459 den Begriff Vorteil, ohne eine Ersatzstrafe anzudrohen.

121 Vgl. Motive (1827-30), Bd. 3/I, S. 42.

122 A.A. Schlemmer, S. 12.

123 Heffter, Lehrbuch, S. 563.

124 Das Fordern einer Belohnung für eine Amtshandlung wurde unter dem ALR und im gemeinen Strafrecht als Amtserpressung angesehen, Feuerbach, Themis, S. 217. Erst mit dem Entwurf von 1846 wurde die Bestechung um die Variante, daß ein Beamter etwas für sich fordert, bereichert.

125 Feuerbach, Themis, S. 217.

126 Henke, Handbuch, Bd. 3, S. 363 ff.

127 Vgl. 2. Teil, A. II.

Rechtslehre[128] und Gesetzgebung[129] wegen des Sachzusammenhanges ebenso wie Amtserschleichung häufig zusammen mit den Amtsdelikten behandelt. Die aktive Bestechung war bereits mit dem Angebot eines Geschenks vollendet, weshalb der Täter auch dann strafbar war, wenn sein Angebot durch den Beamten zurückgewiesen wurde.[130]

Im landrechtlichen Strafrecht war nur die aktive Bestechung eines Richters strafbar, §§ 368 ff. Wer einem Richter Geschenke anbot, um ihn sich allgemein gewogen zu machen, wurde mit dem Quadruplum bestraft. Wenn die Bestechung geschehen ist, um einen bestimmten Anspruch durchzusetzen, sollte die Strafe mindestens so hoch sein wie dieser Anspruch. In Fällen, in denen ein materieller Wert des Bestechungsmittels oder des Bestechungsziels nicht geschätzt werden konnte, sollte an die Stelle der Geldstrafe eine Gefängnisstrafe treten, § 370.

b) Ausdehnung der Tatbestände über aktive Bestechung von Richtern

Weitergehende Vorschriften über aktive Bestechung enthielt das gesamte ALR nicht; auch in anderen Fällen, in denen Bestechlichkeit ein Rolle spielte, war die Strafbarkeit des Bestechenden nicht geregelt. Z.B. wurde demjenigen, der sich durch ein Geschenk in ein Amt einschleicht, nur das durch die Bestechung Erworbene wieder entzogen.[131] Durch das Publikandum vom 27. März 1801[132] wurden §§ 368 ff. auf die aktive Bestechung von Finanz- und Polizeibeamten ausgedehnt. Bis zum Inkrafttreten des PrStGB 1851 fehlte es an einer umfassenden Regelung über aktive Bestechung.

Die Beschränkung der Strafbarkeit aktiver Bestechung auf Bestechungen von Richtern im landrechtlichen Strafrecht ist später als legislatorisches Versehen bewertet worden.[133] Möglicherweise wollten die Kodifikatoren aber auch die besondere Stellung der Justiz innerhalb des Staatsapparats betonen.[134] Der Schwerpunkt des älteren gemeinen Rechts lag bei der Behandlung der

---

[128] Abegg, Lehrbuch, S. 625, Martin, S. 576; ausdrücklich Buddeus, Weiske, Rechtslexikon, Bd. 1, S. 230 (Amtsverbrechen); getrennt behandelt wurden Bestechung und Bestechlichkeit bei Bauer, S. 431 f., 457 ff.; Henke, Handbuch, Bd. 3, S. 350 f., 361 ff.

[129] Vgl. Revision (1845), Bd. 3, S. 107 f., K. S. Zachariä, Entwurf, S. 93. Vgl. Hinweise in Motive (1827-30), Bd. 3/I, S. 48.

[130] Z.B. Martin, S. 573, Bauer, S. 431.

[131] Vgl. 3. Teil, A. II. 1. a).

[132] Abgedruckt in: Gräff/Rönne/Simon, Bd. 6, S. 336 f.

[133] Vgl. Motive (1827-30), Bd. 3/I, S. 48 m.w.H.

[134] Die Ausdehnung der Strafnorm über aktive Bestechung ist auch in den Monita nicht gefordert worden, vgl. Extractus Monitarum, GStA, Rep. 84, Abt. XVI, Nr. 7, Bd. 78 a, Bl. 105 RS.

Bestechung auf der Richterschaft.[135] Auch die gemeinrechtliche Wissenschaft des 19. Jahrhunderts wollte die Bestechung von Richtern anders behandelt wissen als die von Verwaltungsbeamten. Dann wäre das Publikandum von 1801 nicht der unvollkommene Versuch, eine Gesetzeslücke zu schließen, sondern nur die Reaktion auf bestimmte Mißstände innerhalb der Finanz- und Polizeiverwaltung. Ein ausdrückliches Verbot an Richter, Geschenke anzunehmen, war schon im alten Testament enthalten.[136] Nur Feuerbach forderte, beide Gruppen gleich zu behandeln.[137] Diese Ansicht setzte sich in Preußen erst mit dem Entwurf von 1828[138] durch.

3. Bewertung der landrechtlichen Bestechungstatbestände

Die Abhandlung Feuerbachs war eine Vorstudie zum bayerischen Strafgesetzbuch von 1813.[139] In ihr bewertete der Autor alle 1812 in Bayern geltenden Strafvorschriften über Bestechung. Zwar lobte Feuerbach die landrechtliche Strafgesetzgebung als die beste auf bayerischem Territorium geltende[140], er kam dennoch zu einem harten Urteil: „Schon die Aengstlichkeit, welche sich in deren mancherlei Abtheilungen und Unterabtheilungen ausdrückt, der Mangel an gesetzgeberischer Würde, die sich nur in allgemeinen, weitschweifenden Bestimmungen offenbart, hin und wieder auch der Mangel an Schärfe bei aller scheinbaren Genauigkeit der Unterscheidung (z.B. ‘erheblicher’, ‘nicht erheblicher Verdacht’ ‘klar erwiesene Verletzung der Amtspflicht’ und dergleichen) sprechen den Leser unfreundlich an.“[141] Diese Kritik wurde von der Warte einer um 1800 grundlegend erneuerten Strafrechtswissenschaft an einem älteren Gesetz geübt.

1843 hatte Abegg bereits so viel Abstand zum landrechtlichen Strafrecht, daß er die landrechtlichen Amtsdelikte, und damit vor allem auch deren Bestechungstatbestände, anders bewerten konnte. Daß den Handlungen der Beamten klare Grenzen gesetzt worden seien und sie ohne Furcht handeln könnten, sei ein Fortschritt, der „wie Wenig befriedigend die Behandlung dieser Lehre im Landrechte seyn möge, doch in Preußen längst anerkannt und dazu beigetragen hat, die Würde des öffentlichen Dienstes zu sichern und den Beamten die Anerkennung zu verbürgen, deren sie theilhaftig sind.“[142]

---

[135] Z.B. bei Dorn, Bd. 1, S. 727 ff.
[136] Z.B. 5. Mose 16, 19.
[137] Feuerbach, Themis, S. 206 f.
[138] Entwurf (1828), II 6 § 15; vgl. Motive (1827-30), Bd. 3/I, S. 48.
[139] Radbruch, Feuerbach, S. 125.
[140] Zur Geltung des ALR im Königreich Bayern vgl. Roth, Bd. 1, S. 131 ff.
[141] Feuerbach, Themis, S. 204.
[142] Abegg, Kritische Betrachtungen, S. 530.

III. In der Gesetzrevision

1. Passive Bestechung

a) In den Entwürfen von 1828 und 1830

aa) Tatbestände

Im Entwurf von 1828 wurde die Bestechung einheitlich geregelt; einfache passive Bestechung, der „Verkauf" einer an sich rechtmäßigen Handlung, wurde mit dem Quadruplum bestraft und im Wiederholungsfalle mit Amtsentsetzung.[143] Eine durch die Rechtswidrigkeit der Diensthandlung qualifizierte Bestechlichkeit wurde bereits beim erstem Mal mit entehrendem Amtsverlust und dem Quadruplum bestraft.[144] Am besonderen Schutz der Justiz vor korrupten Richtern hielt dieser Entwurf insofern fest, als prozeßführende bestechliche Richter stets unabhängig von der Qualität der „verkauften" Amtshandlung aus dem Amt entlassen werden sollten.[145] Bode flocht in seinen Entwurf außerdem eine auf Feuerbach und dessen bayerisches StGB von 1813 zurückgehende Bestimmung ein, wonach ein Beamter straffrei blieb, wenn er das Geschenk innerhalb von drei Tagen an den Schenker zurücksandte oder die Bestechung seinem Vorgesetzten meldete.[146] Bereits in Kamptz' Entwurf von 1833 fehlte diese Vorschrift wieder. Schließlich sollten Beamte, die nachträglich eine Belohnung für eine pflichtgemäße Handlung ohne Erlaubnis ihrer Vorgesetzten angenommen hatten, nur disziplinarisch bestraft werden.[147] Diese Vorschrift wurde 1830 von der Gesetzrevisionskommission aufgegeben, da ein Beamter sich vor Vornahme einer Diensthandlung möglicherweise schon ein Geschenk erhofft hat.[148] Die Beurteilung dieser Frage und damit der Strafbarkeit des Beamten blieb den Gerichten vorbehalten.

bb) Bestechungsmittel

Der Entwurf von 1828 erkannte ausdrücklich an, daß auch immaterielle Vorteile geeignete Bestechungsmittel sein konnten.[149] Diese mögliche Qualität des Bestechungsmittels wurde seit Beginn des 19. Jahrhunderts auch in der Rechtswissenschaft zunehmend anerkannt. Feuerbach vertrat die Ansicht, das alles,

---

[143] Entwurf (1828), II 6 §§ 10, 13, Abs. 1.

[144] Entwurf (1828), II 6 §§ 10, 12.

[145] Entwurf (1828), II 6 §§ 10, 13, Abs. 2.

[146] Entwurf (1828), II 6 § 11; Motive (1827-30), Bd. 3/I, S. 44; Bayerisches StGB (1813), Art. 355, abgedruckt in Zusammenstellung (1841), Bd. 5, S. 219.

[147] Entwurf (1828), II 6 § 14.

[148] GStA, Rep. 84. II. 4. I, Nr. 2, Bd. 3a, Bl. 24 VS.

[149] Entwurf (1828), II 6 § 12, 2. Halbsatz.

was „Mittel ist zur Befriedigung des Ehrgeizes, der Eitelkeit, der Sinnenlust“[150] einen Beamten korrumpiert. Da Bestechung der „Verkauf“ einer amtlichen Handlung sei, spiele wie bei einem Kaufvertrag die Art des Kaufpreises keine Rolle, wenn er nur zwischen den Parteien vereinbart sei.[151] Diese Ansicht ist in das bayerische Strafgesetzbuch von 1813 eingeflossen.[152] Sie wurde aber von Feuerbach später wieder aufgegeben.[153] Den Vertretern der Gegenansicht, Henke[154] und Buddeus[155] ging diese Ausdehnung zu weit, da so auch Verhaltensweisen, die im sozialen Leben üblich sind, als Bestechungen qualifiziert werden könnten.[156] Außerdem widerspreche diese Ausdehnung dem Gedanken des römischen Rechts.[157]

Die Entscheidung für den immateriellen Vorteilsbegriff geschah auf der Grundlage des landrechtlichen Strafrechts und außerpreußischer Strafgesetzbücher.[158] Kritikern dieser Entscheidung wurde in der Gesetzrevisionskommission 1830 entgegengehalten, daß die Ausdehnung der Strafbarkeit der Bestechung durchaus angemessen sei und daß der Begriff „Vorteile“ nicht so weit gehe wie „Genüsse“, sondern nur solche Zuwendungen umfasse, die einen reellen Wert für jedermann hätten.[159] Damit war der immaterielle Vorteilsbegriff endgültig festgelegt, und anschließend stellte sich die bis heute diskutierte Frage, wie weit der Begriff des Vorteils ausgedehnt werden darf und wo seine Grenzen liegen. Dabei wurde davon ausgegangen, daß „Vorteile“ zwar mehr bedeutet als Vermögensvorteile[160], aber die Lage des Bestochenen objektiv meßbar verbessern müssen.[161] Daran hat sich bis heute nichts geändert.[162]

---

[150] Feuerbach, Themis, S. 210, Lehrbuch, S. 415 („irgend ein Vortheil“).

[151] Feuerbach, Themis, S. 210 f.

[152] Art. 355 des bayerischen StGB („was immer für eines Vortheils“); Der Entwurf des StGB hatte eine weitergehende Fassung („jeden Genuß, wodurch man sich einen Staatsdiener für gegenwärtige oder künftige Amtshandlungen geneigt zu machen sucht“), Gesetzestext und Anmerkung abgedruckt in Zusammenstellung (1841), Bd. 5, S. 219 f.

[153] Feuerbach, Lehrbuch, 11. Auflage, S. 319 („ein nicht gesetzlich erlaubter Gewinn, d.i. ein Vortheil in Ansehung des Vermögens“).

[154] Henke, Handbuch, Bd. 3, S. 366 ff.

[155] Buddeus, Weiske, Rechtslexikon, Bd. 1, S. 241 (Amtsverbrechen).

[156] Henke, Handbuch, Bd. 3, S. 367.

[157] Henke, Handbuch, Bd. 3, S. 367; Buddeus, Weiske, Rechtslexikon, Bd. 1, S. 241 (Amtsverbrechen).

[158] Motive (1827-30), Bd. 3/I, S. 42, wo auch auf das bayerische und sächsische Strafrecht verwiesen wird.

[159] GStA, Rep. 84. II. 4. I, Nr. 2, Bd. 3a, Bl. 18 RS f.

[160] A.A. Temme, Glossen, S. 316 (nur Vermögensvorteile).

[161] Für das PrStGB Goltdammer, Bd. 2, S. 671. Vgl. Schlemmer, S. 12; Bauchrowitz, S. 21, beide m.w.H.

[162] Cramer, Schönke/Schröder, § 331, Rdn. 19 m.w.H.

b) Entwurf von 1833

Im Entwurf Kamptz' von 1833 wurden bestechliche Richter und Verwaltungsbeamte gleich behandelt, da beide das Wohl des Staates und der Bürger gefährden.[163] Aufgegeben wurde ferner die Strafe des Quadruplum; an ihre Stelle trat die Drohung mit Amtsentsetzung und Geldbuße oder Freiheitsstrafe, wenn eine pflichtwidrige Handlung nur versprochen wurde[164], und Kassation und Arbeitshaus, wenn eine pflichtwidrige Handlung tatsächlich begangen worden ist.[165] Nur noch qualifizierte Bestechung sollte strafbar sein, die einfache Vorteilsnahme dagegen nach dem Willen des Ministers nur disziplinarisch geahndet werden. Ein Beamter sei nicht immer in der Lage, angebotene Geschenke zurückzuweisen, ohne den Geber damit zu verletzen.[166] Erst im Plenum des Staatsrats wurde gegen diese Einschränkung der Strafbarkeit eingewandt, daß sich die Rechtswidrigkeit einer Diensthandlung oft nicht eindeutig bestimmen lasse und daß sich auch hinter scheinbar rechtmäßigen Handlungen durchaus betrügerische Absichten verstecken könnten.[167]

c) Bestechungsmittel im Entwurf von 1843

Eine weitere Variation der Bestechung enthielt der Entwurf von 1843, wonach für einfache passive Bestechung Geschenke erforderlich waren[168], während für die qualifizierte Bestechlichkeit die Gewährung anderen Vorteilen ausreichte.[169] Hierfür findet sich weder eine Begründung noch eine spätere Kritik; bereits im revidierten Entwurf von 1845 war auch das Sichversprechenlassen oder die Annahme aller Vorteile auch für rechtmäßige Diensthandlungen wieder strafbar.[170] In späteren Entwürfen hat sich an den Tatbeständen hat sich nichts mehr geändert.[171] Temme forderte 1843 durch bessere Formulierungen deutlich zu

---

[163] Motive (1833), S. 420.
[164] Entwurf (1833), § 669, 1. Fall; (1836), § 764, 1. Fall.
[165] Entwurf (1833), § 669, 2. Fall; (1836), § 764, 2. Fall.
[166] Motive (1833), S. 418 f.
[167] Goltdammer, Bd. 2, S. 669.
[168] Entwurf (1843), § 589.
[169] Entwurf (1843), § 590.
[170] Entwurf (8145), § 371-372.
[171] Einfache passive Bestechung Entwurf (1845), § 372; (1846), § 368; (1847), § 376; (1848), § 217; (1849), Art. 221; (1851), § 281: Geldstrafe oder leichte Freiheitsstrafe und unter Umständen Amtsentsetzung bzw. ab Entwurf (1848) unter Umständen Verlust der bürgerlichen Rechte. Schwere passive Bestechung Entwurf (1845), § 371; (1846), § 367; (1847), § 375; (1848), § 218; (1849), Art. 221; (1851), § 383: schwere Freiheitsstrafe bis zu fünf Jahren und Kassation, bzw. ab Entwurf (1848) der mit der Freiheitsstrafe automatisch verbundene Verlust der bürgerlichen Rechte.

machen, daß schon das Eingehen auf ein Schenkungsversprechen die Strafbarkeit des Beamten begründet.[172]

d) Im PrStGB

Die Rechtslage im PrStGB war folgende: Einfache passive Bestechung wurde nach § 309 mit einer Geldbuße bis zu einhundert Talern oder mit Gefängnis bis zu sechs Monaten bestraft, außerdem konnten dem Täter die Ehrenrechte auf Zeit aberkannt werden. Schwere passive Bestechung wurde nach § 310 mit Zuchthaus bestraft, was automatisch den Verlust der Ehrenrechte und damit des Amtes bedeutete. Lagen mildernde Umstände vor, wurde der Täter mit Gefängnis bestraft, außerdem wurden ihm jedoch die bürgerlichen Rechte auf Zeit aberkannt.

Ein bestechlicher Strafrichter oder Geschworener sollte nach § 312 und § 313 stets mit Zuchthaus bestraft werden, und zwar unabhängig davon, ob die Diensthandlung rechtmäßig war oder nicht. Diese Vorschrift erschien erstmals im Entwurf von 1848[173] und war Art. 181 des code pénal nachgebildet.[174] In den Motiven des Entwurfs von 1851[175] wurde die Vorschrift damit begründet, daß bei Strafrichtern „die gewöhnlichen Strafen nicht ausreichend erscheinen."[176] In allen Vorschriften zur Bestechung im PrStGB ist ausdrücklich angeordnet, daß die Bestechungsmittel an den Fiskus verfallen.

2. Aktive Bestechung

a) Entwürfe bis 1847

Es war Ziel aller Strafrechtsentwürfe, die im Rahmen der Gesetzrevision entstanden sind, die aktive Bestechung mit Strafe zu bedrohen.[177] Nach dem Entwurf von 1828[178] sollte die schwere aktive Bestechung, bei der die intendierte Amtshandlung rechtswidrig war, mit vierwöchigem bis zweijährigem Gefängnis bestraft werden und die einfache mit dem Quadruplum. In den folgenden Entwürfen haben sich zwar die Strafandrohungen geändert, die Tatbestände der aktiven Bestechung jedoch kaum.[179] Nach dem Entwurf von

---

[172] Z.B. Temme, Kritik (1843), Bd. 2, S. 405 f.
[173] Entwurf (1848), § 220; (1849), Art. 224.
[174] Vgl. Goltdammer, Bd. 2, S. 677 f.
[175] Entwurf (1851), § 284.
[176] Motive (1851), S. 68.
[177] Motive (1827-30), Bd. 3/I, S. 48 f.
[178] Entwurf (1828), II 6 § 15
[179] Vgl. i.E. Entwurf (1830), § 498; (1833), § 670; (1836), § 765; (1842), § 580; (1843), § 591; (1845), § 373; (1846), § 369.

1847[180] sollte die einfache Bestechung mit einer Geldbuße bis zu fünfhundert Talern und die schwere mit dem Verlust der bürgerlichen Ehre, Strafarbeit bis zu fünf Jahren und einer Geldbuße bis zu eintausend Talern bestraft werden.

b) Beratung im vereinigten ständischen Ausschuß und Regelungen im PrStGB

Im Gutachten der vorbereitenden Abteilung des vereinigten ständischen Ausschusses wurde 1848 empfohlen, nur die schwere aktive Bestechung unter Strafe zu stellen, da es nicht strafbar sein könne, wenn ein Bürger seiner Forderung nach einer rechtmäßigen Verwaltungshandlung mit einem Geschenk Nachdruck verleiht.[181, 182]

Im Ausschußplenum wurde dieser Vorschlag kontrovers diskutiert. Für die Beibehaltung der Strafbarkeit einfacher aktiver Bestechung wurde vorgebracht, daß die Einwirkung auf amtliche Entscheidungen immer strafbar sein solle, zumal die Rechtswidrigkeit einer Amtshandlung nicht immer feststehe.[183] Savigny wies darauf hin, daß auch der unverheiratete Teilnehmer an einer ehebrecherischen Beziehung bestraft werde, obwohl es nicht seine Ehe sei, die es zu schützen gelte.[184] Die Strafwürdigkeit der einfachen aktiven Bestechung begründete Savigny letztlich damit, daß sie die Teilnahme an einem Sonderdelikt sei, die wegen einer entsprechenden Sondervorschrift strafbar ist.[185] Von dieser Vorstellung ausgehend forderten einige Ausschußmitglieder den völligen Fortfall einer Strafnorm über aktive Bestechung. Vielmehr solle die Vorschrift, wonach sich extrane Teilnehmer an einem Amtsdelikt strafbar machen, auf alle Bestechungsfälle angewandt werden.[186] Zwar sei dann das bloße Anbieten von Geschenken, die vom Beamten zurückgewiesen werden, straflos, da es an einer Haupttat fehle; dies könne aber hingenommen werden.[187]

Die Gegenansicht, der die Mehrheit im Ausschuß anhing, ging davon aus, daß aktive und passive Bestechung selbständige Tatbestände sind. Der Strafgrund der schweren passiven Bestechung sei die Forderung nach einer rechtswidrigen Handlung. Wer von einem Beamten eine rechtmäßige Handlung fordere, könne

---

[180] Entwurf (1847), § 377.

[181] Schon die Staatsratskommission wollte nur die schwere aktive Bestechung bestrafen, da die Strafbarkeit der einfachen Tat zu hart sei; vgl. Entwurf (1842), § 580; Protokolle der Staatsratskommission (1842), S. 460. Der Entwurf von 1843, § 591, kehrte jedoch wieder zur Strafbarkeit der einfachen aktiven Bestechung zurück.

[182] Gutachten zur Vorbereitung, S. 130.

[183] Verhandlungen des ständischen Ausschusses, Bd. 4, S. 477.

[184] Verhandlungen des ständischen Ausschusses, Bd. 4, S. 473.

[185] Vgl. 2. Teil, A. II. 3.

[186] Verhandlungen des ständischen Ausschusses, Bd. 4, S. 474, 476.

[187] Verhandlungen des ständischen Ausschusses, Bd. 4, S. 474.

dagegen nicht strafbar sein, auch wenn dieser Forderung mit Geschenken Nachdruck verliehen wird. Die Pflicht, für Diensthandlungen keine Geschenke zu nehmen, treffe nur den Beamten als solchen.[188] Auch der Vergleich mit dem Ehebruch sei nicht zutreffend, da dessen Strafbarkeit für jedermann offensichtlich sei.[189] Schließlich sei es bei der ärmeren Landbevölkerung durchaus verbreitet, einem Beamten, den man um eine Diensthandlung bittet, kleine Geschenke zu machen, ohne daß damit die Idee von Bestechung verbunden sei.[190]

Im PrStGB war nur schwere aktive Bestechung mit Strafe bedroht, und zwar in § 311 mit Gefängnis bis zu fünf Jahren.[191] Systematisch bleibt der Verzicht auf die Bestrafung einfacher aktiver Bestechung zweifelhaft, da Bestechung immer ein Doppeldelikt ist. Das PrStGB, § 331, Abs. 2, erklärte durch eine Ausnahmevorschrift die Beteiligung an der Verletzung von Sonderpflichten für strafbar.[192] Diese Vorschrift hätte auch auf einfache aktive Bestechung angewandt werden können, da auch ein Beamter, der für eine rechtmäßige Diensthandlung Geschenke annimmt, gegen seine Pflichten verstößt. Für den Fall der einfachen aktiven Bestechung hat der vereinigte ständische Ausschuß eine Ausnahme von dieser Ausnahme beschlossen. In der Sondervorschrift des § 331, Abs. 2, Satz 2, PrStGB wurde ausdrücklich festgelegt, daß sie nicht für die Begründung der Strafbarkeit der einfachen aktiven Bestechung herangezogen werden durfte.

Einfache aktive Bestechung wurde erst durch die Strafrechtsreform von 1974 als Vorteilsgewährung (§ 333 StGB) für strafbar erklärt, sofern der Vorteil für eine Ermessenshandlung gewährt wird.

C. Kassendelikte

Neben Bestechlichkeit nahmen Veruntreuungen durch Beamte einen wesentlichen Platz innerhalb der Amtsdelikte ein. Diese wurden in den Geschäftsberichten der Justiz nach 1836[193] unterteilt in Beleidigungen, sonstige Delikte und „Defecte [unrichtige Rechnungen] und Unterschlagungen“, die in den Jahren von 1836 bis 1850 durchschnittlich 36 % aller Amtsdelikte ausmachten; in absoluten Zahlen heißt dies, daß jährlich rund 174 Verfahren wegen Kassen-

---

[188] Verhandlungen des ständischen Ausschusses, Bd. 4, S. 477.
[189] Verhandlungen des ständischen Ausschusses, Bd. 4, S. 475.
[190] Verhandlungen des ständischen Ausschusses, Bd. 4, S. 477.
[191] Vgl. auch Entwurf (1849), § 219; (1849), Art. 223; (1851), § 283.
[192] Vgl. 2. Teil, A. II. 3.
[193] GStA, Rep. 84, Nr. 10107-10116, 10121-10122.

delikten eingeleitet wurden.[194] Die Vielzahl der Versuche von Beamten, sich auf Kosten des Staates zu bereichern, mag auf die als gering empfundenen Einkommen[195] der unteren Beamten zurückzuführen sein. Jedoch geht aus den Berichten der Justizverwaltung nicht hervor, ob Unterschlagungen bei unteren Beamten besonders häufig vorkamen.

I. Vor dem ALR

1. Crimen de residuis

Im Gegensatz zu ihrer praktischen Bedeutung wurde der Tatbestand der Unterschlagung in der Strafrechtswissenschaft des ausgehenden 18. und des 19. Jahrhunderts wenig beachtet, da das römische Recht kein Vorbild der Unterschlagung kannte. Dort gab es den peculatus, die Wegnahme[196] öffentlichen Eigentums, der als Unterfall des Diebstahls mit einer Kapitalstrafe geahndet wurde.[197] Der peculatus sollte jedoch nicht auf Beamte, die öffentliches Vermögen verwalteten, angewandt werden.[198] Diese machten sich wegen des crimen de residuis, das wie der peculatus nur öffentliches Eigentum als Tatobjekt kannte[199], strafbar. Sein Tatbestand war weit gefaßt und umfaßte jede instruktionswidrige Verwaltung öffentlicher Gelder, ohne daß dafür eine besondere Absicht erfordert wurde.[200] Hierzu gehörten beispielsweise die verspätete Ablieferung eingenommener Gelder an die Staatskasse oder die zweckwidrige Verwendung öffentlichen Vermögens.[201] Nach herrschender

---

194 Extremzahlen: 250 im Jahr 1837, 139 im Jahr 1841.

195 Die Einkommen der Subalternbeamten waren zu Beginn des 19. Jhdts. in der Tat sehr gering. Sie reichten oft nicht aus, das Existenzminimum zu sichern, weshalb 1800 auch Subalternbeamte berechtigt waren, staatlich subventionierte Lebensmittel zu beziehen. Erst nach 1825 besserte sich die wirtschaftliche Lage der Subalternbeamten. Richtern und anderen akademisch gebildeten Beamten wurden in den ersten Jahrzehnten des 19. Jhdts. bezogen auf die gesamte Gesellschaft sehr hohe Einkommen gezahlt. Diese Spitzenposition wurde ihnen seit den vierziger Jahren vom aufstrebenden Bürgertum streitig gemacht. Vgl. Kübler, S. 12 ff., 85 ff.; Hodenberg, S. 59 ff.; Lotz, S. 208; alle mit Zahlenbeispielen.

196 I.E. Brackenhoeft, Roßhirts Zeitschrift, Bd. 3, I, S. 93.

197 Mommsen, S. 769 f.

198 Marezoll, S. 326.

199 Roßhirt, NArchCrimR, Bd. 10 (1828/29), S. 454, 461, 466. Für das crimen de residuis Kleinschrod, ArchCrimR (1800), Bd. 3, H. 3, S. 106 f. m.w.H. Umstritten war, inwieweit das Privatvermögen des Regenten taugliches Objekt des crimen de residuis sein konnte, vgl. Abegg, Lehrbuch, S. 643 m.w.H.

200 Z.B. Kleinschrod, ArchCrimR, Bd. 3 (1800), H. 3, S.108.

201 Martin, S. 599 f.

Ansicht war das crimen de residuis erst vollendet, wenn bei der Rechnungslegung oder bei einer Kassenrevision ein Defekt festgestellt wurde.[202]

2. Ergänzung des römischen Strafrechts

Weil jede instruktionswidrige Verwendung von Geldern und nicht nur deren Veruntreuung den Tatbestand des crimen de residuis erfüllte, war dessen Strafe vergleichsweise milde; der Täter hatte ein Drittel[203] des zweckwidrig verwalteten Geldes zu zahlen. Da diese Strafen in der Neuzeit für Unterschlagungen öffentlicher Gelder zu gering erschienen, halfen sich einige Vertreter des gemeinen Rechts mit der Anwendung des peculatus oder wenigstens seiner Strafen auch bei Unterschlagungen.[204] Da dies jedoch dem römischen Recht widersprach[205], wurden in vielen Territorialgesetzgebungen des 18. Jahrhunderts neue Tatbestände aufgestellt.[206] In Preußen geschah dies mit dem Kassenedikt vom 30. Mai 1769[207], dessen Vorschriften zum Vorbild der landrechtlichen Gesetzgebung wurden.

II. Im ALR[208]

Das ALR unterscheidet: §§ 409-442 II 20 ALR kamen grundsätzlich nur für Finanzbeamte in Frage.[209] Für alle übrigen Beamten galten die §§ 443-452 ff.

---

[202] Kleinschrod, ArchCrimR, Bd. 3 (1800), H. 3, S. 111 ff. Nach Kleinschrod, Entwurf, § 719, wurde nur eine versuchte Unterschlagung angenommen, wenn zu einer bestimmten Frist das öffentliche Vermögen vollständig abgeliefert wurde. Hiergegen Feuerbach, Kritik, Bd. 2, S. 71: „Diese Gesetze gehen eigentlich von dem Spartanischen Grundsatz aus: stehlt, nur laßt euch nicht ertappen!“

[203] Tertium Partium, was Feuerbach, Lehrbuch, 11. Auflage, S. 324, als Triplum auslegte; hiergegen die Mehrheit des gemeinen Strafrechts, z.B. Roßhirt, NArchCrimR, Bd. 10 (1828/29), S. 461 f.; Henke, Handbuch, Bd. 3, S. 543; alle m.w.H. Nach Abegg, System, S. 270, war der Verlust des Amtes und der gezahlten Amtskaution die regelmäßige Strafe, diese weiche allerdings vom gemeinen Recht ab.

[204] Vgl. Stock, S. 66 m.w.H. Nach Dorn, Bd. 1, S. 738, wurden peculat und crimen de residuis in der Praxis nicht unterschieden.

[205] Marezoll, S. 326

[206] Z.B. Codex Juris Bavarici Criminalis von 1751, I 9, § 5 Der Unklarheit, die in dieser Materie offenbar bis ins 19. Jhdt. hinein herrschte, versuchte z.B. Hertel, NArchCrimR, Bd. 12 (1830/32), S. 108 ff., 225 ff. mit einem ausführlich begründeten Entwurf einer Kassenordnung abzuhelfen.

[207] NCC, Bd. 4, Sp. 5807 ff.

[208] Neben den dargestellten Tatbeständen enthielt das landrechtliche Strafrecht eine Vielzahl weiterer Tatbestände. Vor allem gegen Kassenkontrolleure, die ihre Aufsichtspflicht nicht angemessen wahrgenommen haben, § 437 ff. II 20 ALR (die Vorschriften gegen Kassenaufseher wurden im Entwurf Quistorps, § 242, als Präventionsmittel bezeichnet). Außerdem haften Kassenbeamte für fahrlässig verursachte Schäden, §§ 433 ff.

[209] O.V., Glossen, 32 f. m.w.H.

Diese wurden aus dem Amt entfernt, wenn sie öffentliche Gelder unterschlagen hatten; daneben hatten sie das Vierfache der unterschlagenen Summe als Geldstrafe zu zahlen. In der Praxis wurden aber auch die Straftatbestände der Kassenbeamten auf alle Beamte angewandt.[210] Das landrechtliche Strafrecht stimmte mit dem älteren Recht insoweit überein, als nur öffentliche Gelder als Tatobjekt dieser Delikte in Frage kamen. Für die untreue Verwaltung gerichtlich hinterlegter Gelder und Sachen gab es Sondervorschriften (§§ 377-380 II 20 ALR), die aus der Depositalordnung von 1783[211] entnommen wurden, und die im Falle der Veruntreuung auf die Vorschriften über Unterschlagung staatlicher Gelder verwiesen.

1. Verkürzung staatlicher Einkünfte

Das römische crimen de residuis hat sich in verschiedenen Einzeltatbeständen niedergeschlagen: Wer den Staat bei der Berechnung oder Erhebung von Steuern vorsätzlich schädigte, wurde aus dem Amt entfernt und mußte das Vierfache des Schadens als Geldstrafe zahlen, § 410. Handelte der Beamte dabei eigennützig, wurde er gemäß § 411 außerdem zu einer Freiheitsstrafe verurteilt. Kassenbeamte, die eingenommene Gelder nicht unverzüglich an die Kasse ablieferten, hatten dafür sechs Prozent Zinsen zu zahlen (§ 418).

2. Privatgebrauch von Kassengeldern

Ebenfalls aus dem crimen de residuis wurde § 419 II 20 ALR entwickelt. Danach wurde ein Beamter mit der Entfernung aus dem Amt bestraft, wenn er öffentliche Gelder zu seinem Privatnutzen verwandte, sie zum Beispiel gegen Zinsen an Dritte verlieh.[212] Eine § 419 entsprechende Vorschrift fehlte im Entwurf von 1786. Mit der neuen Vorschrift sollte Beamten die Schutzbehauptung unmöglich gemacht werden, sie hätten das bei ihnen gefundene Geld der Kasse erstatten wollten.[213]

3. Unterschlagung

Die eigentlichen Unterschlagungstatbestände, vor allem §§ 420-422, entsprachen § 5 des Kassenedikts von 1769. § 420 enthielt eine Legaldefinition der Unterschlagung, die beging, wer der ihm anvertrauten Kasse Gelder entzog in

---

[210] Motive (1827-30), Bd. 3/I, S. 17.

[211] NCC, Bd. 7, Sp. 2167 ff. § 377 II 20 ALR entspricht wortgleich Titel 1, § 43, Satz 1 der Depositalordnung. Die Strafen wegen untreuer Verwaltung der Deposita waren allerdings milder als die Strafen der untreuen Kassenbeamten.

[212] Vgl. Motive (1827-30), Bd. 3/I, S. 102.

[213] Vgl. Monitum des Instruktionssenats des Kammergerichts; GStA Rep. 84, Abt. XVI, Nr. 7, Bd. 55, Bl. 77 RS, und 3. Teil, C. II. 4. a).

der Absicht, dem Staat Schaden zuzufügen. Hatte der Täter mehr als fünfzig Taler veruntreut, verlor er nach § 422 sein Amt und wurde mit einer zwei- bis vierjährigen Zuchthaus- oder Festungsstrafe bestraft. Die Freiheitsstrafe wurde in diesen Fällen um die Hälfte verlängert, wenn der Beamte versucht hat, die Unterschlagung durch Verfälschungen in der Rechnungsführung zu verschleiern, § 423; diese Qualifikation der Unterschlagung wurde auch im PrStGB beibehalten. Veruntreute der Täter fünfzig Taler oder weniger, sollte er gemäß § 421 nur als unfähig aus dem Amt entfernt werden. Auf jeden Fall konnte die Strafe wegen Unterschlagung nach § 425 bis zur Todesstrafe geschärft werden, wenn der Täter versucht hat, mit den unterschlagenen Geldern zu fliehen. Hitzig hat 1826 jedoch darauf hingewiesen, daß es dazu nie gekommen ist.[214]

Die vollkommen unterschiedliche Behandlung zweier Beamter, von denen einer fünfzig und der andere einundfünfzig Taler veruntreut hat, wurde schon während der Kodifikation beklagt. Während jener nur sein Amt verlor, hatte dieser außerdem eine mehrjährige Freiheitsstrafe zu verbüßen.[215] Dieses als berechtigt anerkannte Monitum[216] blieb unberücksichtigt und wurde in den zwanziger Jahren des 19. Jahrhunderts in den Gutachten der Oberlandesgerichte wiederholt.[217] Zwar waren derartige Strafbarkeitssprünge im gemeinen Recht nicht unüblich[218], jedoch sind gerade diese Vorschriften ein Beispiel dafür, daß die Monita bei der Endredaktion des Strafrechts nicht berücksichtigt wurden.

Einen allgemeinen Tatbestand der Unterschlagung wie § 225 PrStGB oder § 246 StGB kannte das landrechtliche Strafrecht nicht, sondern nur die Unterschlagung durch bestimmte Personengruppen, wie Dienstboten oder Pfandinhaber[219]; diese Taten wurden als Diebstahl bestraft.[220] Innerhalb des landrechtlichen Strafrechts waren nur die §§ 420 ff. eigenständige Unterschlagungstatbestände.

---

214 GStA, Rep. 84. II. 4. I, Nr. 1, Bd. 3, Bl. 68 VS.

215 GStA, Rep. 84, Abt. XVI, Nr. 7, Bd. 54, Bl. 11 VS f. Monita des westpreußischen Hofgerichts.

216 GStA, Rep. 84, Abt. XVI, Nr. 7, Bd. 78 a, Bl. 409 RS.

217 GStA, Rep. 84. II. 4. I, Nr. 1, Bd. 2, Bl. 115 VS; ebd. Bd. 3, Bl. 61 RS ff.

218 Vgl. z.B. Codex Juris Bavarici Criminalis von 1751, I 9, § 5. Quistorp, Entwurf, § 239, setzte die Grenze zwischen einfacher und schwerer Unterschlagung bei 100 Talern fest.

219 Näher bei Goltdammer, Bd. 2, S. 499.

220 Vgl. Karolina, Art. 170.

4. Abgrenzung von Privatgebrauch öffentlicher Gelder und Unterschlagung

a) In der Kodifikation des ALR

§ 419 II 20 ALR fehlte im Entwurf von 1786, in dem nur festgelegt war, daß unterschlagene oder mißbräuchlich verwandte Gelder verzinst werden müssen.[221] Die wirklichen Strafnormen des Entwurfs[222] entsprachen §§ 420, 421 II 20 ALR. Der Instruktionssenat des Kammergerichts forderte klarzustellen, daß jeder Beamte, der Gelder nur zwischenzeitlich für sich verwendet, die Vermutung der Zueignungsabsicht gegen sich haben solle, da der Nachweis dieser Absicht außerordentlich schwierig sei.[223]

Diesem Einwand kam das Gesetz nicht nach, es wurde aber §§ 419 eingefügt. Nun war es im Grunde gleich, ob ein Täter höchstens fünfzig Taler nur zwischenzeitlich verwenden wollte oder ob er sich diese Summe dauerhaft zueignen wollte, denn das Strafmaß war in § 419 und 420 weitgehend gleich. Zwar wurde ein Beamter nach § 421 zusätzlich amtsunfähig, aber auch die Chancen eines wegen § 419 verurteilten Beamten, wieder in den Staatsdienst eingestellt zu werden, dürften gering gewesen sein. Bedeutende Unterschiede in der Bestrafung ergaben sich, wenn es um mehr als fünfzig Taler ging, denn nur wenn der Beamte diese Summe für sich behalten wollte, konnte er zu einer Zuchthaus- oder Festungsstrafe verurteilt werden.

b) In der Rechtsprechung

Dieser Unterschied von § 419 II 20 ALR und §§ 420 ff. wurde in der preußischen Rechtsprechung jedoch nicht immer berücksichtigt.

aa) Anwendung von § 419 II 20 ALR

Einige Gerichte wandten § 419 an, wenn eine Kasse bei der Revision vollständig war, aber herausgekommen ist, daß der Beamte zwischenzeitlich Gelder für sich verwandt hat. Diese Fälle wurden nur mit dem Verlust des Amtes bestraft, und zwar unabhängig von der Höhe des entnommenen Betrags.[224] War eine Kasse bei der Revision unvollständig, wurde der Beamte auf jeden Fall nach §§ 420 ff. verurteilt, und zwar nach § 422 mit einer mehrjährigen Freiheitsstrafe, wenn mehr als fünfzig Taler in der Kasse fehlten.

---

[221] § 369 I III 8 Entwurf (AGB).
[222] § 370, 371 I III 8 Entwurf (AGB).
[223] Vgl. GStA, Rep. 84, Abt. XVI, Nr. 7, Bd. 55, Bl. 77 RS.
[224] Protokolle der Staatsratskommission (1842), S. 468 f.; Goltdammer, Bd. 2, S. 691 f.

Aber auch die Gerichte, die § 419 überhaupt anwandten, gingen strenger vor als das gemeine Strafrecht, wo der Tatbestand des crimen de residuis nur erfüllt war, wenn die Kasse bei der Revision unvollständig war.[225] Zwar unterschieden die preußischen Gerichte, welche § 419 anwandten, grundsätzlich zwischen der endgültigen und der zeitweisen Entnahme von Kassengeldern, sie haben aber dem preußischen Beamten nicht die Freiheit gelassen wie das gemeine Recht, wo ein Beamter mit Kassengeldern nach Belieben umgehen konnte, solange nur die Kasse bei der Revision vollständig war. Die Kasse eines preußischen Beamten hatte dagegen zu jeder Zeit vollständig zu sein.

bb) Keine Anwendung von § 419 II 20 ALR

Die Mehrzahl der preußischen Gerichte verzichtete auf die Reste des crimen de residuis völlig und wandte nur §§ 420 f. an.[226] Das einzige Kriterium bei der unterschiedlichen Strafzumessung war danach die Höhe der mißbrauchten Summe. Nach dieser Gesetzesanwendung gab es nur noch den modernen Tatbestand der Unterschlagung, das antike crimen de residuis hatte ausgedient.

5. Erwerbsdetention

Auf jeden Fall hatten Beamte nach § 424 II 20 ALR den durch ihre Taten entstandenen Schaden zu ersetzen; waren sie dazu nicht imstande, sollten sie nach Verbüßung der Strafe „bis zum Ersatze des Schadens, allenfalls auf Lebenszeit, zur öffentlichen Arbeit angehalten werden." Diese sogenannte Erwerbsdetention muß unterschieden werden von der in § 5 II 20 ALR angedrohten Maßnahme, wonach Gewohnheitsdiebe im Anschluß an die Strafverbüßung solange festgehalten wurden, bis sie die Möglichkeit ehrlichen Unterhalts nachweisen konnten.[227] Bei der Erwerbsdetention gegen Beamte ging es nicht wie bei Dieben um Besserung, sondern um die Wiedergutmachung eines angerichteten Schadens. Außer in § 424 wurde in § 341 II 20 ALR jedem Beamten, der einen durch eine vorsätzliche Pflichtwidrigkeit angerichteten Schaden nicht ersetzen konnte, die Erwerbsdetention angedroht.

Gegen diese Maßnahme gab es bereits in der Kodifikation des landrechtlichen Strafrechts Widerstand. Der Gutachter der Magdeburger Stände bezweifelte, daß in Anbetracht des Zustands der Zuchthäuser am Ende des 18. Jahrhunderts die Erwerbsdetention erfolgversprechend sein könne; vielmehr werde der Beamte

---

[225] Kleinschrod, ArchCrimR, Bd. 3 (1800), H. 3, S. 111 ff.

[226] Protokolle der Staatsratskommission (1842), S. 468 f.; Goltdammer, Bd. 2, S. 691 f.

[227] Diese Maßnahme geht auf Klein zurück. Durch die Verordnung von 1799 wurde die Erwerbsdetention nicht mehr neben der Strafe angeordnet, sondern bestimmt, daß die Strafe bis zum Erwerbsnachweis ausgedehnt werden sollte; damit setzte sich eine spezialpräventive Straftheorie durch, vgl. Naucke, Das nachfriderizianische Preußen, S. 238 ff.

dem Staat für die Dauer seines Lebens Kosten verursachen.[228] Eben diese Gründe führten zur Aufgabe der Erwerbsdetention durch die Kabinettsordre vom 15. Oktober 1803.[229] 1826 wies Götze als Gutachter für sein Oberlandesgericht noch einmal darauf hin, daß diese Maßnahme in der Provinz Magdeburg nie angeordnet worden sei, schon weil es an entsprechenden Einrichtungen fehle. Außerdem sei die Erwerbsdetention ungerecht, weil sie den armen Beamten treffe, der aus Not zu seiner Tat getrieben worden sei, aber den reichen Täter, dessen Motive oft verwerflicher seien, ungeschoren lasse.[230] In den Strafrechtsentwürfen seit 1828 spielte die Erwerbsdetention keine Rolle mehr.[231]

III. In der Gesetzrevision

In der Gesetzrevision wurden nur noch vorsätzliche Mißbräuche von Kassengeldern als strafbar angesehen.[232] Die neuzuschaffenden Tatbestände sollten auf alle Beamte, nicht nur auf Kassenbeamte angewandt werden.[233] Diese Gleichbehandlung ist Ausdruck eines einheitlichen Beamtenbildes, das sich seit Einführung einer für alle Beamten gleichen Diensteidesformel 1799[234] den Weg gebahnt und sich in den zwanziger Jahren durchgesetzt hatte.[235] Objekt der neuen Tatbestände sollten nicht mehr nur Gelder und Sachen im Staatseigentum sein, sondern alle dem Beamten amtlich anvertrauten[236] Gelder und Sachen. Daher konnten die Vorschriften über die untreue Verwaltung gerichtlich hinterlegter Sachen entfallen.[237]

Die ersten Entwürfe kannten noch spezielle Strafvorschriften über die für den Staat unvorteilhafte Berechnung von Abgaben und die verspätete Ablieferung eingenommener Gelder.[238] Bischoff verzichtete in seinem Entwurf von 1845 auf entsprechende Vorschriften, da die wenigen Fälle, in denen nicht Strafvorschriften über Unterschlagung oder Bestechung konkurrierten, disziplinarisch geahndet werden könnten.[239] Der Tatbestand über verspätete

---

[228] Vgl. GStA, Rep. 84, Abt. XVI, Nr. 7, Bd. 78 a, Bl. 98 VS.
[229] Abgedruckt in: Gräff/Rönne/Simon, Bd. 6, S. 331.
[230] GStA, Rep. 84. II. 4. I, Nr. 1, Bd. 2, Bl. 110 VS f.
[231] Vgl. Motive (1827-30), Bd. 3/I, S. 33.
[232] Motive (1827-30), Bd. 3/I, S. 108.
[233] Motive (1827-30), Bd. 3/I, S. 92 f.; Motive (1833), S. 431.
[234] Verordnung vom 26. Oktober 1799, NCC, 10, Sp. 2663 ff.
[235] Vgl. Motive (1828-30), Bd. 3/I, S. 17.
[236] Auch der seit dem Entwurf von 1830 bestehende allgemeine Unterschlagungstatbestand war auf Fälle der Veruntreuung beschränkt, vgl. Goltdammer, Bd. 2, S. 499.
[237] Motive (1827-30), Bd. 3/I, S. 93.
[238] Vgl. Entwurf (1828), II 6 §§ 36; (1830), § 517; (1833), 689; (1836), § 784; (1842), §§ 595, 597; (1843), §§ 606, 608.
[239] Revision (1845), Bd. 3, S. 112 f., 114.

Ablieferung von Kassengeldern war außerdem vollkommen unverständlich.[240] Im Mittelpunkt bei der Gestaltung der Kassenverbrechen stand jedoch die Frage, ob überhaupt noch ein Rest des crimen de residuis beibehalten werden sollte oder ob sich Beamte regelmäßig wegen Unterschlagung strafbar machten, wenn sie anvertraute Gelder oder Sachen entnommen haben.

1. Entwurf Bodes von 1828

Bode unterschied in seinem Entwurf untreue Verwaltung[241], Unterschlagungen[242] sowie die mißbräuchliche Verwendung anvertrauter Sachen und Gelder.[243] Hatte der Täter Geld zu seinem Privatnutzen verwandt, ohne es dauerhaft behalten zu wollen, wurde er mit Amtsentsetzung bestraft und hatte das Doppelte des aus der mißbräuchlichen Verwendung gemachten Gewinns zu zahlen.[244] Diese vergleichsweise milde Vorschrift konnte jedoch nur angewandt werden, wenn der Täter in der Lage war, den Schaden auf der Stelle zu ersetzen. Konnte er dies nicht, wurde er wegen Unterschlagung bestraft.[245]

Bei der Unterschlagung wurde wie im ALR unterschieden, ob der Täter fünfzig Taler oder mehr unterschlagen hatte.[246] Die Strafen hatten jedoch fließende Übergänge. Hatte der Beamte mehr als fünfzig Taler unterschlagen, wurde er mit Zuchthaus von zwei bis zu acht Jahren[247] bestraft, was automatisch die Kassation bedeutete. In den übrigen Fällen wurde der Täter zu einer Arbeitshausstrafe, die höchstens vier Jahre dauern konnte[248], verurteilt; daneben wurde der Beamte kassiert.

2. Entwurf der Gesetzrevisionskommission

In der Gesetzrevisionskommission wurde 1830 die Unterscheidung von Unterschlagung und bloß vorübergehender Verwendung amtlicher Gelder aufgegeben.[249] Die Kommission hatte erstmals einen allgemeinen für jedermann geltenden Unterschlagungstatbestand geschaffen.[250] Bei diesem Tatbestand

---

240 In § 608 des Entwurfs von 1843 wurde ein Beamter mit Strafe bedroht, der einem Bürger Zahlung an die Staatskasse verspricht und Geld gegen Quittung von diesem nimmt, aber die Zahlung nicht leistet. Vgl. Revision (1845), Bd. 3, S. 114; Motive (1847), S. 135 f.

241 Entwurf (1828), II 6 § 36.

242 Entwurf (1828) II 6 §§ 37-39.

243 Entwurf (1828), II 6 § 40.

244 Entwurf (1828), II 6 § 40.

245 Entwurf (1828), II 6 § 41.

246 Entwurf (1828), II 6 § 37.

247 Vgl. Entwurf (1827), § 16.

248 Vgl. Entwurf (1827), § 24.

249 GStA, Rep. 84. II. 4. I., Nr. 2, Bd. 3 a, Bl. 41 RS ff.

250 Entwurf (1830), § 518, vgl. Goltdammer, Bd. 2, S. 499.

konnte zwar die Strafe gemildert werden, wenn der Täter das weggenommene Gut sofort ersetzte[251], grundsätzlich wurde aber auch die vorübergehende Wegnahme unter diesen Tatbestand subsumiert. Er wurde auch in die Amtsdelikte übernommen, da die Kommission keinen Anlaß sah, Beamte anders zu bestrafen als alle übrigen Straftäter; damit blieb kein Raum mehr für die Unterscheidung von vorübergehender Verwendung und endgültiger Entziehung von Geldern.

3. Entwurf Kamptz' von 1833

Der Entwurf Kamptz' von 1833 trennte wieder die bloß zwischenzeitliche Verwendung von Geldern und deren dauerhafte Unterschlagung.[252] Bemerkenswert war, daß Täter, die anvertraute Gelder zum Privatnutzen verwandten, nur mit Gefängnis von vier Wochen bis zu zwei Jahren bestraft wurden, ohne daß der Täter sein Amt automatisch verloren hätte.[253] Konnte der Täter den Schaden auf der Stelle ersetzen, wurde seine Tat sogar nur disziplinarisch verfolgt. Dieser Regelung lag die Ansicht zugrunde, daß die meisten Beamten durch Gelegenheit zur Entnahme von Kassengeldern gereizt würden.[254] Werde der angerichtete Schaden sofort ersetzt, sei ein Strafverfahren überflüssig, weil der Täter gegebenenfalls auch auf dem Disziplinarwege aus dem Amt entfernt werden könne.[255] Kamptz war sich bewußt, daß diese Vorschriften vor den Augen der Strafrechtsdogmatik keinen Bestand haben können; nach eigener Aussage hat sich der Minister bei der Abfassung von praktischen Gesichtspunkten leiten lassen.[256] Praktische Gesichtspunkte hieß: dienstliche Vorgänge, die wegen des prompten Schadensersatzes keine gravierenden Auswirkungen hatten, durch die Verwaltung selber zu klären und diese ein weiteres Mal der Kontrolle durch die Justiz zu entziehen.

4. Entwürfe ab 1842

a) Aufgabe des crimen de residuis

Den Debatten in der Staatsratskommission lag ein Fall aus dem Jahr 1838 zugrunde, in dem ein Beamter von der Anklage der Veruntreuung freigesprochen wurde, weil er behauptet hatte, daß er von vornherein die Absicht hatte, das aus der Kasse entnommene Geld zu ersetzen. Daher beschloß die

---

[251] Entwurf (1830), § 519.

[252] Entwurf (1833), §§ 690, 692; (1836), §§ 785, 787. In Kamptz' Entwürfen war auch der allgemeine Tatbestand der Unterschlagung entsprechend abgewandelt worden, vgl. Motive (1833), S. 432.

[253] Entwurf (1833), § 692; (1836), § 787.

[254] Motive (1833), S. 433.

[255] Motive (1833), S. 433.

[256] Motive (1833), S. 434.

Staatsratskommission 1842[257] gegen die Empfehlung Kamptz'[258], daß der Unterschied zwischen der bloßen Verwendung von Kassengeldern zum Privatnutzen und deren absichtlicher Veruntreuung aufgegeben werden soll. Damit der wesentliche Überrest[259] des crimen de residuis, der in den Entwürfen Bodes und Kamptz' noch erhalten war, endgültig aus dem Strafrecht getilgt. Mit der Aufgabe des eigenen Tatbestandes der nur vorübergehenden Verwendung von Kassengeldern sollte der Unterschied zwischen endgültiger und vorübergehender Entnahme von Kassengeldern eine Beweis- und Strafzumessungsfrage werden. Im Staatsratsentwurf von 1843[260] wurde klargestellt, daß die Absicht, das entnommene Geld zurückzuerstatten, niemals die Strafbarkeit wegen Unterschlagung ausschließen soll.

b) Beweis der Zueignungsabsicht

Seit dem Kommissionsentwurf wurde mit einer Klausel experimentiert, wonach die Zueignungsabsicht des Beamten regelmäßig vermutet wurde, wenn sich ihm anvertraute Gelder nicht in seinem amtlichen Gewahrsam befanden, „es sei denn daß aus den Umständen ein Anderes erhellte."[261]

Vor allem die gesetzliche Vermutung für eine Unterschlagung im Entwurf von 1847[262] wurde im vereinigten ständischen Ausschuß angegriffen. Bereits das Gutachten zur Vorbereitung der Ausschußsitzungen[263] hatte deren Fortfall empfohlen, da es allein die Aufgabe des Tatrichters sei, sich von den Tatumständen zu überzeugen.

Die Minderheit im Ausschußplenum wies auf die Nützlichkeit dieser Vorschrift hin, da es immer schwer sein werde, eine subjektive Absicht des Täters zu beweisen.[264] Dem widersprachen auch die Gegner der gesetzlichen Vermutung nicht. Allein die Nützlichkeit der Präsumption sei aber noch kein Grund für ihre Beibehaltung im Strafgesetzbuch.[265] Ein Ausschußmitglied äußerte, wenn ein Beamter nachweislich empfangenes Geld nicht mehr hat, sei der Schluß auf eine

---

[257] Protokolle der Staatsratskommission (1842), S. 467 f.
[258] Protokolle der Staatsratskommission (1842), S. 468.
[259] Vgl. aber den Tatbestand über das verspätete Ablieferung eingenommener Gelder, Entwurf (1842), §§ 595, 597; (1843), §§ 606, 608.
[260] Entwurf (1843), § 607, Abs. 2.
[261] Entwurf (1842), § 596, Abs. 3; vgl. Protokolle der Staatsratskommission (1842), S. 469 f.; vgl. auch Entwurf (1843), § 607; (1845), § 389; (1846), § 386.
[262] Entwurf (1847), § 394.
[263] Gutachten zur Vorbereitung, S. 133.
[264] Verhandlungen des ständischen Ausschusses, Bd. 4, S. 510.
[265] Verhandlungen des ständischen Ausschusses, Bd. 4, S. 511.

Unterschlagung auch ohne gesetzliche Vermutung zwingend.[266] Eine Ausnahme davon, etwa der Diebstahl durch einen Dritten, müsse der Beamte selber beweisen.[267]

5. Im PrStGB

Das PrStGB ging bei der Vermutung von Tatsachen einen gemischten Weg. Die Tathandlung des § 324 PrStGB[268] ist unterschlagen, also zum Nachteil des Eigentümers, Besitzers oder Inhabers veräußern, verpfänden, verbrauchen oder beiseite schaffen.[269] Dagegen fehlt im PrStGB sowohl die Vorschrift, daß eine Rückerstattungsabsicht die Strafbarkeit wegen Unterschlagung nicht ausschließt als auch die Präsumtion der Zueignungsabsicht. Diese ist immer gegeben, wenn die Tathandlung des Unterschlagens stattgefunden hat; aus dem bloßen Nichtvorhandensein einer Sache kann dagegen noch nicht auf die Zueignungsabsicht geschlossen werden.[270]

Nach §§ 324 f. PrStGB wurde die Unterschlagung durch einen Beamten mit Gefängnis[271] von mindestens sechs Monaten und zeitweiser Untersagung der Ausübung der öffentlichen Ehrenrechte und Ämter geahndet. Hatte der Täter außerdem Rechnungsunterlagen verfälscht, wurde er nach § 325 mit Zuchthaus von drei bis zehn Jahren bestraft, was den Verlust der Ehrenrechte mitumfaßte.[272] Die Strafen des allgemeinen Unterschlagungstatbestandes, §§ 225, 227, waren weitaus milder. Danach wurde der Täter mit mindestens einem Monat Gefängnis und dem zeitweisen Verlust der Ehrenrechte bestraft; diese Strafe kann bis auf einen Tag Gefängnis gemildert werden.[273] Erst durch die Strafrechtsreform von 1974 wurde der besondere Tatbestand der Amtsunterschlagung aufgegeben und § 246 StGB auch auf Beamte angewandt.

---

[266] Verhandlungen des ständischen Ausschusses, Bd. 4, S. 511.
[267] Verhandlungen des ständischen Ausschusses, Bd. 4, S. 511.
[268] vgl. auch Entwurf (1848), § 234; (1849), Art. 237; (1851), § 296.
[269] § 225 StGB.
[270] Goltdammer, Bd. 2, S. 693.
[271] Nach § 14 PrStGB war Gefängnisstrafe auf fünf Jahre beschränkt.
[272] Vgl. auch Entwurf (1828), II 6 § 38; (1830), § 520; (1833), 691; (1836), § 786; (1842), § 598; (1843), § 609; (1845), § 390; (1846), § 387; (1847), § 395; (1848), § 235; (1849), Art. 239; (1851), § 297.
[273] Durch die Staatsratskommission wurde nach dem Vorbild Darmstadts erstmals der Tatbestand der Briefunterdrückung, Entwurf (1842), § 599, bzw. (1843), § 610, formuliert, der zunächst nur gelten sollte, wenn die fraglichen Briefsendungen keinen materiellen Wert haben. In der Revision des Entwurfes von 1843 wurde dieser Tatbestand zu einem Spezialtatbestand für Postbeamte umformuliert, Entwurf (1845), § 391; vgl. Goltdammer, Bd. 2, S. 698 f.; vgl. auch Entwurf (1846), § 388; (1847), § 396; (1848), § 238; (1849), Art. 242; (1851), § 300 und § 328 PrStGB.

D. Rechtspflegedelikte

I. Vor dem ALR

Seit Gesellschaften die Entscheidung von Streitigkeiten und die Beurteilung sozial unerwünschter Handlungen an übergeordnete Instanzen delegiert haben, sind diese zur „Objektivität“ verpflichtet. Bereits das alte Testament warnte an verschiedenen Stellen Richter vor ungerechten Urteilen, ohne eine Strafdrohung auszusprechen.[274]

1. Römisches Recht

Im römischen Recht wurden Verletzungen der Richterpflicht vor allem als Verletzungen privater Rechtsgüter bewertet.[275] Die lex cornelia de sicariis aus dem Jahr 81 v. Chr. drohte einem Richter, der einen Unschuldigen hinrichten ließ, die Todesstrafe an. Bürger, die durch einen Richter mißhandelt wurden, waren auf die Injurienklage angewiesen. Verletzungen der richterlichen Pflicht wurden nicht unter Sondertatbestände, sondern unter die allgemeinen Tatbestände subsumiert. Der Richter wurde wegen Mordes (crimen inter sicarios) oder wegen Beleidigung belangt.[276] Erst in der späten Kaiserzeit wurden manche Verletzungen richterlicher Pflichten als falsum, also als Beschädigung des öffentlichen Vertrauens geahndet.[277]

2. Fränkische Volksrechte und mittelalterliche Rechtsbücher

Die fränkischen Volksrechte enthielten Vorschriften gegen ungerechte Urteile[278] und Rechtsverweigerung[279], die ausschließlich die Interessen des Verletzten, der sich vor allem durch Rüge der ungerechten Entscheidung wehren konnte, schützten. Die Strafen der Richter richteten sich nach dem angerichteten Schaden.[280] Diese Erfolgshaftung[281] wurde in den mittelalterlichen Rechtsbüchern gelockert.[282] Im Sachsenspiegel war die Haftung eines Richters ausgeschlossen, wenn er bei der Urteilsfindung gewissenhaft vorgegangen ist.[283]

---

274 Z.B. 2. Mose 23, 6-8; 3. Mose 19, 15; 5. Mose 1, 17; 16, 19; 2. Chron. 19, 4-11.

275 Schmidt-Speicher, S. 16.

276 Daneben wurde das crimen repetundarum, das jede schlechte Amtsverwaltung mit Strafe bedrohte, auch auf Richter angewandt, vgl. Schmidt-Speicher, S. 15.

277 Schmidt-Speicher, S. 16.

278 Schmitt-Weigand, S. 112 ff.

279 Schmitt-Weigand, S. 106 ff.

280 I.E. Schmitt-Weigand, S. 126 ff.

281 Schmidt-Speicher, S. 16 ff. m.w.H.

282 Schmidt-Speicher, S. 19 f. m.w.H.

283 Sachsenspiegel, II 12, § 9.

3. Karolina

Unter den reichsrechtlichen Vorschriften[284] ragte die Karolina heraus; sie begann mit der Warnung an die Richter, sich vor Nachlässigkeiten zu hüten (Art. 1) und drohte ihnen vor allem bei Verletzung von Verfahrensvorschriften Strafen an (v.a. Art. 61, 100, 150). Richter, die das Instrument der peinlichen Befragung mißbrauchten, hatten nach Art. 61 der Karolina dem Verletzten Schadensersatz zu zahlen und wurden zu öffentlicher Strafe verurteilt. Durch die Androhung dieser Strafe wurde in der Karolina erstmals im deutschen Recht der Gedanke offenbar, daß ungerechtes Richterhandeln nicht nur die Interessen einzelner, sondern der gesamten Öffentlichkeit berührt.[285] Die Lockerung der Erfolgshaftung, die bereits im Mittelalter begann, wurde in der Karolina fortgeführt. Richter, die aufgrund eines hinreichenden Verdachts eine peinliche Befragung anordneten, blieben von den Folgen des Art. 61 verschont. Andererseits schloß Art. 219 die Straffreiheit vereidigter Richter, die nicht über ausreichende Rechtskunde verfügten, nicht aus und eröffnete so die Möglichkeit der Fahrlässigkeitsstrafbarkeit.[286]

4. Gemeines Strafrecht

Das gemeine Strafrecht subsumierte im Einklang mit dem römischen Recht richterliche Verfehlungen vor allem als falsum, betrachtete aber andere Handlungen wie ungerechte Verhaftungen oder Folter weiter als Injurie.[287] Einen eigenständigen Rechtsbeugungstatbestand schuf die Strafrechtswissenschaft erst im 19. Jahrhundert[288], wobei lange umstritten blieb, welches Verschulden für die Strafbarkeit erforderlich war.[289]

Seit dem 17. und 18. Jahrhundert wurde eine Fülle von Mißständen der Justiz, die als falsum oder Injurie bewertet wurden, aufgezählt.[290] Dazu gehörten vor

---

284 Auch die Reichskammergerichtsordnungen, die Reichspolizeiordnungen und andere Reichsgesetze enthalten Vorschriften über ungerechte Richter; vgl. i.E. Schmidt-Speicher, S. 20 ff.

285 Schmidt-Speicher, S. 21.

286 Schmidt-Speicher, S. 22.

287 Der Begriff „Beugung des Rechts" geht auf Tittmann, Grundlinien, S. 151, zurück.

288 Vor allem durch Martin, S. 583 ff.; vgl. Schmidt-Speicher, S. 34 f. m.w.H.

289 Fahrlässigkeit sollte nur bei Strafrichtern strafbar sein nach Ansicht Martins, S. 584 Henke, Handbuch, Bd. 3, S. 522 (bei Zivilrichtern waren nur absichtliche Pflichtverletzungen strafbar, sonst trat disziplinarische Ahndung ein, ebd. S. 520 f.) Nach Ansicht Heffters, Lehrbuch, S. 566, soll auch die fahrlässige Rechtsbeugung durch Zivilrichter strafbar sein. Nach Bauer, S. 455, sollen Zivil- und Strafrichter gleich behandelt werden; ihre fahrlässigen Pflichtverletzungen werden jedoch unter andere Tatbestände als den der Rechtsbeugung subsumiert. Vgl. i.E. Schmidt-Speicher, S. 33 ff.

290 Stock, S. 77.

allem ungerechte Urteile, ungerechte Verhaftung und Folter, die Nichtverfolgung einer Straftat und das Entweichenlassen von Gefangenen.[291] Unter den Straftaten der Staatsdiener hatten die der Richter eine herausragende Bedeutung, weil die Rechtsprechung bis ins 18. Jahrhundert hinein für den einzelnen die Verkörperung der Staatsgewalt schlechthin war.[292] Dagegen haben Verwaltungsbeamte vor allem die Herrschaftsinteressen des Landesherrn gegenüber den Ständen durchgesetzt.[293] Allerdings war der Zustand der Gerichte in Preußen, vor allem die überlange Prozeßdauer und die Ausrichtung vieler Richter auf vermeintliche Interessen der Gerichtsherrn, beklagenswert.[294] Besserung brachten erst die Reformen Coccejis in der Regierungszeit Friedrichs II.[295]

II. Im ALR

Die landrechtlichen Rechtspflegedelikte in §§ 366-408 II 20 ALR spiegelten inhaltlich die Ergebnisse des gemeinen Rechts getreu wider.[296] Sie waren aber nicht mehr Unterfälle allgemeiner Tatbestände, sondern sie wurden zu einer eigenen Gruppe innerhalb der Amtsdelikte mit 43 Paragraphen zusammengefaßt.[297] Grundsätzlich kamen alle in der Justiz tätigen Staatsdiener als Täter der Rechtspflegedelikte in Frage. Lediglich die Strafrechtspflegedelikte waren nur auf Richter und gemäß § 389 analog auf Vollstreckungsbeamte anwendbar. Im Mittelpunkt der Rechtspflegedelikte stand aber die Richterschaft.

1. Pflichtverletzungen der Justizbeamten

Die Haupttatbestände der Rechtspflegedelikte waren §§ 371 f. II 20 ALR. Diese Tatbestände waren eine eigene Normierung des Innominatdelikts für den Bereich der Justiz. Nach § 371 wurden Richter, die sich „aus Animosität, Privatleidenschaften oder anderen Nebeninteressen zu pflichtwidrigen Handlungen in ihrem Amte hinreißen lassen", aus dem Amt entlassen und zu zwei- bis fünfjährigem Festungsarrest verurteilt. Anders als § 333 war § 371 auf böswillige Pflichtverletzungen beschränkt; er war aber insoweit härter als die Vorschrift für

---

[291] Stock, S. 79 ff.

[292] Stock, S. 76.

[293] Hintze, Beamtenstand, S. 89.

[294] Schmidt-Speicher, S. 29. Holtze, S. 45, schreibt, das Kriminalkollegium unter Friedrich Wilhelm I. sei „die elendste höhere Justizbehörde gewesen, die jemals in Brandenburg-Preußen bestanden hat."

[295] Vgl. Schmidt, Einführung, S. 275. Friedrich II. war bestrebt, richterliche Ungerechtigkeiten streng zu ahnden, Schmidt, Kriminalpolitik, S. 38.

[296] Stock, S. 149.

[297] Die Bestechung von Justizbeamten, §§ 366-370, ist im Abschnitt über Bestechung behandelt; vgl. 3. Teil, B II. 1. a) bb) und 2. a).

Verwaltungsbeamte, als bei böswilligen Pflichtverletzungen durch Richter eine Freiheitsstrafe auf jeden Fall eintreten mußte.

Nach § 372 wurden Richter, die grob fahrlässig pflichtwidrige Handlungen im Amt begehen, kassiert und konnten in der Zukunft keine weiteren Justizämter ausüben.[298] § 372 mußte auch auf vorsätzliche, nicht böswillige Pflichtverletzungen angewandt werden, da für diese eine spezielle Vorschrift fehlte. Bestraft wurden Richter nach § 372 aber nur, wenn durch ihre Pflichtwidrigkeit dem Staat oder einer Prozeßpartei ein erheblicher Schaden entstanden war.

Alle anderen Pflichtverletzungen von Justizbeamten waren nicht geregelt. Eine Ergänzung der Tatbestände wie im Falle der §§ 333 f. um Vorschriften über leichte Pflichtverletzungen hat bei §§ 371 f. nicht stattgefunden. Allerdings war eine §§ 335 f. II 20 ALR entsprechende Vorschrift[299] für Justizmitarbeiter nicht in dem Maße wie für Verwaltungsbeamte erforderlich, da zumindest Richter nach allgemeiner Anschauung wegen § 99 II 17 ALR ohnehin nur gerichtlich aus dem Amt entfernt werden durften.[300]

Die Sonderstellung der Richter innerhalb der Staatsdienerschaft wurde nicht nur durch § 99 II 17 ALR, sondern auch im landrechtlichen Strafrecht ausgedrückt, nämlich durch eine eigenständige Regelungen des Innominatdelikts und der Bestechungstatbestände. Dennoch war die herausgehobene Stellung der Justiz innerhalb des Staatsapparats nicht allgemein anerkannt. Gerade das Disziplinargesetz von 1844 wurde als Versuch angefeindet, Richter und Verwaltungsbeamte über einen Kamm zu scheren. Erst 1848 wurde Richtern eine andere dienstrechtliche Stellung als Verwaltungsbeamten garantiert.[301]

2. Strafrechtspflegedelikte

Neben diesem eigenständigen Innominatdelikt der Justizbeamten nahmen die Delikte innerhalb der Strafrechtspflege die bedeutendste Stellung unter allen Rechtspflegedelikten ein, §§ 381-398 II 20 ALR. Diese können in vier Untergruppen aufgeteilt werden, nämlich 1. rechtswidrige Verhaftung, 2. Einleiten einer Kriminaluntersuchung gegen Unschuldige, 3. eigenmächtige Strafvollstreckung- bzw. Strafschärfung und 4. Strafvereitelung im weitesten Sinne.

---

[298] Hatte ein Richter absichtlich gegen seine Amtspflichten verstoßen, folgte daraus nicht nur die Unfähigkeit zu Justizämtern aus § 372, sondern nach Ansicht des Kammergerichts die Unfähigkeit zu allen öffentlichen Ämtern aus § 333; vgl. Gräff/Rönne/Simon, Bd. 6, S. 337.

[299] Vgl. 2. Teil, B. II. 2. d).

[300] Z.B. Gesetzrevision, Pensum XII, S. 61 f.

[301] Vgl. 2. Teil, B. IV. 2. a) dd); 2. b).

a) Rechtswidrige Verhaftung, §§ 381-384 II 20 ALR

Jede Verzögerung der Untersuchungseröffnung gegen einen Inhaftierten wurde mit einer Geldstrafe von fünf Talern für jeden Tag der ungerechten Haft geahndet, § 381. Hat der rechtswidrige Zustand länger als einen Monat gedauert, verlor der Richter sein Amt (§ 382 II 20 ALR). Anstelle durch die Vernehmung des Angeschuldigten konnte die Untersuchung durch Vernehmung von Zeugen in die Wege geleitet werden (§ 381).[302] Diese Möglichkeit, die dem Schutz des Inhaftierten zuwiderlief, fehlte im gedruckten Entwurf von 1786, ihr Weg ins landrechtliche Strafrecht ist unklar.[303] Allerdings gebot ab 1805 § 260 der Kriminalordnung, einen inhaftierten Angeschuldigten ohne Zeitverlust zu vernehmen. Andere ungebührliche Verlängerungen der Untersuchungshaft wurden mit Amtsverlust und Freiheitsstrafe geahndet, wenn sie böswillig erfolgten, sonst hatte der Täter eine Geldstrafe von fünf bis zu fünfzig Talern zu zahlen, §§ 384, 385 II 20 ALR.

b) Untersuchung gegen einen Unschuldigen

Nach § 385 II 20 ALR wurde das böswillige Einleiten einer Kriminaluntersuchung gegen einen Unschuldigen ebenso mit Freiheitsstrafe und Amtsverlust bestraft wie die absichtliche Verlängerung von Untersuchungshaft.

c) Eigenmächtige Strafvollstreckung und -schärfung

Die eigenmächtige Vollstreckung einer nicht rechtskräftigen Strafe oder eigenmächtige Strafschärfung wurden nach §§ 386 ff. II 20 ALR härter bestraft als andere Pflichtwidrigkeiten von Justizbeamten. In diesen Fällen führte grobe Fahrlässigkeit zum Amtsverlust und wurde darüber hinaus mit einer Freiheitsstrafe geahndet, die halb so lang dauern sollte wie die Freiheitsstrafe bei vorsätzlicher Begehung, § 390. Mäßige und geringe Vergehen wurde nicht mit Ordnungsstrafen, sondern mit willkürlichen Strafen bestraft, § 391. Diese bedeutete nach § 35 des landrechtlichen Strafrechts Gefängnis bis zu sechs Wochen oder Geldstrafe bis zu fünfzig Talern.

d) Strafvereitelung

Während Eingriffe in die Rechte der Bürger härter bestraft wurden als die übrigen Pflichtwidrigkeiten der Justizbeamten, wurden nach § 393 II 20 ALR Richter, die den staatlichen Strafanspruch nicht oder nicht in vollem Maße durchsetzten, verhältnismäßig mild bestraft. Nur wenn der Unterlassung der

---

[302] Vgl. Motive (1827-30), Bd. 3/I, S. 61.
[303] Motive (1827-30), Bd. 3/I, S. 61.

Strafverfolgung eigennützige Motive zugrunde lagen, wurde der Täter wie ein bestechlicher Justizbeamter mit Amtsverlust und Freiheitsstrafe bestraft, §§ 394 f. Dagegen wurden vorsätzliche Handlungen, die nicht eigennützig geprägt waren, nur mit willkürlichen Strafen oder Degradation bestraft, §§ 393, 396. Besonders „unzeitiges Mitleid“ wirkte sich nach § 396 mildernd aus, in diesen Fällen wurde der Täter nur Degradiert, nicht aber aus dem Amt entfernt.

3. Sonstige Rechtspflegedelikte

Daneben enthielten die landrechtlichen Rechtspflegedelikte eine Fülle weiterer Tatbestände, die teilweise spezielle Regelungen allgemeinerer Delikte nur für Justizmitarbeiter waren. Geregelt waren Bestechung innerhalb der Rechtspflege (§§ 366-370), Gebührenüberhebung durch Justizbeamte (§§ 373-376)[304], Zweckentfremdung hinterlegter Gelder (§§ 377-380), Aktenfälschung (§§ 399-401), unerlaubte rechtliche Beratung (§§ 402-403), d.h. Prävarikation durch Richter, die nebenberuflich als Konsulenten tätig waren[305], sowie Strafen gegen Richter, die streitbefangene Forderungen an sich brachten (§§ 404-407), oder bei Verkäufen, die sie leiteten, mitboten oder mitbieten ließen (§ 408).

III. In der Gesetzrevision

In der Gesetzrevision wurden Richter und Justizbeamte grundsätzlich gleich behandelt. Nur die Rechtspflegedelikte waren Spezialtatbestände einer bestimmten Tätergruppe, allgemeine Tatbestände wie Bestechung oder böswillige unbenannte Pflichtverletzung wurden nicht eigens für Justizbeamte wiederholt. Das Ende der strafrechtlichen Sonderbehandlung der Richter gegenüber Verwaltungsbeamten in der Gesetzrevision wurde zu keinem Zeitpunkt in Frage gestellt. Anlaß für den Streit um die Stellung der Richter innerhalb des Staates war vor allem das Disziplinargesetz von 1844.

1. Rechtsbeugung

Das eigenständige Innominatdelikt der Justizbeamten im ALR wurde gleich zu Beginn der Gesetzrevision zur Rechtsbeugung, die nun auch so genannt wurde, weiterentwickelt. Rechtsbeugung war nach dem Entwurf von Bode jede Ungerechtigkeit eines Richters bei der Leitung oder Entscheidung einer Rechts-

---

[304] Gebührenüberhebung war schon im älteren Recht strafbar, z.B. Quistorp, Entwurf, § 236. Die Tat wurde v.a. nach §§ 373 ff. II 20 ALR mit einer Geldstrafe des Zehnfachen (!) des Zuvielgenommenen bestraft; im PrStGB, § 326, sollte die Gebührenüberhebung mit einer Geldstrafe bis zu hundert Talern, oder Gefängnis bis zu einem Jahr bestraft werden; außerdem konnten dem Täter die Ehrenrechte aberkannt werden, vgl. Goltdammer, Bd. 2, S. 697.

[305] Die nebenamtliche Betätigung von Richtern als Konsulenten war zur Einkommensaufbesserung bis ins 19. Jhdt. hinein ausdrücklich erwünscht, Hodenberg, S. 65.

sache.[306] Bei dieser Definition von Rechtsbeugung blieb es bis zum PrStGB, § 314.[307] Der Tatbestand wich von § 371 II 20 ALR vor allem dadurch ab, daß nur vorsätzliche[308] Begehung bestraft und fahrlässige Begehung disziplinarisch geahndet werden sollte.

Der Täterkreis war im Entwurf von 1828 auf Richter beschränkt[309] und durch Kamptz um Beamte ergänzt, die bestimmte Rechtsstreitigkeiten zischen Parteien entscheiden und dabei dieselben Pflichten wie Richter hatten.[310] Die Staatsratskommission fügte 1842 einen weiteren Absatz an, wonach Schiedsrichter ebenfalls als Täter in Frage kommen.[311] Dagegen wurde später die Ausdehnung auf Geschworene abgelehnt, da dies nicht praktikabel sei und dem Wesen des Geschworenengerichts widerspreche.[312]

1843 forderte Duden, ein Vertreter des rheinischen Rechts, nach französischem Vorbild einen Tatbestand zu schaffen, der die Bürger umfassend vor jeder Gesetzwidrigkeit durch alle Staatsdiener, vor allem auch durch Verwaltungsbeamte schützt.[313] Dem wurde entgegengehalten, daß zumindest die rechtswidrige Einflußnahme von Verwaltungsbeamten auf die Strafjustiz in besonderen Tatbeständen geregelt sei. Alle übrigen nicht benannten Pflichtverletzungen, die einen Bürger betreffen, könnten disziplinarisch geahndet werden.[314]

Im Entwurf von 1848 fehlte der allgemeine Tatbestand der Rechtsbeugung, an seine Stelle war die Vorschrift über bestechliche Strafrichter getreten.[315] Diese

---

306 Entwurf (1828), II 6 § 18. Der Ausdruck „Rechtssache" wurde 1842 gewählt, da der bisherige Ausdruck „Rechtsstreitigkeit" zu sehr vom Zivilrecht geprägt sei; im PrStGB, § 314, ist der Begriff „Rechtsstreitigkeit" in Abs. 2 für Schiedsrichter beibehalten worden; vgl. Goltdammer, Bd. 2, S. 678.

307 Vgl. Entwurf (1830), § 499; (1833), §§ 672, 673; (1836), §§ 767, 768; (1842), § 582; (1843), § 593; (1845), § 376; (1846), § 372; (1847), § 380; (1851), § 285.

308 Im vereinigten ständischen Ausschuß wurde gefordert, anstelle „vorsätzlich" die Wendung „gegen seine Überzeugung" zu benutzen, was Savigny zu Recht als reine Formulierungsfrage abtat, Verhandlungen des ständischen Ausschuß, Bd. 4, S. 483.

309 Entwurf (1828), II 6 § 18; (1830), § 499.

310 Entwurf (1833), §§ 672, 673; (1836), §§ 767, 768. Vgl. Motive (1833), S. 421 f. Anwendungsgebiete dieser Administrativjustiz sind bei Temme, Lehrbuch (1853), S. 1078, aufgezählt. Temme nannte die Beamten, welche die Administrativjustiz ausüben, allerdings abweichend vom PrStGB Richter.

311 Entwurf (1842), § 582; vgl. Protokolle der Staatsratskommission (1842), S. 464 f. Vgl. auch Entwurf (1843), § 593, Abs. 2; (1845), § 376, Abs. 2; (1846), § 372, Abs. 2; (1847), § 380, Abs. 2; (1851), § 285, Abs. 2 und § 314, Abs. 2 PrStGB.

312 Vgl. Goltdammer, Bd. 2, S. 680.

313 Duden, S. 343 ff.

314 Gesetzrevision (1845), Bd. 3, S. 109.

315 Entwurf (1848), § 220; (1849), Art. 224; vgl. 3. Teil, B. III. 1. d).

Fassung ging auf eine Diskussion im vereinigten ständischen Ausschuß zurück, in der gefordert wurde, Ungerechtigkeiten der Justiz nur dann zu bestrafen, wenn ein objektiver Anhaltspunkt für die Strafbarkeit, nämlich Bestechung, vorliege. Bloße vorsätzliche Ungerechtigkeit unter Strafe zu stellen, sei zu subjektiv und beschränke die richterliche Freiheit.[316] Savigny wandte dagegen ein, daß ein umfassender Schutz vor vorsätzlichen Ungerechtigkeiten im Bereich der Justiz bestehen müsse und daß Bestechung die Rechtsbeugung allenfalls qualifizieren könne.[317]

Savignys Ansicht spiegelte sich im Entwurf von 1851 wider, der Rechtsbeugung auf jeden Fall für strafbar erachtete[318], aber daneben auch den Tatbestand der Strafrichterbestechung aus dem Entwurf von 1848 beibehielt.[319] Es war dem Gesetzgeber durchaus klar, daß es nahezu unmöglich sein werde, einem Richter nachzuweisen, daß er vorsätzlich eine Ungerechtigkeit begangen habe. Daß der Tatbestand deswegen keine praktische Bedeutung haben werde, sei jedoch kein Grund, auf die Strafandrohung zu verzichten.[320] Die Kommission der zweiten Kammer engte den Begriff der Ungerechtigkeit dahin ein, daß er zur Begünstigung oder zum Nachteil einer Partei erfolgen müsse.[321] Nach § 314 PrStGB wurden alle richterlich tätigen Staatsdiener und Schiedsrichter, die bei Leitung oder Entscheidung einer Rechtssache eine Partei vorsätzlich begünstigten oder benachteiligten, mit Zuchthaus bis zu fünf Jahren bestraft, was regelmäßig den Verlust des Amtes beinhaltete.[322]

2. Strafrechtspflegedelikte

Umfangreicher als die Formulierung der Rechtsbeugung war die Revision der Strafrechtspflegedelikte, wobei sich vier Gruppen herausgebildet haben, nämlich 1. rechtswidrige Verhaftung, 2. Verfolgung Unschuldiger, 3. Strafvereitelung im Amt und 4. Aussageerpressung.[323] Dabei war stets anerkannt, daß alle an der

---

316 Verhandlungen des ständischen Ausschusses, Bd. 4, S. 485 f.

317 Verhandlungen des ständischen Ausschusses, Bd. 4, S. 484.

318 Entwurf (1851), § 285.

319 Entwurf (1851), § 284.

320 Motive (1851), S. 285.

321 Kommissionsbericht, 2. Kammer, S. 185.

322 Daneben gab es mit §§ 312, 313 PrStGB eine Sondervorschrift gegen bestechliche Strafrichter und Geschworene, bei dieser Vorschrift kam es nicht auf eine tatsächlich verübte Ungerechtigkeit an, vgl. Beseler, S. 553 f. Vgl. auch 3. Teil, B. III. 1. d).

323 Außerdem wurde in das PrStGB, § 322, der Tatbestand über das Entweichenlassen von Gefangenen eingeführt. Die Tat war mit Zuchthaus und im Falle der fahrlässigen Begehung mit mindestens sechs Monaten Gefängnis bedroht. Dieser Tatbestand war im römischen Recht und der Karolina, Art. 180, bekannt, vgl. Martin, S. 589 ff., im landrechtlichen Strafrecht wurde die Tathandlung jedoch unter § 333 subsumiert; vgl. Jarcke, Bd. 2, S. 247 f.

Strafrechtspflege beteiligten Beamte mögliche Täter sind, was ab 1846 bzw. 1849 vor allem auch für Staatsanwälte galt.[324]

a) Rechtswidrige Verhaftung

Die Vorschriften über ungerechte Verhaftung waren im Entwurf Bodes noch weitgehend an das landrechtliche Vorbild angelehnt. In zwei unterschiedlichen Tatbeständen wurde, anders als später im Entwurf von 1830[325], die Verlängerung der Untersuchungshaft durch Herauszögern der ersten Vernehmung des Angeschuldigten[326] von jeder weiteren vorsätzlichen Verzögerung[327] getrennt. Die in beiden Fällen gleiche Ahndung richtete sich nach der Länge der Haft, wurde diese um weniger als einen Monat verlängert, sollte der Täter nur disziplinarisch zur Rechenschaft gezogen werden. Der Akt der rechtswidrigen Inhaftierung war in Bodes Entwurf ebenso wie im landrechtlichen Strafrecht[328] nicht unter Strafe gestellt. Jedoch war im ersten Entwurf der Gesetzrevision die Verfolgung Unschuldiger qualifiziert, wenn damit eine Verhaftung verbunden war.[329]

Zum selbständigen Tatbestand wurde die rechtswidrige Inhaftierung erst im Entwurf Kamptz'.[330] Danach verlor jeder Justizbeamte, der eine rechtswidrige Haft herbeiführte oder sie eigenmächtig verlängerte, sein Amt. Außerdem konnte eine Freiheitsstrafe verhängt werden, deren Dauer sich nach der Dauer der ungerechtfertigten Haft richtete.[331]

Die Staatsratskommission faßte alle möglichen Tatbestandsvarianten in einem einzigen Tatbestand zusammen, der durch jede rechtswidrige vorsätzliche Verhaftung oder Haftverlängerung erfüllt war. Neben der Kassation wurde der Täter wegen Freiheitsberaubung bestraft.[332] Der Entwurf von 1845 bedrohte den Richter wegen ungebührlicher Verlängerung der Untersuchungshaft mit Kassation

---

[324] In allen Entwürfen bis 1847 war in den Tatbeständen stets von Richtern als Tätern die Rede. Die Ausdehnung auf andere Beamte geschah durch eine besondere Vorschrift; vgl. Entwurf (1828), II 6 § 31; (1830), § 508; (1833), § 683; (1836), § 778; (1842), § 780; (1843), § 600, Abs. 1; (1845), § 383; (1846), § 379; (1847), § 387. In den Entwürfen ab 1848 waren „Beamte" Täter der Strafrechtspflegedelikte; vgl. Entwurf (1848), §§ 223-231; (1849), Art. 227-335; (1851), §§ 290-293, und §§ 317, 319-322 PrStGB.

[325] Entwurf (1830), § 501.

[326] Entwurf (1828), II 6 § 22.

[327] Entwurf (1828), II 6 § 23.

[328] § 1077 II 20 ALR bezog sich nur auf Privatverhaftungen, vgl. Motive (1833), S. 423.

[329] Entwurf (1828), II 6 § 21, Abs. 2.; vgl. Entwurf (1830), § 500, Abs. 2.

[330] Entwurf (1833), § 675; (1836), § 770.

[331] Entwurf (1833), §§ 675, 677; (1836), §§ 770, 772.

[332] Entwurf (1842), § 583, vgl. Protokolle der Staatsratskommission (1842), S. 465; vgl. Entwurf (1843), § 594.

und Freiheitsstrafe bis zu fünf Jahren.[333] Eine qualifizierte Tat lag vor, wenn die ungerechtfertigte Haft länger als ein Jahr dauerte oder der Inhaftierte mißhandelt wurde.[334] Die Forderung nach Strafbarkeit der fahrlässigen Tatbegehung wurde in den Motiven zum 1851 gedruckten Entwurf als zu hart zurückgewiesen.[335] Nach § 317 PrStGB wurde rechtswidrige Verhaftung mit mindestens drei Monaten Gefängnis und eventuell mit Amtsunfähigkeit bestraft. Stets mit Zuchthaus wurde die Tat bestraft, wenn die ungerechtfertigte Haft länger als einen Monat gedauert hat oder das Opfer während der Haft mißhandelt wurde.

b) Verfolgung Unschuldiger

Die Strafverfolgung Unschuldiger wurde in der Gesetzrevision in drei Untergruppen unterschieden, nämlich 1. das vorsätzliche Einleiten oder Fortführen eines Ermittlungsverfahrens gegen einen Unschuldigen[336], 2. die Verurteilung eines Unschuldigen oder die Verurteilung eines Schuldigen zu einer härteren als der gesetzlichen Strafe[337] sowie 3. Pflichtwidrigkeiten bei der Strafvollstreckung, d.h. eigenmächtige Vollstreckung oder Strafschärfung.[338] Die unterschiedlichen Taten wurden in den meisten Entwürfen mit Kassation und einer Freiheitsstrafe bedroht. Erst der letzte Entwurf faßte ungerechte Strafverfolgung und -vollstreckung zu einem Tatbestand zusammen.[339] Die zweite Kammer verzichtete 1851 auf einen eigenständigen Tatbestand über ungerechte Strafurteile, da dieser ein überflüssiger Spezialtatbestand der Rechtsbeugung sei.[340]

Nach § 320 PrStGB wurde ein Beamter, der ein Strafverfahren rechtswidrig einleitete oder fortsetzte, ebenso mit Zuchthaus bestraft wie ein Beamter, der eine Strafe vollstrecken ließ, die entweder gar nicht oder nicht im vollstreckten Maße rechtskräftig war. Nach § 320, Abs. 3 PrStGB wurden fahrlässige Pflicht-

---

[333] Entwurf (1845), § 377, Abs. 1.

[334] Entwurf (1845), § 377, Abs. 2; vgl. Entwurf (1846), § 373, Abs. 2 (Qualifikation, wenn Verhaftung länger als drei Monate gedauert hat); Entwurf (1847), § 381; Abs. 2; (1848), § 225, Abs. 2, Nr. 2 (wenn die Haft länger als einen Monat gedauert hat); Entwurf (1849), Art. 229; Abs. 2, Nr. 2; (1851), § 290, Abs. 2, Nr. 2.

[335] Motive (1851), S. 68.

[336] Vgl. Entwurf (1828), II 6 § 21; (1830), § 500; (1833), § 676; (1836), § 771; (1842), § 584; (1843), § 595; (1845), 378; (1846), § 374; (1847), § 382; (1848), § 227; (1849), Art. 231; (1851); § 292, Abs. 1.

[337] Vgl. Entwurf (1828), II 6 § 26; (1830), § 504; (1833), § 680; (1836), § 775; (1842), § 586; (1843), § 597; (1845), § 380; (1846); § 376; (1847), § 384; (1851), § 286; Abs. 1; in den Entwürfen (1848) und (1849) fehlen entsprechende Vorschriften.

[338] Entwurf (1828), II 6 § 27; (1830), § 505; (1833), § 681; (1836), § 776; (1842), § 587; (1843), § 598; (1845), § 381; (1846), § 377; (1847), § 385; (1848), § 229; (1849), Art. 233; (1851), § 292, Abs. 2.

[339] Entwurf (1851); § 292, Abs. 1 und 2.

[340] Kommissionsbericht, 2. Kammer, S. 184 f. zu Entwurf (1851), § 286.

widrigkeiten bei der Strafvollstreckung mit Gefängnis bis zu einem Jahr geahndet; außerdem konnten dem Täter die Ehrenrechte auf Zeit aberkannt werden. Neben dem fahrlässigen Entweichenlassen von Gefangenen ist § 320, Abs. 3 die einzige Fahrlässigkeitsnorm innerhalb der Amtsverbrechen des Strafgesetzbuchs von 1851. Begründet wurde diese Vorschrift mit der besonderen Strafwürdigkeit der Tathandlung.[341] Diese Entscheidung des Gesetzgebers überrascht insofern, als der Gesetzgeber die Strafbarkeit der fahrlässigen rechtswidrigen Verhaftung als zu hart zurückgewiesen hatte.[342]

c) Strafvereitelung im Amt

Unterlassungen gebotener Handlungen in der Strafrechtspflege und aktive Strafvereitelungshandlungen waren im Entwurf Bodes 1828 sehr kasuistisch gestaltet. Jede vorsätzliche Strafvereitelung durch einen Beamten war strafbar, Eigennutz begründete eine qualifizierte Tat.[343] Ausdrücklich wandte sich Bode gegen die landrechtliche Fassung, die Mitleid als Milderungsgrund zuließ, „denn selbst das Mitleid gegen die Person des Verbrechers ist hier nicht Tugend, sondern Schwäche, welche die Sicherheit der bürgerlichen Gesellschaft gefährdet, und wohl nie von dem Moralgesetz in Schutz genommen werden kann."[344] Die absolute Straftheorie, die sich durchgesetzt hatte, forderte eben auch, daß der staatliche Strafanspruch absolut sein müsse. Mitleid durfte diesem Anspruch nicht entgegenstehen.

Der Entwurf von 1833 faßte die verschiedenen Fälle der Strafvereitelung in einem Tatbestand zusammen.[345] Danach wurde kassiert und zu einer dreimonatigen bis vierjährigen Freiheitsstrafe verurteilt, wer die Untersuchung eines angezeigten oder sonst bekannt gewordenen Verbrechens unterließ, einem Straftäter Hilfe leistete bei dem Versuch, sich der Strafe zu entziehen, oder wer eine Strafe eigenmächtig milderte. Ab 1833 setzte die Strafbarkeit voraus, daß der Täter mit Begünstigungsabsicht gehandelt hat. Die Staatsratskommission ergänzte 1842 den Tatbestand schließlich noch um den Freispruch eines Schuldigen.[346]

Der Entwurf von 1843[347] rückte von der strengen Durchsetzung des staatlichen Strafanspruchs in Bodes Entwurf wieder ab und ließ mildernde Umstände zu, die nach Ansicht der Staatsratsmitglieder zum Beispiel vorliegen sollten, wenn

---

[341] Motive (1851), S. 69
[342] Motive (1851), S. 68.
[343] Entwurf (1828), II 6 §§ 29, 30; vgl. Entwurf (1830), §§ 507, 508.
[344] Motive (1827-30), Bd. 3/I, S. 71.
[345] Entwurf (1833), § 682; (1836), § 777.
[346] Entwurf (1842), § 588
[347] Entwurf (1843), § 599; vgl. Entwurf (1845), § 382; (1846), § 378.

das zu verfolgende Delikt geringfügig oder der Angeschuldigte gebrechlich war.[348] Der Entwurf von 1847 behielt die Anerkennung der mildernden Umstände bei, erhöhte aber den Strafrahmen auf Kassation und Freiheitsstrafe bis zu zehn Jahren. Konnte der Täter für sich mildernde Umstände geltend machen, wurde er nur mit Gefängnis oder einer Geldbuße bis zu fünfhundert Talern bestraft.[349]

§ 321 PrStGB enthielt gegenüber dem Entwurf von 1847 redaktionelle Änderungen und solche des Strafmaßes. Ein Beamter, der mit Begünstigungsabsicht 1. die gebotene Strafverfolgung unterließ, 2. den Freispruch eines Schuldigen betrieb oder 3. eine Strafe nicht oder nicht in vollem Umfang vollstreckte, wurde mit Zuchthaus bis zu fünf Jahren bestraft. Lagen mildernde Umstände vor, wurde der Täter mit Gefängnis bis zu zwei Jahren bestraft, außerdem konnte die Fähigkeit zu öffentlichen Ämtern aberkannt werden.[350]

d) Aussageerpressung

Von großer Bedeutung für den Schutz bürgerlicher Rechte war der Tatbestand der Aussageerpressung, der im landrechtlichen Strafrecht fehlte, aber in allen Entwürfen der Gesetzrevision enthalten war. Obwohl die Folter als Mittel, Geständnisse zu erlangen, in Preußen seit 1740 zurückgedrängt und schließlich seit 1754 gar nicht mehr angewandt wurde[351], gestattete die Kriminalordnung von 1805 doch die körperliche Züchtigung von Angeschuldigten, die logen oder beharrlich die Aussage verweigerten, §§ 292 ff. In diesem Spannungsfeld bewegte sich der nach dem Vorbild Bayerns und Hannovers geschaffene Tatbestand[352], der Erpressung von Geständnissen, und ab 1845 auf Anregung Temmes[353] auch von Zeugenaussagen, mit Strafe bedrohte.[354]

Die Entwürfe drohten dem Täter einer Aussageerpressung Kassation oder Amtsentsetzung und eine Freiheitsstrafe an. In den Entwürfen von 1843 bis 1847[355]

---

[348] Vgl. Goltdammer, Bd. 2, S. 687.

[349] Entwurf (1847), § 386, Abs. 1 und 2; vgl. Entwurf (1848), § 230; (1849), Art. 234; (1851), § 293.

[350] Im Entwurf des Strafgesetzbuchs für den Norddeutschen Bund von 1868 fehlte die Möglichkeit der Strafmilderung; in 346 RStGB war sie wieder aufgenommen.

[351] Vgl. Schmidt, Einführung, S. 269 f.

[352] Motive (1827-30), Bd. 3/I, S. 65.

[353] Die Ausdehnung auf Zeugenaussagen geht zurück auf Temme, Kritik, Bd. 2, (1843), S. 407.

[354] Entwurf (1828), II 6 § 25; (1830), § 503; (1833), § 679; (1836), § 774; (1842), § 585; (1843), § 596; (1845), § 379; (1846), § 375; (1847), § 383; (1848), § 228; (1849), Art. 232; (1851); § 291.

[355] Entwurf (1843), § 596; (1845), § 379; (1846), § 375; (1847), § 383

bestand die Möglichkeit des minder schweren Falls, der nach dem Entwurf von 1843 sogar nur mit einer Geldstrafe geahndet werden konnte. Als Beispiel eines Falles, in dem Strafmilderung angemessen sei, wurde der Beamte, der sich in der Erregung im Mittel vergreift, vorgebracht.[356] Abegg wandte 1843 gegen die Möglichkeit der Strafmilderung ein, daß diese Frage ausschließlich im Ermessen des Tatrichters stehen solle.[357] Auch sei Aussageerpressung ein so schwerwiegender Tatbestand, daß für eine gesetzliche Strafmilderung kein Raum bleibe.[358] Das PrStGB, § 319, schloß sich wie schon die Entwürfe von 1848 und 1851[359] dieser Argumentation an und verzichtete auf die Möglichkeit einer Strafmilderung.

Bis zum Entwurf von 1847 wurde nur der pflichtwidrige Gebrauch von Zwangsmitteln[360] verboten, die ordnungsgemäße Anwendung der Ungehorsamsstrafen der Kriminalordnung blieb weiter erlaubt und straffrei. Durch die Einführung des reformierten Strafprozesses im Bezirk des Kammergerichts 1846 wurden Zwangsmittel grundsätzlich verboten[361], jedoch bestand die Kriminalordnung mit ihren §§ 292 ff. in den meisten Teilen Preußens weiter.

Einige Mitglieder des vereinigten ständischen Ausschusses forderten, daß der Tatbestand der Aussageerpressung nicht nur den pflichtwidrigen, sondern jeden Gebrauch von Zwangsmitteln unter Strafe stellen sollte. Der Widerspruch zwischen dem materiellen Strafrecht und der Kriminalordnung sei nicht bedeutend, da die Einführung des reformierten Strafverfahrens überall in Preußen ohnehin bevorstehe.[362] Im Entwurf von 1848 wurde diese Forderung umgesetzt.[363] Allen Beamten, die in einer strafgerichtlichen Untersuchung Zwangsmittel anwandten, um Geständnisse oder Zeugenaussagen zu erpressen, sollten mit einer entehrenden Freiheitsstrafe[364] bis zu fünf Jahren bestraft werden. Nach der Einführung des reformierten Strafprozesses 1849 in der gesamten Monarchie wurde der Tatbestand nicht mehr geändert.

---

356 Verhandlungen des ständischen Ausschusses, Bd. 4, S. 497 f.

357 Abegg, Kritische Betrachtungen, S. 539 f.

358 Verhandlungen des ständischen Ausschusses, Bd. 4, S.498.

359 Entwurf (1848), § 228; (1849); Art. 232; (1851), § 291.

360 In den Entwürfen (1828), II 6 § 25; (1830), § 503; (1833), § 679, und (1836), § 774, war nur der Gebrauch unerlaubter Zwangsmittel mit Strafe bedroht.

361 § 18. des Gesetzes vom 17. Juli 1846.

362 Verhandlungen des Ständischen Ausschusses, Bd. 4, S. 496

363 Entwurf (1848), § 228; (1849); Art. 232; vgl. Entwurf (1851), § 291.

364 Nach dem Entwurf von 1848 war Einschließung eine entehrende Freiheitsstrafe, die mindestens ein Jahr dauerte, aber im Gegensatz zur Zuchthausstrafe dem Täter das Recht beließ, sein Vermögen selber zu verwalten.

3. Prävarikation

Bode fügte 1828 in die Amtsdelikte einen Tatbestand über Parteiverrat durch Justizkommissarien und öffentlich angestellte Rechtskonsulententen ein.[365] Dieser Tatbestand war schon im römischen Recht als Prävarikation strafbar und wurde in Art. 115 der Karolina wiederholt.[366] Im landrechtlichen Strafrecht war Prävarikation in §§ 1334, 1336 geregelt. Die Amtsdelikte verboten lediglich Richtern als (nebenberuflicher) Rechtsbeistand in Fällen zu arbeiten, die in ihren Zuständigkeitsbereich fallen konnten, § 402.

Prävarikation war ein Amtsdelikt, da Rechtsanwälte[367] in Preußen bis zum Inkrafttreten der Rechtsanwaltsordnung im Jahre 1878[368] Organe der Rechtspflege in einer beamtenrechtlichen Stellung[369], und als solche auch der Disziplinargewalt unterworfen[370] waren.

Nach § 329 PrStGB wurde ein Anwalt oder Notar, der beiden Parteien pflichtwidrig dient, mit mindestens drei Monaten Gefängnis bestraft. Handelte er mit Billigung der einen Partei gegen die Interessen der anderen, die ihn beauftragt hat, wurde er mit Zuchthaus bis zu fünf Jahren bestraft. § 329 PrStGB wurde unverändert in das RStGB, § 356, übernommen.[371]

E. Sonderdelikte der Geistlichen und Lehrer

I. Im ALR

Die letzten Vorschriften des achten Abschnitts im landrechtlichen Strafrecht enthielten Strafandrohungen gegen Lehrer und Geistliche, §§ 499-504 II 20 ALR sowie gegen Ärzte und Hebammen, §§ 505-508. Die Straftaten der Medizinalpersonen waren keine Amtsdelikte, sondern als Anhang zu den Amtsdelikten geregelt, weil die Tätergruppe dem Gemeinwohl besonders verpflichtet

---

[365] Entwurf (1828), II 6 §§ 44-46; vgl. Entwurf (1830), §§ 525, 526; (1833), § 694; (1836), § 789; (1842), § 600; (1843), § 611; (1845), § 392; (1846), § 389; (1847), § 397; (1848), § 239; (1849), Art. 243; (1851), § 301.

[366] Vgl. i.E. Früh, 1 ff.

[367] Die Amtsbezeichnung „Rechtsanwalt" wurde in Preußen mit § 30 der Verordnung vom 2. Januar 1849, prGS 1849, S. 1 ff., eingeführt. Vgl. zur Geschichte der preußischen Anwaltschaft Gneist, S. 1 ff.

[368] Vgl. Weißler, S. 572 ff, 587 ff.

[369] Magnus, S. 5.

[370] Vgl. Motive (1833), S. 437.

[371] Die Stellung von § 356 RStGB innerhalb der Amtsdelikte ist ebenfalls aus dem PrStGB übernommen, vgl. Meves, Holtzendorffs Handbuch, Bd. 3, S. 1015.

war.[372] Dagegen waren die Straftaten der Kirchen- und Schuldiener wirkliche Amtsdelikte. Sie bildeten eine einheitliche Tätergruppe, da Kirche und Schule zusammenhängend organisiert waren.[373] Erst in den zwanziger Jahren des 19. Jahrhunderts wird das Schulwesen staatlich organisiert, womit die Amtseigenschaft der Lehrer unzweifelhaft feststand.[374] Lehrer nahmen daher in allen Entwürfen der Gesetzrevision keinen eigenen Platz innerhalb der Amtsdelikte ein.

1. Staatskirchenrechtliche Grundlagen

Die Tätereigenschaft der Geistlichen ergibt sich aus § 19 II 11 ALR, wonach Pfarrer der öffentlich aufgenommen Religionsgesellschaften Beamten gleichgestellt waren.[375] Nach dem Religionsedikt von 1788[376], § 1, waren lutherische, reformierte und katholische Gemeinden öffentlich aufgenommen, nur ihre Geistlichen waren Staatsbeamten gleichgestellt. Die Diener der übrigen Religionsgesellschaften genossen dieses Privileg nicht und kamen nicht als Täter der §§ 499 ff II 20 ALR in Betracht.[377]

Diese Sonderstellung der Kirchen ist Ausdruck des landesherrlichen Kirchenregiments, das sich in Brandenburg seit 1447, als den Kurfürsten ein Präsentationsrecht für die Bistümer zugestanden wurde, entwickelte.[378] Durch die in der Mark Brandenburg 1539 eingeführte Reformation und dem damit verbundenen Verlust der universalen Kirche wurde die rechtliche Begründung des Kirchenregiments dringlicher, so daß seit den folgenden Jahrhunderten ein Staatskirchenrecht entstand, das zum Staats- und nicht zum Kirchenrecht gehört.[379]

Einen wichtigen rechtlichen Anhaltspunkt für die Begründung der Kirchenhoheit enthielt § 20 des Augsburger Religionsfriedens von 1555[380], der den Lan-

---

[372] Motive (1827-30), Bd. 3/I, S. 122 ff. Treipel, Binding-FS, Bd. 2 S. 66 ff., nennt diese Personen „Halbbeamte“; vgl. auch den Zwischentitel vor § 505 II 20 ALR.

[373] Bornhak, S. 234 f.

[374] Bornhak, S. 430.

[375] Vgl. zum Staatskirchenrecht des ALR Becker, Das nachfriderizianische Preußen, S. 388 ff.

[376] NCC, Bd. 8, S. 2175 ff. Das umstrittene Religionsedikt ist vor allem durch seine antiaufklärerische Tendenz bekannt geworden. Link, HRG, Bd. 2, Sp. 801 (Kirchenrecht-Staatskirchenrecht) lobt, daß es auch die Existenz nur geduldeter Religionsgesellschaften und die Glaubensfreiheit des Einzelnen garantiert. Mühler, S. 273, kritisierte dagegen, daß es die Notwendigkeit ständiger Erneuerung der Kirche vollkommen verkennt.

[377] Strampff, Kritische Briefe, S. 463 f.

[378] Hintze, Epochen, S. 57.

[379] Heckel, Gesammelte Schriften, Bd. 3, S. 455; Campenhausen, S. 19. Staatskirchenrecht gab es jedoch auch in katholischen Staaten, vgl. Campenhausen, S. 25 ff.

[380] Abgedruckt in Kaiser und Reich, S. 215 ff.

desherrn die Rechte der untergegangenen bischöflichen Rechtsprechung zuwies. Damit begriffen sich die protestantischen Fürsten als „Notbischöfe“ der Kirche in ihrem Territorium, und tatsächlich gab es bis zum Untergang der Monarchie in Deutschland keine protestantischen Bischöfe.[381] Die im Anschluß an den Augsburger Religionsfrieden entwickelte Episkopaltheorie wies den Fürsten zwei unterschiedliche Funktionen zu, die des Bischofs und die des Landesherrn.[382]

Seit dem 17. Jahrhundert setzte sich die Territorialtheorie[383] durch, deren Vertreter die Kirchenhoheit nur als Ausfluß der alle Bereiche umfassenden Territorialhoheit der Fürsten ansahen.[384] Das Territorialsystem beinhaltete vor allem das jus reformandi, das Recht, das Bekenntnis des gesamten Territoriums zu bestimmen; brandenburgische Kurfürsten verzichteten jedoch anläßlich des Übertritts der Herrscherfamilie zum Kalvinismus 1613 auf dieses Recht.[385] Die durch die Aufklärung geprägte Kollegialtheorie stellte das überkommene landesherrliche Kirchenregiment in Frage, indem sie die Vertragstheorie, wonach der Staat durch einen Vertrag aller Bürger begründet wird, auf die Kirche übertrug.[386]

Im Mittelpunkt des landrechtlichen Kirchenrechts, das die seit dem 17. Jahrhundert geübten Bräuche widerspiegelt[387], stand die einzelne Gemeinde, die eine Religionsgesellschaft war; insoweit verwirklichte das ALR die Kollegialtheorie.[388] Eine rechtlich selbständige Landeskirche erkennt das ALR nicht an.[389] Die Landeskirche war nach territorialistischer Tradition nur ein Teil des Staatsapparats, der von staatlichen Behörden, den Konsistorien, verwaltet wurde.[390]

---

[381] Campenhausen, S. 36.

[382] Heckel, Gesammelte Schriften, Bd. 3, S. 456.

[383] Die Territorialtheorie beruht nach Ansicht Heckels, Gesammelte Schriften, Bd. 4, S. 456, nicht nur auf dem im Anschluß an Bodin entwickelten Souveränitätsgedanken, sondern auch auf einem Rückgriff auf byzantinische und ottonische Vorstellungen. Zur Kirchenpolitik Konstantins des Großen: Burckhardt, S. 393.

[384] Campenhausen, S. 21.

[385] Dazu näher Hintze, Epochen, S. 70 ff., der im Übertritt der Hohenzollern zum Kalvinismus eine wesentliche Bedingung für den Aufstieg Brandenburg-Preußens im 17. und 18. Jhdt. sieht.

[386] Campenhausen, S. 22.

[387] Mühler, S. 281.

[388] Das gilt für Gemeinden, die keinen Patron haben, vgl. §§ 353 ff. II 11 ALR. Nach Link, HRG, Bd. 2, Sp. 799 (Kirchenrecht-Staatskirchenrecht) trägt das ALR vereinzelt Züge eines „Vulgärkollegialismus“.

[389] § 36 II 11 ALR; vgl. Becker, Das nachfriderizianische Preußen, S. 389.

[390] Zu Aufbau und Zuständigkeit der verschiedenen Konsistorien, Bornhak, S. 234 f.

2. Die Straftatbestände der Geistlichen

Das Staatskirchenrecht erlaubte zwar, Geistliche als Beamte anzusehen; §§ 323-364 II 20 ALR, die grundsätzlich auf alle Beamte angewandt wurden, galten aber nicht für Kirchen- und Schulbediente. Die §§ 499 ff. II 20 ALR enthielten vielmehr ein abschließendes Sonderstrafrecht innerhalb der Amtsdelikte, was vor allem an §§ 499 und 504 deutlich wird.[391] Diese Vorschriften wären weitgehend überflüssig gewesen, wenn § 333 ff. auch auf Geistliche und Lehrer hätten angewandt werden können.[392]

§ 499 wiederholte sinngemäß § 363 des landrechtlichen Strafrechts sowie § 67 II 11 ALR und verpflichtete Geistliche unter Androhung der Entlassung zu einem ehrbaren Lebenswandel.[393] Der unwürdige Geistliche wurde nicht mehr länger mit dem Beamtenstatus privilegiert. Nach § 504 II 20 ALR führte die Verurteilung wegen einer schweren gemeinen Straftat zur Entlassung von Geistlichen und Lehrern. Anders als im korrespondierenden § 339 II 20 ALR wurde die Schwere der Straftat, die dienstliche Folgen hat, nicht anhand der verhängten Strafe (Zuchthaus- und Festungsstrafe) bestimmt.

Eine weitere strafbare Pflichtverletzung war die Vollziehung einer Trauung trotz bekannter Ehehindernisse, § 503. Das ALR regelte die Ehe als Zivilehe und überließ nur den Akt der Trauung den Kirchen, d.h. bei einer Trauung handelte ein Geistlicher nicht nur als Kirchendiener, sondern auch als Zivilstandsbeamter im Auftrag des Staats.[394] Dies wird deutlich an §§ 442 ff. II 11 ALR, der Pfarrer grundsätzlich verpflichtete, Ehen zwischen Katholiken und Protestanten zu schließen. Weigerte sich ein Pfarrer, konnte das entsprechende Landesjustizkollegium einen anderen Geistlichen bestimmen, der die Brautleute traute.

Beleidigungen und Überschreitungen der Kirchenzucht bildeten keinen selbständigen Tatbestand; die Betroffenen wurden durch § 501 II 20 ALR auf die Injurienklage verwiesen.[395] Gebührenüberschreitungen waren ebenfalls nicht in einem Tatbestand innerhalb der landrechtlichen Amtsdelikte geregelt; nach § 502 sollten entsprechende Fälle nach § 426 II 11 ALR mit einer fiskalischen Geldstrafe in Höhe des drei- bis zehnfachen des Zuvielgenommenen geahndet werden.[396]

---

[391] Strampff, Kritische Briefe, S. 464.
[392] Strampff, Kritische Briefe, S. 464 f.
[393] Vgl. 2. Teil, C. III. 2. c) dd).
[394] Vgl. §§ 136, 168 II 1 ALR; vgl. auch Dilthey, Gesammelte Schriften, Bd. 12, S. 189.
[395] Vgl. § 362 II 20 ALR sowie §§ 83, 85 II 11 ALR.
[396] Vgl. auch §§ 373, 413 II 20 ALR.

§ 500 II 20 ALR schützte die Wahrung des Beichtgeheimnisses, das im ALR stark beschränkt war, da Geistliche anvertraute Geheimnisse offenbaren mußten, um einem Verbrechen oder einer Gefährdung des Staates vorzubeugen.[397] Die Strafen einer pflichtwidrigen Verletzung des Beichtgeheimnisses reichten von bloßen Geldbußen bis zum Amtsverlust. Als Möglichkeit des Amtsverlustes nennt § 500 Dienstentsetzung und Suspension. Die Suspension wurde innerhalb der Amtsdelikte sonst nur in § 403 angedroht. In § 500 war diese Strafe ein Zugeständnis an die katholische Kirche, deren Geistliche nur durch Suspension von ihrem Amt ausgeschlossen werden konnten.[398] Obwohl eine Verletzung rein geistlicher Pflichten, war der Bruch des Beichtgeheimnisses im weltlichen Strafrecht normiert, denn der Staat beanspruchte die Aufsicht über die Kirchen. Jedoch wurde auf die Verletzung dieser aus kirchlichem Recht herrührenden Pflicht mit einer Strafe reagiert, die der kirchlichen (katholischen) Ämterverfassung angemessen war.

II. Im 19. Jahrhundert

1. Entwicklung des Kirchenwesens in Preußen

Seit der Regierungszeit Friedrichs II. entwickelte sich Preußen von einem protestantischen zu einem konfessionell gemischten Staat. 1740 waren von 2,4 Millionen Einwohnern 7 Prozent[399] Katholiken, die vor allem außerhalb der Kernprovinzen in Geldern und Kleve lebten.[400] Der konfessionelle Zustand änderte sich mit dem Erwerb Schlesiens und der ersten polnischen Teilung 1772. Als Friedrich II. 1786 starb, waren von sechs Millionen Einwohnern Preußens rund ein Viertel Katholiken, deren Mehrheit nun im Osten des Landes, in Schlesien und den ehemals polnischen Gebieten lebte.[401] Diese Entwicklung setzte sich zu Beginn des 19. Jahrhunderts fort; mit dem Wiener Kongreß 1815 wurden Westfalen und vor allem das Rheinland preußisch. 1840 hatte das Rheinland mit 2,6 Millionen[402] Bürgern die größte Bevölkerung aller preußischen Provinzen und war überdies zu drei Vierteln katholisch, während von allen preußischen Bürgern nur 38 Prozent katholisch waren.

Dieser gemischte konfessionelle Zustand und die Preisgabe der Idee einer christlichen Herrschaft zugunsten einer weltlichen, führten zu einer weit-

---

[397] Vgl. §§ 80-82 II 11 ALR. Nach heutigem weltlichem Recht sind Geistliche nicht verpflichtet, in der Beichte mitgeteilte Dinge zu offenbaren, § 139, Abs. 2, StGB.
[398] Vgl. Meves, Holtzendorffs Handbuch, Bd. 3, S. 916.
[399] Zahlen bei Behre, S. 209.
[400] Bornhak, S. 230.
[401] Bachmann, S. 132, 140.
[402] Alle Zahlen von 1840 bei Berghaus, S. 179.

gehenden weltanschaulichen Neutralität des Staates.[403] Daher wurden die sacra interna den Kirchen überlassen, aber die sacra externa, d.h. der Schutz der Kirchen und deren Kontrolle, wurden weiter vom Staat beansprucht.[404] Dieser Anspruch entsprach nicht nur dem Fürstenstaat des 18. Jahrhunderts, sondern auch dem zentralistischen Einheitsstaat, der in Preußen nach dem Zusammenbruch von 1806 in wenigen Jahren entstand.[405]

a) Katholische Kirche

Geändert hat sich in der ersten Hälfte des 19. Jahrhunderts vor allem die Lage der Kirchen selber. Die katholische Kirche in Deutschland konnte nach dem Verlust der weltlichen Herrschaft 1803 ihren Partikularismus überwinden und zur Erneuerung einer Universalkirche unter Führung des Papstes wesentlich beitragen.[406] Die aufblühende Romantik ermöglichte ihr außerdem die innere Erneuerung.[407]

Die Neubesetzung der zumeist verwaisten Bistümer[408], an der Kirche und Staat gleichermaßen gelegen war[409], wurde durch Konkordate geregelt. Preußen und der Vatikan schlossen 1821 einen solchen Vertrag[410], welcher der katholischen Kirche Freiheiten gewährte, die sie in den meisten katholischen Staaten nicht hatte.[411] Diese Freiheiten nutzte die Kirche zu Kraftproben mit dem Staat[412], in denen es vor allem um die Aufsicht über die theologische Fakultät der Universität Bonn[413] und um Mischehen im Rheinland ging.[414] Die Konflikte stärkten die Kirche weiter, nicht zuletzt weil die katholische Bevölkerung geschlossen hinter ihrer Kirche stand.[415]

---

[403] Heckel, Gesammelte Schriften, Bd. 3, S. 446 ff.
[404] Heckel, Gesammelte Schriften, Bd. 3, S. 447 ff.
[405] Heckel, Gesammelte Schriften, Bd. 3, S. 446.
[406] Campenhausen, S. 34.
[407] Campenhausen, S. 34; Heckel, Gesammelte Schriften, Bd. 3, S. 446.
[408] 1817 waren nur drei deutsche Bistümer besetzt, vgl. Campenhausen, S. 34.
[409] Campenhausen, S. 34.
[410] Abgedruckt als bulle de salute animarum mit Einführungsverordnung in prGS 1821, S. 113 ff.
[411] Campenhausen, S. 34.
[412] Die Konflikte der vierziger Jahre werden „Kölner Wirren" genannt, vgl. Erler, HRG, Bd. 2, Sp. 942 ff. (Kölner Wirren); vgl. Huber, Verfassungsgeschichte, Bd. 2, S. 236 ff., zur Beilegung des Streits, S. 255 ff.
[413] I.E. Huber, Verfassungsgeschichte, Bd. 2, S. 217 ff., 221 ff.
[414] I. E. Huber, Verfassungsgeschichte, Bd. 2, S. 185 ff., 194 ff., 207 ff., 228 ff.
[415] Campenhausen, S. 35 f.

b) Evangelische Kirche

Dagegen bildete sich die Autonomie der evangelischen Kirche[416] viel langsamer aus. Selbständig waren weiterhin die einzelnen Gemeinden, die von den 1815 neu organisierten Konsistorien, die Staatsbehörden blieben, verwaltet wurden. Erst seit den zwanziger Jahren entwickelten sich die Konsistorien zu reinen Kirchenbehörden.[417] 1835 wurde eine Kirchenverfassung erlassen, die zumindest der rheinisch-westfälischen Kirche weitgehende Selbständigkeit gab.[418] Die übrigen Kirchen in Preußen wurden erst nach 1876 autonom, jedoch blieb der preußische König bis zum Ende der Monarchie Oberhaupt der Kirche.[419]

2. Die Straftatbestände der Geistlichen

a) Vorschläge des Justizministeriums

Die Entwürfe von Bode und Kamptz behandelten Staatsbeamte und Geistliche in strafrechtlicher Hinsicht gleich.[420] Die Verletzung des Beichtgeheimnisses beispielsweise wäre danach als Geheimnisverrat bestraft worden.[421] Erst die Staatsratskommission unterschied 1842 Geistliche von den übrigen Beamten und faßte Sondertatbestände für Geistliche aller Konfessionen[422] in einem eigenen mit „Verbrechen der Geistlichen" überschriebenen Titel zusammen.[423]

aa) Täter

Im Plenum des Staatsrats wurde die Stellung der Geistlichen diskutiert. Einige Mitglieder behaupteten, daß Geistliche sowohl Beamte der Kirche als auch des Staats seien, da sie kirchliche und staatliche Aufgaben wahrnehmen.[424] Dem wurde entgegengehalten, daß Geistliche ihre Mission ausschließlich von der Kirche erhalten. Daß sie auch das Wohl des Staates fördern, ändere nichts daran,

---

416 Ab 1817 wurden lutherische und reformierte Gemeinden gemeinschaftlich verwaltet, aus dieser Maßnahme erwuchs die Kirchenunion; vgl. Huber, Verfassungsgeschichte, Bd. 1, S. 458 ff., Bd. 2, S. 269 ff.

417 Bornhak, S. 424 f.

418 Vgl. Huber, Verfassungsgeschichte, Bd. 2, S. 270 ff.

419 Heckel, Gesammelte Schriften, Bd. 3, S. 451, weist darauf hin, daß selbst katholische Fürsten wie in Bayern, Württemberg oder Sachsen Oberhäupter der evangelischen Kirche waren.

420 Entwurf von 1830, § 486.

421 Motive (1827-30), Bd. 3/I, S. 114.

422 Protokolle der Staatsratskommission (1842), S. 485.

423 Entwurf (1842), §§ 610-617; (1843), §§ 621-629; (1845), §§ 404-407; (1846), §§ 403-407; (1847), §§ 412-416.

424 Revision (1845), Bd. 3, S. 123.

daß ihr Amt ausschließlich ein kirchliches sei.[425] Auch die Ansicht, daß die Verpflichtung von Kirchen- und Staatsdienern zur Befolgung staatlicher Gesetze dieselbe sei, fand keine Mehrheit im Staatsratsplenum.[426] Vielmehr ging man davon aus, daß die Pflicht von Kirchendienern, staatliche Gesetze zu befolgen, gar nicht von der Qualität des geistlichen Amtes abhänge.[427] Die letzten drei Titel des Strafrechtsentwürfe seit 1842 enthielten Sondertatbestände bestimmter Personengruppen, nämlich der Gewerbetreibenden, der Beamten und schließlich der Geistlichen.[428] Die „Verbrechen der Geistlichen" richteten sich gegen eine die öffentliche Ordnung verletzende Führung kirchlicher Ämter.[429]

bb) Tatbestände

Materiellrechtlich[430] unterschied sich der Titel über die Verbrechen der Geistlichen von den Straftatbeständen der Geistlichen und Lehrer im ALR und umfaßte im wesentlichen drei Bereiche. Die Strafe für Beleidigungen konnte nach den Entwürfen von 1842 und 1843 bei Geistlichen durch Entfernung aus dem Amt geschärft werden.[431] Außerdem war in den Entwürfen von 1846 und 1847 eine Vorschrift über Angriffe gegen andere Konfessionen enthalten.[432] Zweitens wurden Geistliche, die ein gemeines Verbrechen begingen, das bei einem Staatsbeamten den Dienstverlust zur Folge hatte, aus dem Dienst entfernt.[433]

Am bedeutendsten war die dritte Vorschrift, wonach sich Geistliche strafbar machen, die sich landesherrlichen Verfügungen über die Ausübung ihres Amtes widersetzen; im schwersten Fall konnte dieser Widerstand mit Entfernung aus dem Amt geahndet werden.[434] Mit diesem Tatbestand hat die Staatsratskommission ein Innominatdelikt der Geistlichen aufgestellt, das so weit reichte wie die „bürgerlichen Amtsvorschriften", die vom Staat erlassen wurden.

---

[425] Revision (1845), Bd. 3, S. 123, 122.

[426] Revision (1845), Bd. 3, S. 123.

[427] Revision (1845), Bd. 3, S. 123. Jedoch wurde die Anmaßung geistlicher und weltlicher Ämter seit dem Entwurf von 1842 gleichbehandelt, vgl. 3. Teil, A. III. 2.

[428] Revision (1845), Bd. 3, S. 122.

[429] Vgl. Verhandlungen des ständischen Ausschusses, Bd. 4, S. 593

[430] Formellrechtlich wird die Strafverfolgung wegen Amtsdelikten von der Zustimmung des Ministers für geistliche Angelegenheiten abhängig gemacht. Das Disziplinarrecht wurde von den zuständigen Kirchenbehörden ausgeübt.

[431] Entwurf (1842), § 612; (1843), § 623. Neben Beleidigungen waren nach den genannten Vorschriften außerdem besonders strafbar: Fälschung und Unterdrückung von Urkunden sowie Veruntreuung. Beleidigung war auch in den Entwürfen (1846), § 405, 2. Alternative; (1847), § 414, 2. Alternative, mit Strafe bedroht.

[432] Entwurf (1846), § 405, 1. Alternative; (1847), § 414, 1. Alternative.

[433] Entwurf (1842), § 613; (1843), § 624; (1845) § 405; (1846), § 404; (1847), § 413.

[434] Entwurf (1842), § 610; (1843), § 621; (1845), § 404; (1846), § 403; (1847), § 412.

Bemerkenswert ist, daß dieselbe Kommission das Innominatdelikt der weltlichen Beamten wegen seiner Unbestimmtheit vollkommen ins Disziplinarrecht überwiesen hat. Der Verletzung dieser bürgerlichen Amtsvorschriften war in den Entwürfen von 1842 und 1843 ein Mißbrauch der geistlichen Amtsbefugnisse gleichgestellt.[436] Ein derartiger Mißbrauch war insbesondere gegeben, wenn einzelne Handlungen eines Geistlichen das öffentliche Wohl oder das Wohl einzelner gefährdeten.

Wegen ihrer Unbestimmtheit wurden diese Vorschriften seit der Revision des Entwurfs von 1843 auf Handlungen gegen „in Ausübung der landesherrlichen Rechte circa sacra erlassenen Verfügungen" eingeengt.[437] Voraussetzung für die Strafbarkeit des Geistlichen war ferner, daß zuvor erfolglos Ordnungsstrafen gegen ihn verhängt wurden. Bis zum Entwurf von 1847 wurde die Vorschrift inhaltlich nicht mehr verändert.[438] In der Aufstellung einer Strafvorschrift wurde die einzige Möglichkeit gesehen, die Einhaltung weltlicher, die Kirche betreffenden Vorschriften, sicherzustellen, denn die Disziplinargewalt über (katholische) Geistliche lag nicht beim Staat, sondern bei den Kirchen.[439]

cc) Entfernung aus dem Amt

Die Sonderstrafe für Geistliche war die Entfernung aus dem Amt, die gleichbedeutend war mit dem Verbot, geistliche Handlungen auszuführen.[440] Von der Kassation oder der Dienstentsetzung unterschied sich die Entfernung aus dem Amt dadurch, daß der geistliche Status des Verurteilten durch die Amtsentfernung nicht berührt wurde. Diese Art des Dienstverlustes wurde damit begründet, daß sie auch auf katholische Geistliche anwendbar sein sollte, ohne mit der Lehre von der Unlösbarkeit der Priesterweihe zu kollidieren.[441]

b) Kontroverse um die Verbrechen der Geistlichen

Die Entwürfe von 1843 und 1847 wurden der Öffentlichkeit zur Prüfung vorgelegt; diese Chance ließen sich rheinische Juristen und Geistliche nicht entgehen. Sie kritisierten vor allem die Unbestimmtheit des allgemeinen Tatbestands der Amtspflichtverletzung und die Strafe der Entfernung aus dem Amt.[442]

---

436 Entwurf (1842), § 611; (1843), § 622.
437 Entwurf (1845), § 404; vgl. Revision (1845), Bd. 3, S. 141 f., 148.
438 Vgl. Entwurf (1846), § 403; (1847), § 412.
439 Vgl. Revision (1845), Bd. 3, S. 143.
440 Vgl. Entwurf (1842), § 614; (1843), § 625; (1845), § 406; (1846), § 406; (1847), § 415.
441 Protokolle der Staatsratskommission (1842), S. 486 f.
442 1843 äußerten sich einige Bischöfe handschriftlich; ihre Kritik ist dargestellt und bewertet in: Revision (1845), Bd. 3, S. 118 ff.

aa) Verstöße gegen Verfügungen circa sacra

Der Bonner Kirchenrechtler Walter beanstandete 1848, daß bereits der Widerstand gegen Verfügungen strafbar sein sollte. Damit stehe es im Ermessen der Verwaltung, die Verfügungen erläßt, den Umfang der Strafbarkeit zu bestimmen. Da die Vorschrift auch den Widerstand gegen künftige Verfügungen einschließe, sei für den einzelnen Geistlichen nicht abzusehen, was er tun darf und was nicht.[442] Außerdem beklagte Walter den Ausdruck „circa sacra" als einzigen lateinische Fachbegriff im gesamten Entwurf von 1847, dessen Auslegung unter Juristen außerordentlich umstritten sei.[443] Am weitesten gehe dabei der Staatskirchenrechtler Wiese, der dem Staat das Obereigentum am Kirchengut zugesteht.[444] Walter folgerte daraus besorgt: „Also auch wenn ein Landrath aus der Staatsoberaufsicht das Recht ableitet, neben die Kanzel zwei Gensd'armen zur Beobachtung des Inhalts der Predigt zu beordern, oder wenn ein Ortsbürgermeister, der seinen Wiese studiert hat, aus dem Staatsobereigenthum das Recht deduciert, das Geläute zu beschränken, so kann dieses die Veranlassung werden, den Pfarrer, der dem widerstrebt [...] in Anklagestand zu versetzen und mit der Amtsentfernung zu bestrafen."[445]

Der anonyme Verfasser der 1843 in Trier erschienenen „Aphorismen über den Entwurf eines Strafgesetzbuches" beklagte neben der Unbestimmtheit des Entwurfs vor allem seinen Widerspruch zum bisher im Rheinland geltenden französischen Recht.[446] Würde der Entwurf in Kraft treten, würde sich die Rechtslage der rheinischen Geistlichen verschlechtern, denn im code pénal[447] seien nur einige bestimmte Pflichtverletzungen der Geistlichen mit Strafe bedroht, und zwar die Vollziehung einer kirchlichen Trauung ohne vorangegangene Ziviltrauung (Art. 199), die Kritik an der Staatsobrigkeit in Predigten und Hirtenbriefen (Art. 201-206) sowie nicht staatlich genehmigter Briefwechsel mit fremden Staaten (d.h. dem Vatikan) in theologischen Angelegenheiten (Art. 207-208). Zwar seien die im code pénal angedrohten bis zur Deportation reichenden Strafen drakonisch, jedoch würden nur von vornherein bestimmte Handlungen bestraft. Jede andere Pflichtverletzung werde nach den französischen organi-

---

442 Walter, S. 25 f.

443 Walter, S. 25.

444 Walter, S. 25 m.w.H.

445 Walter, S. 26. Ähnlich argumentiert München, Bestrafung, S. 5 f.

446 o.V., Aphorismen, S. 15 ff.

447 Die einschlägigen Vorschriften des code pénal sind in deutscher Übersetzung abgedruckt in: o.V., Aphorismen, S. 26 f. Der Verfasser der Aphorismen übersah, daß die Kabinettsordre vom 6. März 1821 auch die Gültigkeit von §§ 499-508 II 20 ALR im Rheinland angeordnet hat. Auch die Kabinettsordre vom 12. April 1822 über die Amtsentsetzung von Geistlichen und Lehrern galt im Rheinland. Beide Kabinettsordres sind in der rhein. GS von 1825; S. 3 ff., 6 ff., abgedruckt.

schen Artikeln[448] von 1801[449], die das Verhältnis von Kirche und Staat regeln[450], als Mißbrauchsfall[451] behandelt. Ein solcher liege vor, wenn ein Geistlicher sich einer Beleidigung schuldig macht oder staatliche Vorschriften betreffend seine Amtsführung verletzt. Mißbrauchsfälle wurden vom Staatsrat[452] behandelt, der durch Anzeige des Beleidigten oder, wenn dem Geistlichen die Verletzung staatlicher Vorschriften vorgeworfen wurde, von Amts wegen tätig wurde und Maßnahmen ergriff[453], um zukünftige Amtsmißbräuche durch Geistliche zu verhindern. Wie die Maßnahmen des Staatsrats aussehen, teilte der Verfasser der Aphorismen nicht mit.[454]

bb) Strafe der Amtsentfernung

Neben dem Innominatdelikt der Geistlichen wurde vor allem die Entfernung aus dem Amt[455] angegriffen. Die Rechtfertigung, daß die Amtsentfernung dem Bestraften nur die Amtsverrichtung untersagt, seinen Status aber nicht berühre und so der katholischen Ämterverfassung entspreche, taten Walter und der Kölner Domkapitular München als heuchlerische Fiktion ab. Denn ein Geistlicher werde wie jeder andere Amtsträger in sein Amt eingeführt, damit er es verrichtet.[456] Der Verfasser der Aphorismen sah es als Zumutung für einen protestantischen Richter an, einen katholischen Geistlichen aus dem Amt entfernen zu müssen, und umgekehrt.[457]

Gegen die Bewertung der Amtsentfernung als Rücknahme der staatlichen Genehmigung bei Amtsantritt[458], wurde mehrfach eingewandt, daß der Staat zwar der Amtserteilung zustimmen muß, daraus aber nicht die Rechtmäßigkeit der nachträglichen Versagung dieser Zustimmung gefolgert werden darf.[459] Ein Redner im vereinigten ständischen Ausschuß verglich „das placet mit dem Rechte, welches der Vater hat, seine Einwilligung zu der Verheiratung seiner

---

448 Articles organiques.

449 Die einschlägigen Vorschriften sind zweisprachig abgedruckt in: o.V., Aphorismen, S. 22 f.

450 Die organischen Artikel ergänzten das zwischen Pius VII. und Napoleon geschlossene Konkordat einseitig, vgl. Link, HRG, Bd. 2, Sp. 808 (Kirchenrecht-Staatskirchenrecht)

451 Cas d'abus.

452 Conseil d'état.

453 [...] l'affaire sera suivie et défiinitivement terminée dans la forme administrative [...].

454 Nach o.V., Aphorismen, S. 24, sind Belehrungen, Abmahnungen und eben auch „Abstellungen für die Zukunft" möglich.

455 Diese Strafe konnte mit einem Aufenthaltsverbot für den Geistlichen verbunden werden.

456 Walter, S. 10; München, Amts-Entfernung, S. 15 f.

457 o.V., Aphorismen, S. 34.

458 Z.B. Motive (1847), S. 141.

459 Z.B. Walter, S. 13 ff.

Kinder, seiner Tochter zu geben; wenn er diese Einwilligung gegeben hat, wenn die Ehe vollzogen ist, so kann er [die Einwilligung] nicht mehr zurücknehmen, und dadurch die Ehe auflösen."[460]

c) Beratung im vereinigten ständischen Ausschuß

In der vorbereitenden Abteilung und im Ausschußplenum gewann die Diskussion um die „Verbrechen der Geistlichen" eine vollkommen neue Qualität. Die vorbereitende Abteilung hatte die Tatbestände des Entwurfs von 1847 bereits weitgehend modifiziert.[461] Strafbar sein sollte nur die Verletzung der dem Geistlichen bei Amtsantritt gestellten gesetzlichen Bedingungen, nicht aber der Widerstand gegen administrativ erlassene Verfügungen. Die Vorschrift über Beleidigungen wurde eingeschränkt, strafbar war nach dem Vorschlag der Abteilung nur der Geistliche, der sein Amt mißbraucht, um „gegen die im Staate anerkannten Kirchen oder geduldeten Religionsgesellschaften Haß und Feindschaft zu erregen"[462]. Anstelle der Amtsentfernung sollten Geistliche nun mit dem Verbot, geistliche Handlungen auszuüben, bestraft werden.

aa) Stellungnahme Eichhorns

Im Ausschußplenum wurde die Berechtigung von Sondertatbeständen für Geistliche vor allem vom Minister für geistliche Angelegenheiten, Eichhorn[463], vertreten.[464] Der Minister betonte, daß der Staat sein Verhältnis zur Kirche positiv, über die bloße Duldung hinausgehend gestaltet habe. Diese besondere Beziehung drücke sich in der Privilegierung der Kirchen gegenüber privatrechtlichen Vereinen und vor allem in der Gleichstellung von Geistlichen und Beamten aus. Die den Geistlichen zugestandenen Beamtenprivilegien[465] verlange von ihnen besondere Treue gegenüber dem Staat, die durch die von der Abteilung vorgeschlagene Fassung des Gesetzes sichergestellt werde. Eichhorn erkannte an, daß das Verbot, geistliche Handlungen vorzunehmen, keine vergeltende Strafe ist, sondern eine Maßnahme, welche die staatliche Rechtsordnung vor zukünftigen Übergriffen schützt.[466] Eine derartige Position war im Ausschuß einzig-

[460] Verhandlungen des ständischen Ausschusses, Bd. 4, S. 604.

[461] Gutachten zur Vorbereitung, S. 137 ff.

[462] Gutachten zur Vorbereitung, S. 139. Vgl. Verhandlungen des ständischen Ausschusses, Bd. 4, S. 590.

[463] Johann Albrecht Friedrich Eichhorn (1779-1856), nicht identisch mit dem Rechtshistoriker Karl Friedrich Eichhorn (1881-1854).

[464] Verhandlungen des ständischen Ausschusses, Bd. 4, S. 593 ff.

[465] Verhandlungen des ständischen Ausschusses, Bd. 4, S. 595; diese Äußerung Eichhorns gründet sich ausschließlich auf § 19 II 11 ALR, nicht auf die Ansicht des Staatsrats über die Frage, wie Geistliche strafrechtlich zu behandeln sind.

[466] Verhandlungen des ständischen Ausschusses, Bd. 4, S. 599.

artig, sie entsprach derjenigen der drei rheinischen Juristen, die in ihren Promemoria vom 1. Oktober 1847 forderten, daß Amtsverlust keine Strafe, sondern immer nur eine Disziplinarmaßnahme sein dürfe.

Eichhorn hielt dagegen an der strafrechtlichen Qualität des Amtsverbots für Geistliche fest, obwohl er sich der darinliegenden Inkonsequenz durchaus bewußt war. Wenn aber die Disziplinargewalt über Geistliche einmal in den Händen der Kirche liege, bleibe nur noch das Mittel des Strafrechts, um einem Geistlichen, der seiner Treuepflicht gegen den Staat nicht nachkommt, den öffentlichen Status zu entziehen. Eichhorn empfahl daher den Mitgliedern des Ausschusses die Annahme der von der vorbereitenden Abteilung vorgeschlagenen Fassung der Verbrechen der Geistlichen.

bb) Stellungnahmen gegen die Verbrechen der Geistlichen

Die Gegenposition wurde bereits in der Vorbereitung vorgetragen[467] und im Plenum vielfach wiederholt. Der Titel über die Verbrechen der Geistlichen sei der Versuch, Konflikte zwischen Kirche und Staat mit den Mitteln des Strafrechts auf dem Rücken der Geistlichen auszutragen, obwohl Kirchenleitung und Regierung zu einem Einverständnis kommen sollten. Damit die evangelische Kirche dem Staat gegenübertreten kann, müsse sie als rechtlich selbständige Körperschaft verfaßt werden.[468]

Ein Geistlicher könne sich selbstverständlich strafbar machen und bestraft werden, aber nur so wie jeder andere Bürger auch. Daher müsse auf die Strafe des Verbots, geistliche Handlungen zu verrichten, verzichtet werden. Dem Staat bleibe nichts anderes übrig, als auf die Wirksamkeit der kirchlichen Disziplinargewalt zu vertrauen. Dabei wurde von den Gegnern der Sondertatbestände für Geistliche versichert, daß es nicht nur im Interesse des Staates, sondern auch der Kirche sei, einen Geistlichen, der das staatliche Recht verletzt habe, von seinem Amt auszuschließen.[469] Mit der Absicht, die „Verbrechen der Geistlichen" ganz aus dem Strafgesetzbuch zu eliminieren, stimmten die Vertreter dieser Ansicht gegen die Änderungsvorschläge der Abteilung, unterlagen aber mit 34 zu 60 Stimmen.

---

[467] Gutachten zur Vorbereitung, S. 138 ff.
[468] Verhandlungen des ständischen Ausschusses, Bd. 4, S. 606 f.
[469] Z.B. Verhandlungen des ständischen Ausschusses, Bd. 4, S. 604.

d) Beendigung des Konflikts

Dennoch wurde die vom Ausschuß angenommene Fassung nicht in die folgenden Entwürfe und das PrStGB von 1851 aufgenommen. Zum einen konnten seit dem Strafrechtsentwurf von 1848 und der Disziplinarverordnung von 1849 weltliche Beamte ihr Amt nur disziplinarisch verlieren; der Amtsverlust wurde aus dem Katalog der Kriminalstrafen ausgeschieden. Zum anderen wurde die Aufgabe eines besonderen Titels für Geistliche im Strafgesetzbuch bedingt durch die politische Entwicklung des Jahres 1848.[470] Art. 12[471] der oktroyierten Verfassung legte fest:

> Die evangelische und die römisch-katholische Kirche, so wie jede andere Religionsgesellschaft, ordnet und verwaltet ihre Angelegenheiten selbständig [...].[472]

Dennoch wurde im preußischen Strafgesetzbuch nicht vollkommen auf Tatbestände für Geistliche verzichtet. Nach § 139, Abs. 2 wurden Geistliche oder Personenstandsbeamte, die eine bereits verheiratete Person trauen, mit Zuchthaus bis zu fünf Jahren bestraft.[473] Von dieser Vorschrift waren nur Handlungen betroffen, durch die eine Ehe wirksam geschlossen wird. Im Rheinland, wo es die Zivilehe gab, betraf § 139, Abs. 2 daher nur Zivilstandsbeamte, nicht aber Geistliche. § 139, Abs. 2 war kein Sonderdelikt, sondern regelte einen speziellen Fall der Beteiligung an Bigamie[474], von der Geistliche als Personenstandsbeamte betroffen waren. Im Rheinland galt außerdem Art. XII, § 5[475] des Einführungsgesetzes zum PrStGB[476], eine aus dem französischen Recht übernommene Vorschrift, wonach Geistliche, die ohne vorherige Ziviltrauung eine Ehe schlossen, mit Gefängnis bis drei Monaten oder Geldstrafe bestraft wurden. Diese Vor-

---

[470] Abegg, Entwurf, S. 126.

[471] Art. 15 der revidierten Verfassung enthält denselben Wortlaut.

[472] Die evangelische Kirche reagierte 1886, nachdem sie in den siebziger Jahren endlich die weitgehende Autonomie erlangte, mit einem eigenen Disziplinargesetz; abgedruckt und kommentiert bei Nitze, S. 566 ff. Dieses Gesetz ist in weiten Teilen eine Nachbildung des Disziplinargesetzes von 1852. § 4 übernimmt den Gedanken, daß die Verurteilung zu einer Zuchthausstrafe einen Straftäter auch unfähig zu geistlichen Ämtern macht.

[473] Später § 338 RStGB.

[474] Oppenhoff, S. 232.

[475] Später § 337 RStGB, der 1876 durch § 67 des Personenstandsgesetzes ersetzt wurde, vgl. Rubo, 993 f. Meves, Holtzendorffs Handbuch, Bd., 3, S. 1014 kritisiert die Stellung des § 337 innerhalb der Amtsdelikte.

[476] prGS 1851, S. 93 ff.

schrift war tatsächlich eine Sondervorschrift für Geistliche zum Schutz der Zivilehe.[477]

Im Konflikt zwischen Staat und (katholischer) Kirche wurde auch in der Folgezeit nicht auf strafrechtliche Mittel verzichtet. Berüchtigt war lange Zeit der im Kulturkampf 1871 von der bayerischen Regierung und Bismarck erwirkte „Kanzelparagraph" 130 a RStGB[478], wonach ein Geistlicher, der in Predigten oder Hirtenbriefen „Angelegenheiten des Staats in einer den öffentlichen Frieden gefährdenden Weise zum Gegenstand einer Verkündigung oder Erörterung macht [...]", mit Freiheitsstrafe bis zu zwei Jahren bestraft werden konnte. Diese weit auslegbare Vorschrift, die den Bereich staatlicher Kontrolle ausdehnen sollte, blieb bis 1953 in Kraft.

Der in den vierziger Jahren leidenschaftlich geführte Konflikt um die „Verbrechen der Geistlichen" fand vor allem mit den preußischen Verfassungen von 1848 und 1850, die den Kirchen rechtliche Selbständigkeit zubilligten, sein Ende. In dieser Kontroverse wurde dem allzuständigen Staat und seinen Beamten eine Grenze gesetzt, jenseits derer das Staatsbeamtentum nicht wirksam werden und damit auch nicht strafrechtlich abgesichert werden darf.

---

[477] Nach Goltdammer, Bd. 1, S. 29, ist es im Rheinland vorgekommen, daß Brautleute nur kirchlich geheiratet haben und wegen der Rechtsunwirksamkeit der Ehe vor allem die Kinder Nachteile hatten.

[478] Vgl. Huber, Verfassungsgeschichte, Bd. 4, S. 700 f.

Zusammenfassung

I.

Das römische und das deutsche Strafrecht kannten wenige besondere Amtsdelikte. In der gemeinrechtlichen Epoche wurden besonders die römischen Tatbestände der Amtserschleichung, des Amtsmißbrauchs und der rechtswidrigen Verwaltung staatlicher Gelder fortgebildet. Da dies nicht ausreichte, um die Ordnung im öffentlichen Dienst aufrecht zu erhalten, wurde im 18. Jahrhundert das Innominatdelikt der Beamten entwickelt, wonach jede schuldhafte Pflichtverletzung strafbar war.

Das Innominatdelikt wurde auch im landrechtlichen Strafrecht kodifiziert, obwohl die Schöpfer grundsätzlich um Bestimmtheit bemüht waren. Anders als die Amtsdelikte des gemeinen Rechts waren die des landrechtlichen Strafrechts ein Sonderstrafrecht des Beamtenstandes. Die bald nach Inkrafttreten des ALR begonnene Strafrechtsreformen, war für die Fortentwicklung der Amtsdelikte erst seit den zwanziger Jahren des 19. Jahrhunderts fruchtbar und endete mit dem Inkrafttreten des Strafgesetzbuchs von 1851. Die Reform der Amtsdelikte war von der Frage beherrscht, welche Tatbestände der landrechtlichen Amtsdelikte weiter Straftatbestände sein sollten und welche der disziplinarischen Ahndung überlassen werden konnten. Die Amtsdelikte des PrStGB waren nicht mehr in dem ausschließlichen Maße Sonderstrafrecht der Beamten wie die landrechtlichen Amtsdelikte.

II.

Das Beamtentum ist in Preußen im 18. Jahrhundert entstanden; es war zunächst nur dem König zu Diensten bei der Durchsetzung seiner Interessen. Im Laufe des 18. Jahrhunderts entwickelten sich die Beamten zu Staatsdienern, die nicht mehr der Person des Königs, sondern der Einrichtung des Staatsoberhaupts verpflichtet waren. Im ALR bildete die Beamtenschaft einen eigenen Stand. Da die landrechtlichen Amtsdelikte ein Sonderstrafrecht waren, kamen nur Staatsdiener als Täter in Frage, erst mit den Strafrechtsentwürfen seit 1833 wurde eine Ausnahmeregelung geschaffen, die auch nichtbeamtete Teilnehmer an Amtsdelikten mit Strafe bedrohte. Diese Regel entsprach nicht Ergebnissen der Strafrechtswissenschaft, sondern war vor allem kriminalpolitisch motiviert.

Die materiellen Grundlagen des späteren Disziplinarrechts, nämlich Generalklauseln und besondere Maßstäbe für die Bewertung dienstlichen und außerdienstlichen Verhaltens der Beamten, waren in den landrechtlichen Amtsdelikten bereits vorhanden. Dennoch waren alle Amtsdelikte eine einheitliche Deliktsgruppe, die zum Strafrecht gehörte. Die Kodifikatoren wollten erreichen, daß Beamte nur aufgrund einer Gerichtsentscheidung aus dem Dienst entfernt werden können. Da nur Strafrichter die Entlassung eines Beamten aussprechen konnten, mußten alle möglichen Gründe der Entlassung als Straftatbestände konstruiert sein. Außerdem wurde die eindeutige Unterscheidung zwischen Prävention und Vergeltung, die der Unterscheidung von Straf- und Disziplinarrecht zugrunde liegt, erst nach Inkrafttreten des ALR vorgenommen.

Im Widerspruch zur Feststellung, daß die landrechtlichen Amtsdelikte in ihrer Gesamtheit dem Strafrecht zugeordnet werden müssen, steht die Tatsache, daß das ALR ein administratives Verfahren zur Entlassung von Beamten kannte. Daß der Staatsrat neben den Gerichten ebenfalls das Recht hatte, Beamte gegen ihren Willen zu entlassen, widersprach den ursprünglichen Vorstellungen der Kodifikatoren. Gerichtsverfahren und administratives Verfahren waren nicht voneinander abgegrenzt, so daß die Kodifikatoren darauf hofften, daß Entlassungen weitgehend von den Gerichten ausgesprochen wurden. Diese Hoffnung hat sich zumindest teilweise erfüllt.

Strafverfahren gegen Beamte waren entweder förmliche Inquisitionsverfahren oder fiskalische Verfahren. Die Justiz durfte Strafverfahren gegen Beamte wegen Dienstpflichtverletzungen nur nach vorangegangenem Antrag der Dienstbehörde des Beamten einleiten. Dieses aus Frankreich stammende Prinzip wurde als Eingriff in die Befugnisse der Justiz kritisiert und 1848 abgeschafft. Nach der Einrichtung von Staatsanwaltschaften in den Jahren 1846 und 1849 konnte das Justizministerium Staatsanwälte anweisen, auf die Strafverfolgung von Beamten zu verzichten. Diese Möglichkeit wurde 1854 durch ein gerichtliches Verfahren, in dem über die Einleitung des Verfahrens entschieden wurde, ersetzt.

Das Verfahren zur administrativen Entlassung von Beamten wurde in den zwanziger Jahren mehrfach modifiziert. Dabei wurde auch die Möglichkeit der Zwangspensionierung geschaffen, die zur politischen Disziplinierung von Beamten eingesetzt wurde. Anders als bei anderen administrativen Entlassungen gab es bei der Zwangspensionierung keine Verfahrensgarantien. Außerdem wurde durch das Disziplinarverfahren seit den zwanziger Jahren des 19. Jahrhunderts der freien Beweiswürdigung der Weg geebnet.

Das Disziplinargesetz von 1844 brachte Beamten Verfahrensgarantien. Es unterschied Disziplinarvergehen und Straftaten nur nach ihrer Schwere. Um dieses

Gesetz entbrannte eine öffentliche Kontroverse, da Richter und Verwaltungsbeamte gleich behandelt wurden. Diese wurden erst durch zwei Verordnungen von 1849, die 1851 und 1852 beinahe unverändert zu Gesetzen wurden, unterschieden. Die Verordnungen von 1849 bedeuteten einen grundlegenden Wandel in der Gesetzgebung, da das Disziplinarverfahren nun auch neben das Strafverfahren treten konnte und die dienstrechtliche Ahndung einer Verfehlung ausschließlich dem Disziplinarverfahren vorbehalten blieb.

Die sonderrechtliche Qualität der landrechtlichen Amtsdelikte drückte sich in der Androhung von Sonderstrafen, namentlich der Entfernung aus dem Dienst aus. Im ALR wurde die Unfähigkeit zu weiteren öffentlichen Ämtern anders als im gemeinen Strafrecht neben der eigentlichen Dienstentlassung ausgesprochen. Dagegen kannten die Strafrechtsentwürfe bis 1847 eine schwere, mit Amtsunfähigkeit verbundene, und eine leichte Art der Amtsentfernung. Zu Beginn des Jahres 1848 setzte sich die Ansicht durch, daß das Strafrecht keine Sonderstrafen androhen darf. Keine Sonderstrafe sollte die Unfähigkeit zu öffentlichen Ämtern sein; damit wurde zugleich anerkannt, daß jedermann diese Fähigkeit besitzt.

III.

Die landrechtlichen Amtsdelikte waren weitgehend ein Abbild der von der gemeinen Doktrin im 17. und 18. Jahrhundert entwickelten Tatbestände. Bei der Strafrechtsreform wurden nur noch die Tatbestände ausführlich behandelt, die weiter Straftatbestände sein sollten, während alle übrigen im ALR normierten Pflichtverletzungen in einer disziplinarrechtlichen Generalklausel aufgingen. Die Sondertatbestände des römischen Strafrechts wurden in der Gesetzrevision aufgegeben.

Die Vorschriften über Amtserschleichung und Amtsanmaßung sollten den öffentlichen Dienst vor unbefugten Eingriffen von außen schützen und die Qualität der öffentlichen Verwaltung sichern. Während die Amtsanmaßung sich zu einem Vergehen gegen die öffentliche Ordnung entwickelte, wurde der Tatbestand der Amtserschleichung 1848 als überflüssig aufgegeben.

Die Bestechungstatbestände drohten korrupten Richtern härtere Strafen als Verwaltungsbeamten an. Die landrechtlichen Amtsdelikte erkannten in einigen Vorschriften an, daß auch immaterielle Vorteile ein geeignetes Bestechungsmittel sein konnten. Aktive Bestechung war nur strafbar, wenn sie einen Richter betraf. In den Strafrechtsentwürfen ab 1828 sollte die Strafbarkeit aktiver Bestechung aller Beamter strafbar sein. In den Entwürfen nach 1848 und im PrStGB war aktive Bestechung nur noch dann strafbar, wenn der Täter vom Beamten eine rechtswidrige Handlung gefordert hat.

In den Amtsdelikten wurde die rechtswidrige Verwaltung öffentlicher Gelder anders bestraft als deren Unterschlagung. In der gerichtlichen Praxis wurde meistens nur der Unterschlagungstatbestand angewandt. Dem wurde im Rahmen der Gesetzrevision 1842 Rechnung getragen; das PrStGB kannte nur noch den Tatbestand der Unterschlagung öffentlicher Gelder.

Die landrechtlichen Amtsdelikte haben besondere Generalklauseln für Justizbeamte enthalten, die von denen für Verwaltungsbeamte abwichen. Diese Generalklauseln wurden seit den dreißiger Jahren zum Tatbestand der Rechtsbeugung fortentwickelt. Besondere Strafvorschriften betrafen die Strafrechtspflege. Diese Tatbestände wurden weiterentwickelt und in das PrStGB aufgenommen. Außerdem enthielten alle Entwürfe seit 1828 und das PrStGB den Tatbestand über Aussageerpressung. Dieser war insofern bedeutend, als im Strafverfahrensrecht bis 1849 nach der Kriminalordnung von 1805 Ungehorsamsstrafen zulässig waren.

Die landrechtlichen Amtsdelikte enthielten Sondertatbestände der Geistlichen. Diese waren nach dem Staatskirchenrecht des ALR Beamten gleichgestellt. Sondertatbestände der Geistlichen waren auch in den Strafrechtsentwürfen der vierziger Jahre des 19. Jahrhunderts enthalten. Sie wurden von rheinischer Seite angegriffen, da sie im Widerspruch zum im Rheinland geltenden französischen Recht standen und mit dem kirchlichen Ämterwesen nicht vereinbar waren. Da die Verfassung von 1848 den Kirchen innere Autonomie zubilligte, fehlten Sondertatbestände im PrStGB

Schrifttumsverzeichnis

I. Literatur

Abegg, Julius Friedrich Heinrich: Bemerkungen über den Entwurf eines Strafgesetzbuches für die preußischen Staaten vom Jahre 1847 (Besonderer Abdruck aus dem ArchCrimR (NF) für 1848, Heft 1), Halle 1848 (zit. Abegg, Bemerkungen).

- Der Entwurf des Strafgesetzbuches für die Preußischen Staaten vom 10. December 1850, ArchCrimR (NF), 2. Beilageheft zu 1851, Halle 1851 (zit. Abegg, Entwurf).

- Kritische Betrachtungen über den Entwurf des Strafgesetzbuchs für die Preußischen Staaten vom Jahre 1843, Neustadt a. d. Orla 1844 (zit. Abegg, Kritische Betrachtungen).

- Lehrbuch des gemeinen Criminal-Prozesses, Königsberg 1833, Nachdruck: Goldbach 1996 (zit. Abegg, Lehrbuch [Criminal-Prozeß]).

- Lehrbuch der Strafrechts-Wissenschaft, Neustadt a. d. Orla 1836, Nachdruck: Goldbach 1996 (zit. Abegg, Lehrbuch).

- Preußische Strafgesetzgebung und die Rechtsliteratur in ihrer gegenseitigen Beziehung, GA, Band 1 (1853), S. 494-529.

- Revision der Lehre von den angeblich straflosen Tödtungen, in: Untersuchungen aus dem Gebiete der Strafrechtswissenschaft, Breslau 1830, S. 55-101 (zit. Abegg, Untersuchungen).

- System der Criminal-Rechts-Wissenschaft als Grundlage zu historisch-dogmatischen Vorlesungen über das gemeine und Preußische Criminalrecht, Königsberg 1826 (zit. Abegg, System).

- Versuch einer Geschichte der Strafgesetzgebung und des Strafrechts der Brandenburg-Preußischen Lande, 1. Supplementband von Hitzigs Zeitschrift, Berlin 1835 (zit. Abegg, Versuch).

Allgemeine deutsche Biographie (ADB), auf Veranlassung und mit Unterstützung seiner Majestät des Königs von Bayern Maximilian II. hrsg. durch die historische Kommission bei der Königlichen Akademie der Wissenschaften, München/Leipzig 1875-1912, Nachdruck: Berlin 1967-1971 (zit. Verfasser, ADB).

BACHMANN, Friedrich Christian, Kurzer Entwurf einer Statistik der preußischen Staaten, Halle 1790.

BANKE, Waldemar: Der erste Entwurf eines Deutschen Einheitsstrafrechts, Band 1, Berlin 1912, Band 2, Berlin 1915, Nachdruck: Frankfurt/Main 1991

BAR, Ludwig von: Handbuch des Deutschen Strafrechts, Band 1: Geschichte des Deutschen Strafrechts und der Strafrechtstheorien, Berlin 1882, Nachdruck: Aalen, 1974.

BAUCHROWITZ, Wolfgang: Der immaterielle Vorteilsbegriff der Bestechungsdelikte im StGB (Diss. Kiel 1988), Europäische Hochschulschriften, Reihe 2, Rechtswissenschaft, Band 724, Frankfurt/Main u.a. 1988.

BECCARIA, Cesare: Über Verbrechen und Strafen, deutsch von Wilhelm Alff, Frankfurt/Main 1998.

BECKER, Hans-Jürgen: Preußischer Staat und katholische Kirche (1786-1806), in: in: Das nachfriderizianische Preußen 1786-1806, hrsg. von Hans Hattenhauer und Götz Landwehr, Heidelberg 1988, Motive - Texte - Materialien (MTM), Band 46, S. 383-403.

BEHNKE, Kurt: Disziplinarrecht und Strafrecht, Zur Reform des Disziplinarrechts, Zeitschrift für Beamtenrecht (ZBR) 1963, S. 257-277.

BEHRE, Otto: Geschichte der Statistik in Brandenburg-Preußen, Berlin 1905.

BERGHAUS, Heinrich Karl Wilhelm: Statistik des preußischen Staats, Berlin 1845.

BERGK, Johann Adam: Die Philosophie des peinlichen Rechts, Meißen 1802.

BERMAN, Harold J.: Recht und Revolution, Die Bildung der westlichen Rechtstradition, Frankfurt/Main 1991.

BERNER, Albert Friedrich: Lehrbuch des Deutschen Strafrechts, 1. Auflage, Leipzig 1857, Nachdruck: Goldbach 1999 (zit. Berner, Lehrbuch).

- Die Lehre von der Teilnahme am Verbrechen, Berlin 1847, Nachdruck: Goldbach 1996 (zit. Berner, Teilnahme).

- Die Strafgesetzgebung in Deutschland vom Jahre 1751 bis zur Gegenwart, Leipzig 1867, Nachdruck: Aalen 1978 (zit. Berner, Strafgesetzgebung).

BESELER, Georg: Kommentar über das Strafgesetzbuch für die Preußischen Staaten und das Einführungsgesetz vom 14. April 1851, Leipzig 1851.

Die Bibel oder die ganze Heilige Schrift nach der Übersetzung Martin Luthers, Stuttgart 1967 u.ö. (zit. sind nur die jeweiligen Bibelstellen).

BIELITZ, Gustav Alexander: Praktischer Kommentar zum allgemeinen Landrechte für die preußischen Staaten, Band 7, Erfurt 1829.

BINDING, Karl: Das Amtsverbrechen und seine legislatorische Behandlung, Der Gerichtssaal, Band 64 (1904), S. 1-21.

- Lehrbuch des gemeinen deutschen Strafrechts, Band 2, Teil 2, Leipzig 1905, Nachdruck: Goldbach 1997 (zit. Binding, Lehrbuch).

BISMARCK, Otto von: Gedanken und Erinnerungen, Neue Ausgabe hrsg. von Horst Kohl, Band 1, Stuttgart/Berlin 1921.

BLUNTSCHLI: s. Deutsches Staatswörterbuch

BÖHR, Susanne: Die Verfassungsarbeit der preußischen Nationalversammlung 1848 (Magisterarbeit Köln 1994), Europäische Hochschulschriften, Reihe 3, Geschichte und ihre Hilfswissenschaften, Band 505, Frankfurt/Main u.a. 1992.

BORNHAK, Conrad: Preußische Staats- und Rechtsgeschichte, Berlin 1903, Nachdruck: Köln 1979.

BRACKENHOEFT, Theodor: Beitrag zur Lehre vom crimen de residuis, Roßhirts Zeitschrift, Band 3, Heft 1, S. 93-139.

- Über allgemeine und besondere Gehülfen bei verbrecherischen Handlungen, ArchCrimR (NF) 1840, S. 410-433.

BRANIG, Hans: Wesen und Geist der höheren Verwaltungsbeamten in Preußen in der Zeit des Vormärz, in: Neue Forschungen zur Brandenburg-Preußischen Geschichte, 1 (zugleich Veröffentlichungen aus den Archiven Preußischer Kulturbesitz, 14), Köln/Wien 1979, S. 161-171.

BURCKHARDT, Jacob: Die Zeit Konstantins des Großen, 4. Auflage, Leipzig 1924.

CAMPENHAUSEN, Axel von: Staatskirchenrecht, 3. Auflage, München 1996.

COING, Helmut: Epochen der Rechtsgeschichte in Deutschland, München 1967.

COLLIN, Peter: „Wächter der Gesetze" oder „Organ der Staatsregierung"?, Konzipierung, Einrichtung und Anleitung der Staatsanwaltschaft durch das preußische Justizministerium Von den Anfängen bis 1860 (Diss. Berlin 1998/99), Veröffentlichungen des Max-Planck-Instituts für Europäische Rechtsgeschichte Frankfurt/Main, Band 16, Frankfurt/Main 2000.

CONRAD, Hermann: Die geistigen Grundlagen des Allgemeinen Landrechts für die Preußischen Staaten von 1794, Arbeitsgemeinschaft für Forschung des Landes Nordrhein-Westfalen (Geisteswissenschaften), Heft 77, Köln/Opladen 1958.

CORTES ROSA, Manuel: Teilnahme am unechten Sonderverbrechen, ZStW, Bd. 90 (1978), S. 413-441.

Criminallexikon nach dem neuesten Stande der Gesetzgebung in Deutschland, hrsg. von Ludwig von Jagemann, Wilhelm Brauer, Erlangen 1854, Nachdruck, Leipzig 1954. (zit. Jagemann, Criminallexikon).

Deutsches Staatswörterbuch; hrsg. von Johann Caspar Bluntschli und Karl Brater, Stuttgart, Leipzig 1857-1870, Nachdruck: Frankfurt/Main 1983 (zit. Verfasser, Bluntschli, Staatswörterbuch).

DILTHEY, Wilhelm: Das Allgemeine Landrecht, in: Zur preußischen Geschichte, Gesammelte Schriften, Band 12, 5. Auflage, Stuttgart/Göttingen 1985, S. 131-207.

DORN, Johann Lorenz: Versuch eines praktischen Kommentars über das peinliche Recht, Band 1, Leipzig 1790.

DUDEN, Gottfried: Der Preußische Entwurf einer neuen Strafgesetzgebung und sein Verhalten zum Rheinlande, Bonn 1843.

ELLINGER, Georg: Das Disziplinarverfahren gegen E.T.A. Hoffmann, Deutsche Rundschau, Band 128 (1906), S. 79-103.

EVANS, Richard: Rituale der Vergeltung, Die Todesstrafe in der deutschen Geschichte 1532-1987, Berlin/Hamburg, 2001.

FEHRENBACH, Elisabeth: Das napoleonische Modell des Beamtentums und sein Einfluß auf die deutsche Geschichte, in: L' educazione giuridica, 4/II, Perugia, 1981, S. 219-237.

FEUERBACH, Paul Johann Anselm: Über die Bestechung der Staatsdiener, in: Themis, oder Beiträge zur Gesetzgebung, Landshut 1812, S. 187-235 (zit. Feuerbach, Themis).

- Kritik des Kleinschrodischen Entwurfs zu einem peinlichen Gesetzbuche für die Chur-Pfalz-Bayrischen Staaten, Band 2, Gießen 1804, Nachdruck: Frankfurt/Main, 1988 (zit. Feuerbach, Kritik).

- Lehrbuch des gemeinen in Deutschland gültigen peinlichen Rechts, 1. Auflage, Gießen 1801 (zit. Feuerbach, Lehrbuch).

- Lehrbuch des gemeinen in Deutschland gültigen peinlichen Rechts, 4. Auflage, Gießen 1808 (zit. Feuerbach, Lehrbuch, 4. Auflage).

- Lehrbuch des gemeinen in Deutschland gültigen peinlichen Rechts, 11. Auflage, Gießen, 1832, Nachdruck: Goldbach 1997 (zit. Feuerbach, Lehrbuch, 11. Auflage).

- Lehrbuch des gemeinen in Deutschland gültigen peinlichen Rechts, 14. Auflage mit Anmerkungen von Carl Joseph Anton Mittermaier, Gießen 1847, Nachdruck: Aalen 1986 (zit. Feuerbach-Mittermaier, Lehrbuch; zitiert werden nur die Anmerkungen Mittermaiers).

FISCHL, Otto: Der Einfluß der Aufklärungsphilosophie auf die Entwicklung des Strafrechts in Doktrin, Politik und Gesetzgebung und Vergleichung der damaligen Bewegung mit den heutigen Reformversuchen (Diss. München 1913), Strafrechtliche Abhandlungen, Heft 169, 1913.

FRÜH, Paul: Die strafbaren Pflichtverletzungen des Rechtsanwalts gegen über seinen Klienten (Diss. Zürich 1909/10), Zürcher Beiträge zur Rechtswissenschaft, Band 33, Aarau 1910.

FU, Arne: Kompetenzkonflikte im preußischen Recht des 19. Jahrhunderts (Diss. Heidelberg 1998), Europäische Hochschulschriften, Reihe 2, Rechtswissenschaft, Band 2563, Frankfurt/Main u.a. 1999.

GEERDS, Friedrich: Über den Unrechtsgehalt der Bestechungsdelikte und seine Konsequenzen für Rechtsprechung und Gesetzgebung, Tübingen 1961.

Gemeinwohl - Freiheit - Vernunft - Rechtsstaat 200 Jahre Allgemeines Landrecht für die Preußischen Staaten, hrsg. von Friedrich Ebel, Berlin/New York 1995.

GLOBIG, Hanns Ernst von, HUSTER, Johann Georg: Abhandlung von der Criminal-Gesetzgebung, eine von der ökonomischen Gesellschaft in Bern gekrönte Preisschrift des Herrn Hanns Ernst von Globig im Kürfürstl. Sächs. geheimen Cabinet, und Herrn Johann Georg Huster, kürfürstl. Sächs geheimen- und Finanz-Sekretarius in Dresden, Zürich 1783, Nachdruck: Frankfurt/Main 1969.

GNEIST, Rudolf: Freie Advokatur. Die erste Forderung aller Justizreform in Preußen, Berlin 1867, Nachdruck: Berlin 1911.

GOLDSCHMIDT, James: Das Verwaltungsstrafrecht, Berlin 1902.

GOLTDAMMER, Theodor: Materialien zum Strafgesetzbuch für die preußischen Staaten aus den amtlichen Quellen nach den Paragraphen des Gesetzbuches zusammengestellt und in einem Kommentar erläutert, Band 1, Berlin 1851, Band 2, Berlin 1852, Nachdruck: Frankfurt/Main 1991.

GÖNNER, Nicolaus Thaddäus: Der Staatsdienst aus dem Gesichtspunkt des Rechts und der Nationalökonomie betrachtet, Landshut 1808.

GRAVENHORST, Georg: Der sogenannte Konflikt bei gerichtlicher Verfolgung von Beamten, Abhandlungen aus dem Staats- und Verwaltungsrecht, Heft 15, Breslau 1908.

GROLMANN, Karl: Grundsätze der Criminalrechtswissenschaft, 2. Auflage, Gießen/Darmstadt 1805.

GRÜNHAGEN, Colmar: Zerboni und Held in ihren Konflikten mit der Staatsgewalt 1796-1802, Berlin 1897.

GWINNER, Heinrich: Der Einfluß des Standes im gemeinen Strafrecht (Diss. Heidelberg 1934), Strafrechtliche Abhandlungen, Heft 345, Breslau 1934.

HÄLSCHNER, Hugo: Das gemeine deutsche Strafrecht, Band 2, Halbband 2, Der besondere Theil des Systems, Bonn 1887 (zit. Hälschner, Gemeines Strafrecht).

- Geschichte des Brandenburg-Preußischen Strafrechts, Das Preußische Strafrecht, Band 1, Bonn 1855, Nachdruck: Aalen 1975 (zit. Hälschner, Geschichte).

HAFEMANN, Friedrich Julius: Handbuch des Preußischen Criminal-Processes, Berlin 1832.

Handwörterbuch zur deutschen Rechtsgeschichte, hrsg. von Eckehard Kaufmann und Adalbert Erler, Berlin 1971-1988 (zit. Verfasser, HRG).

HARTUNG, Fritz: Friedrich Wilhelm I. von Preußen, in: Staatsbildende Kräfte der Neuzeit, Gesammelte Aufsätze, Berlin 1961, S. 123-148. (zit. Hartung, Friedrich-Wilhelm I.).

- Studien zur Geschichte der preußischen Verwaltung, in: Staatsbildende Kräfte der Neuzeit, Gesammelte Aufsätze, Berlin 1961, S. 17-344. (zit. Hartung, Studien).

HATTENHAUER, Hans: Einführung in die Geschichte des Preußischen Allgemeines Landrecht, in: Allgemeines Landrecht für die Preußischen Staaten, mit einer Einführung von Hans Hattenhauer und einer Bibliographie von Günter Bernert, 3. Auflage, Neuwied/Kriftel/Berlin 1997, S. 1-25 (zit. Hattenhauer, Einführung).

- Geschichte des deutschen Beamtentums, Handbuch des öffentlichen Dienstes, hrsg. von Walter Wiese, Band 1, 2. Auflage, Köln u.a. 1993 (zit. Hattenhauer, Geschichte).

HECKEL, Martin: Die Neubestimmung des Verhältnisses von Staat und Kirche im 19. Jahrhundert, in: Staat, Kirche Recht Geschichte, Gesammelte Schriften, Band 3, zugleich Ius ecclesiasticum, Band 58, S. 441-470.

HECKERT, Adolph: Handbuch der Strafgesetzgebung Preußens, 2, Berlin 1851.

HEFFTER, August Wilhelm: Lehrbuch des gemeinen deutschen Criminalrechts mit Rücksicht auf die nicht exclusiven Landesrechte, Halle 1833 (zit. Heffter, Lehrbuch).

- Die strafrechtliche und disziplinarische Behandlung der Staats- und Kirchendiener, ArchCrimR (NF) 1853, S. 422-442.

- Über Verbrechen und Disziplinar-Vergehungen der Staats- und Kirchendiener, NArchCrimR, Band 13 (1832/33), S. 48-87, 156-195.

HEGEL, Georg Wilhelm Friedrich: Grundlinien der Philosophie des Rechts oder Naturrecht und Staatswissenschaft im Grundrisse, in: Werke auf der Grundlage der Werke von 1832-1845 neu edierte Ausgabe von Eva Moldenhauer und Karl Markus Michel, Band 7, Frankfurt/Main 1986 u.ö.

HEINRICH, Bernd: Der Amtsträgerbegriff im Strafrecht, Auslegungsrichtlinien unter besonderer Berücksichtigung des Rechtsguts der Amtsdelikte (erweiterte Habilschr. Tübingen 1999-2000), Strafrechtliche Abhandlungen (Neue Folge), Band 132, Berlin 2001.

HELFRITZ, Hans: Grundzüge des Beamtenrechts, Berlin/Wien 1929.

HENKE, Eduard: Beyträge zur Criminalgesetzgebung, Regensburg 1825, Nachdruck: Goldbach 1996 (zit. Henke, Beyträge).

\- Handbuch des Criminalrechts und der Criminalpolitik, Band 3, Berlin/Stettin 1830 (zit. Henke, Handbuch).

HEPP, Ferdinand Karl Theodor: Beitrag zur Lehre von der Teilnahme an einem Verbrechen, ArchCrimR (NF) 1846, S. 313-359.

HERTEL, Carl August Christian: Über Cassen-Defecte und das dabei zu beobachtende Verfahren, NArchCrimR, Band 12 (1830/32), S. 108-129, 225-252.

HETTINGER, Michael: J.D.H. Temme (1798-1881) - nicht nur ein Juristenleben, in: Vom mittelalterlichen Recht zur neuzeitlichen Rechtswissenschaft, Festschrift für Winfried Trusen, hrsg. von Norbert Briesekorn u.a., Rechts- und Staatswissenschaftliche Veröffentlichungen der Görres-Gesellschaft (Neue Folge), Band 72, Paderborn u.a. 1994, S. 335-364.

HINSCHIUS, Paul: Kirchenrecht, Berlin 1869-1897, Band 4, Berlin 1888, Nachdruck: Graz 1959.

HINTZE, Otto: Der Beamtenstand, in: Soziologie und Geschichte, Gesammelte Abhandlungen zur Soziologie, Politik und Theorie der Geschichte, Gesammelte Abhandlungen zur Staats-, Rechts- und Sozialgeschichte Preußens, hrsg. von Gerhard Oestreich, Band 2, 2. Auflage, Göttingen 1964, S. 66-125 (zit. Hintze, Beamtenstand).

- Der Commissarius und seine Bedeutung in der allgemeinen Verwaltungsgeschichte, in: Staat und Verfassung, Gesammelte Abhandlungen zur Staats-, Rechts- und Sozialgeschichte Preußens, hrsg. von Gerhard Oestreich, Band 1, 2. Auflage, Göttingen 1970, S. 242-274 (zit. Hintze, Commissarius).

- Die Epochen des evangelischen Kirchenregiments in Regierung und Verwaltung, Gesammelte Abhandlungen zur Staats-, Rechts- und Sozialgeschichte Preußens, hrsg. von Gerhard Oestreich, Band 3, 2. Auflage, Göttingen 1967, S. 56-96 (zit. Hintze, Epochen).

- Der preußische Militär- und Beamtenstaat, Regierung und Verwaltung, Gesammelte Abhandlungen zur Staats-, Rechts- und Sozialgeschichte Preußens, hrsg. von Gerhard Oestreich, Band 3, 2. Auflage, Göttingen 1967, S. 419-428 (zit. Hintze, Preuß. Beamtenstaat).

HIPPEL, Robert von: Deutsches Strafrecht, Band 1, Allgemeine Grundlagen, Berlin 1925, Nachdruck: Aalen 1971.

HODENBERG, Christina von: Die Partei der Unparteiischen (Diss. Bielefeld 1995), Kritische Studien zur Geschichtswissenschaft, Band 113, Göttingen 1996.

HOFFMANN, Ernst Theodor Amadeus: Die Elixiere des Teufels, in: Gesammelte Werke in Einzelausgaben, Band 2, 1. Auflage, Berlin/Weimar 1994 mit Anmerkungen von Hans-Joachim Kruse (zit. Hoffmann, Elixiere).

- Meister Floh, in: Gesammelte Werke in Einzelausgaben, Band 7, 1. Auflage, Berlin/Weimar 1994, S. 289-462 mit Anmerkungen von Hans-Joachim Kruse (zit. Hoffmann, Meister Floh; Anmerkungen zit. Hoffmann Werke, Band 7).

HOLTZE, Friedrich: Strafrechtspflege unter König Friedrich Wilhelm I, Beiträge zur Brandenburg-Preußischen Rechtsgeschichte, Band 3, Berlin 1894.

HUBATSCH, Walter: Verwaltungsentwicklung von 1713-1803, in: Deutsche Verwaltungsgeschichte, hrsg. von Kurt G. A. Jeserich, Hans Pohl, Georg Christoph von Unruh, Band 1, Stuttgart 1983, S. 892-941.

HUBER, Ernst Rudolf: Deutsche Verfassungsgeschichte seit 1789, Band 1, Reform und Restauration 1789-1830, Stuttgart 1957; Band 2, Der Kampf um Einheit und Freiheit 1830-1850, Stuttgart 1960; Band 3, Bismarck und das Reich, Stuttgart 1963; Band 4, Struktur und Krisen des Kaiserreichs, Stuttgart u.a. 1969 (zit. Huber, Verfassungsgeschichte).

HUBRICH, Eduard: Die Entwicklung der Kriminal- und Disziplinarstrafgewalt gegenüber dem preußischen Beamtentum und ihre Bedeutung für das Reichsrecht, Der Gerichtssaal, Band 75 (1910), S. 53-125.

HUCH, Ricarda: Untergang des Römischen Reiches Deutscher Nation, Deutsche Geschichte, Band 3, Zürich 1988.

HUFNAGEL, Karl Friedrich: Commentar über das Strafgesetzbuch für das Königreich Württemberg, zunächst für Praktiker, mit besonderer Rücksicht auf die gewählten Oberamtsgerichtsbeisitzer, Band 3, Tübingen 1844, Nachdruck: Frankfurt/Main 1989.

IGNOR, Alexander: Geschichte des Strafprozesses in Deutschland 1532 bis 1846 (HabilSchr. Würzburg 1996/97), Rechts- und Staatswissenschaftliche Veröffentlichungen der Görres-Gesellschaft, Band 97, Paderborn u.a. 2002.

ISAACSOHN, Siegfried: Geschichte des Preußischen Beamtenthums, Band 3, Preußisches Beamtenthum unter Friedrich Wilhelm I. und während der Anfänge Friedrich des Großen, Berlin 1884.

JAGEMANN: s. Criminallexikon.

JARCKE, Carl Ernst: Handbuch des gemeinen deutschen Strafrechts, mit Rücksicht auf die Bestimmungen der preußischen, österreichischen, baierischen und französischen Strafgesetzgebung, Band 2, Berlin 1828.

JERUSCHECK, Günter; KOCH Arnd: Zur Neubegründung des Vermögensschadens bei „Amtserschleichungen", GA 2001, S. 273-282.

JESCHECK, Hans-Heinrich, WEIGEND, Thomas: Lehrbuch des Strafrechts, Allgemeiner Teil, 5. Auflage, Berlin 1996.

JESERICH, Kurt G. A.: Die Entwicklung des öffentlichen Dienstes in: Deutsche Verwaltungsgeschichte, hrsg. von Kurt G. A. Jeserich, Hans Pohl, Georg Christoph von Unruh, Band 2, Stuttgart 1983, S. 302-332.

KAMPTZ, Karl Albert von: Aktenmäßige Darstellung der preußischen Gesetz-Revision, Berlin 1842 (zit. Kamptz, aktenmäßige Darstellung).

- Prüfung der grellen Irrthümer des Stadtgerichtsraths Simon in Breslau, Berlin 1845 (zit. Kamptz, Prüfung).

- Zwei Fragmente zur Erläuterung des Allgemeinen Landrechts, Kamptz' Jahrbücher, Band 45, S. 3-86.

KARSTEDT, Hans Peter: Der Begriff der Amtsdelikte im geltenden Strafrecht und seiner Reform (Diss. Leipzig 1932), Lübeck 1931.

KIRCHMANN, Julius Hermann von: Die Werthlosigkeit der Jurisprudenz als Wissenschaft, Berlin 1848, Nachdruck: Freiburg Berlin 1990.

KLEIN, Ernst Ferdinand: Ist es rathsam, die Abhängigkeit der Staatsbeamten von ihren Vorgesetzten zu vergrößern oder zu vermindern?, Kleins Annalen, Band 24 (1806), S. 76-85 (Abhandlung erschien anonym; Verfasserschaft Kleins nach Schmidt, Einführung, S. 341).

- Grundsätze des gemeinen deutschen peinlichen Rechts nebst Bemerkung der preußischen Gesetze, 1. Auflage Halle 1796 (zit. Klein, Grundsätze).

KLEINSCHROD, Gallus Alois: Abhandlungen aus dem peinlichen Rechte, Band 3, Erlangen 1805, Nachdruck: Goldbach 1998 (zit. Kleinschrod, Abhandlungen).

- Entwurf eines peinlichen Gesetzbuches für die kurpfalzbaierischen Staaten, München 1802, Nachdruck: Frankfurt/Main 1988 (zit. Kleinschrod, Entwurf).

- Über die Unterschlagung anvertrauten Staatsvermögens (crimen de residuis), ArchCrimR, Band 3 (1800), Heft 3, S. 103-121.

KOCH, Christian Friedrich: Allgemeines Landrecht für die preußischen Staaten (Kommentar); Band 1, 8. Auflage, Berlin/Leipzig 1884.

KOCH, Johann Christoph: Anfangsgründe des peinlichen Rechts, Jena/Leipzig 1790, Nachdruck: Goldbach, 1996 (zit. Koch, Anfangsgründe).

- Institutiones juris criminalis, 3. Auflage, Jena 1770 (zit. Koch, Institutiones).

KÖHLER, Michel: Strafrecht, Allgemeiner Teil, Berlin u.a. 1997.

KONOPAK, Christian Gottlieb: Über den socius generalis und specialis, ArchCrimR, Band 7 (1807/11), Heft 3, S. 297-297.

KOSELLECK, Reinhart: Preußen zwischen Reform und Revolution, 2. Auflage Stuttgart 1975, Nachdruck: München 1989 (zit. Koselleck, Preußen).

- Staat und Gesellschaft in Preußen 1815-1848, in: Moderne deutsche Sozialgeschichte, hrsg. von Hans Ulrich Wehler, 2. Auflage, Düsseldorf 1981, S. 55-84.

KÖTSCHAU, Uwe Lorenz: Richterdisziplinierung in der preußischen Reaktionszeit - Verfahren gegen Temme und Waldeck - (Diss. Kiel 1975), Kiel 1976.

KÜBLER, Horst: Besoldung und Lebenshaltung der unmittelbaren preußischen Staatsbeamten im 19. Jahrhundert, Nürnberger Forschungsberichte, Band 6, Nürnberg 1976.

KULLNICK, Heinz: Berliner und Wahlberliner, Berlin 1960.

LABES, Paul: Das Disziplinarrecht des Staates über seine Beamten, Hirths Annalen 1889 (Band 22) S. 213-272.

LAMBRECHT, Ute: Strafrecht und Disziplinarrecht (Diss. Göttingen 1996), Schriften zum Straf- und Strafprozeßrecht, Band 27, Frankfurt/Main, u.a. 1997.

LANDWEHR, Götz: Wissenschaftsdidaktische Probleme im Bereich der Rechtswissenschaft, in: Wissenschaftsdidaktik, Referate und Berichte von einer Tagung des Zentrums für interdisziplinäre Forschung der Universität Bielefeld am 11. und 12. April 1969, hrsg. von Hartmut von Hentig, Ludwig Huber, Peter Müller, Göttingen 1970, S. 121-130.

LISZT, Franz von: Lehrbuch des deutschen Strafrechts, 21/22. Auflage, Leipzig/Berlin 1919.

LOENING, Edgar: Gerichte und Verwaltungsbehörden in Brandenburg-Preußen, Abhandlungen und Aufsätze, Halle 1914.

LOTZ, Albert: Geschichte des deutschen Beamtentums, 2. Auflage, Berlin 1914.

LUDEN, Heinrich: Abhandlungen aus dem teutschen Strafrecht, Band 2, Göttingen 1840, Nachdruck: Goldbach 1997.

LÜDTKE, Alf: „Gemeinwohl“, Polizei und „Festungspraxis“ (Diss. Konstanz 1979/80), Veröffentlichungen des Max-Planck-Instituts für Geschichte, Band 73, Göttingen 1982.

LÜHRIG, Nicolas: Die Diskussion über die Reform der Juristenausbildung von 1945 bis 1995 (Diss. Hamburg 1997), Rechtshistorische Reihe, Band 165, Frankfurt/Main u.a. 1997).

MAGNUS, Julius: Deutsches Reich, in: Die Rechtsanwaltschaft, hrsg. von Julius Magnus, Leipzig 129, S. 1-34.

MAREZOLL, Theodor: Das gemeine deutsche Criminalrecht als Grundlage der neueren deutschen Strafgesetzgebungen, Leipzig 1847.

MARX, Karl: Kritik der Hegelschen Staatsphilosophie, in: Karl Marx, Die Frühschriften, hrsg. von Siegfried Landshut, Stuttgart 1953, S. 20-149.

MAURACH, Reinhart; SCHROEDER, Friedrich-Christian: MAIWALD, Manfred, Strafrecht, Besonderer Teil, Band 2, Straftaten gegen Gemeinschaftswerte, 8. Auflage, Heidelberg 1999.

MARTIN, Christoph: Lehrbuch des teutschen gemeinen Criminal-Rechts, Heidelberg 1825.

MEVES, Oscar: Die Amtsverbrechen, in: Handbuch des deutschen Strafrechts in Einzelbeiträgen, hrsg. von Franz von Holtzendorff, Band 3, Berlin 1872, S. 913-1018.

MITTERMAIER, Carl Joseph Anton: Die Strafgesetzgebung in ihrer Fortbildung geprüft nach den Forderungen der Wissenschaft und nach den Erfahrungen über den Werth neuer Gesetzgebungen, und über die Schwierigkeiten der Kodifikation, mit vorzüglicher Rücksicht auf den Gang der Beratungen von Entwürfen der Strafgesetzgebung in konstitutionellen Staaten, erster Beitrag, Heidelberg 1841.

- s. Feuerbach-Mittermaier.

MÖLLER, Horst: Ämterkäuflichkeit in Brandenburg-Preußen im 17. und 18. Jahrhundert, in: Ämterkäuflichkeit: Aspekte sozialer Mobilität im europäischen Vergleich (17. und 18. Jahrhundert), hrsg. von Klaus Malettke, Einzelveröffentlichungen der historischen Kommission zu Berlin, Band 26, Berlin 1980, S. 156-176.

MOMMSEN, Theodor: Römisches Strafrecht, Leipzig 1899, Nachdruck: Darmstadt 1955.

MORSTADT, Karl Eduard: Ausführlicher Kommentar zu Feuerbachs Lehrbuch, Schaffhausen 1852/1855.

MÜCKENBERGER, Ulrich: E.T.A. Hoffmann (1776-1822) „Das Literarische macht frei.“, in: Streitbare Juristen, Festschrift für Jürgen Seifert, hrsg. von Thomas Blanke u.a., Baden-Baden 1998, S. 19-32.

MÜHLER, Heinrich von: Geschichte der evangelischen Kirchenverfassung in der Mark Brandenburg, Weimar 1846.

MÜNCHEN, Nikolaus: Die Amts-Entfernung, ein Beitrag zur unbefangenen Kritik des Titels über die Verbrechen der Geistlichen in dem neuen Entwurfe eines Strafgesetzbuches, Köln 1848 (zit. München, Amts-Entfernung).

- Über die Bestrafung der Geistlichen nach dem neuen Entwurfe des Strafgesetzbuches für Preußen, Köln 1848 (zit. München, Bestrafung).

MUNZINGER, Werner: Die sog. eigentlichen und die sog. uneigentlichen Amtsdelikte (Diss. München 1934) Würzburg 1934.

NAGLER, Johannes: Die Teilnahme am Sonderverbrechen, Leipzig 1903.

NAUCKE, Wolfgang: Hauptdaten der preußischen Strafrechtsgeschichte 1786-1806, in: Das nachfriderizianische Preußen 1786-1806, hrsg. von Hans Hattenhauer und Götz Landwehr, Heidelberg 1988, Motive - Texte - Materialien (MTM), Band 46, S. 237-243.

Neue Deutsche Biographie (NDB), hrsg. von der historischen Kommission bei der bayerischen Akademie der Wissenschaften, Berlin seit 1953 (zit. Verfasser, NDB).

NEUGEBAUER, Wolfgang: Zur neueren Deutung der preußischen Verwaltung im 17. und 18. Jahrhundert in vergleichender Sicht, in: Moderne preußische Geschichte 1648-1947, eine Anthologie, hrsg. von Otto Büsch und Wolfgang Neugebauer, Band 2, Veröffentlichungen der Historischen Kommission zu Berlin, Band 52/2, Berlin/New York 1981, S. 541-597.

NOBILI, Massimo: Die freie richterliche Überzeugungsbildung, deutsch von Thomas Vormbaum, Juristische Zeitgeschichte, Abteilung 1 Allgemeine Reihe, Band 8, Baden-Baden 2001.

OPPENHOFF, Friedrich Christian: Das Strafgesetzbuch für die Preußischen Staaten, 5. Auflage, Berlin 1867.

O.V.: Aphorismen über den Entwurf eines Strafgesetzbuches, Trier 1843.

O.V.: Glossen zum Preußischen Criminalrecht, Breslau 1816.

PÖLTL, René: Die Lehre vom Indizienbeweis im 19. Jahrhundert (Diss. Heidelberg 1999), Europäische Hochschulschriften, Band 2735, Frankfurt/Main 1999.

PERTHES, Clemens Theodor: Der Staatsdienst in Preußen, ein Beitrag zum Deutschen Staatsrecht, Hamburg 1838.

QUISTORP, Johann Christian: Ausführlicher Entwurf zu einem Gesetzbuch in peinlichen und Strafsachen, Rostock/Leipzig, 1782 (zit. Quistorp, Entwurf).

- Grundsätze des teutschen peinlichen Rechts, Band 1, 2. Auflage, Rostock/Leipzig 1776 (zit. Quistorp, Grundsätze).

RADBRUCH, Gustav: Drei Strafrechtslehrbücher des 19. Jahrhunderts, in: ders., Strafrechtsgeschichte, Band 11 der Gesamtausgabe, hrsg. von Arthur Kaufmann, Heidelberg 2001, S. 407-429. (zit. Radbruch, Drei Strafrechtslehrbücher).

- Paul Johann Anselm Feuerbach Ein Juristenleben, in: ders. Feuerbach, Band 6 der Gesamtausgabe, hrsg. von Arthur Kaufmann, Heidelberg 1997, S. 27-273. (zit. Radbruch, Feuerbach).

- Stand und Strafrecht, in: ders., Strafrechtsgeschichte, Band 11 der Gesamtausgabe, hrsg. von Arthur Kaufmann, Heidelberg 2001, S. 357-368. (zit. Radbruch, Stand und Strafrecht).

RAPHAEL, Lutz: Recht und Ordnung, Herrschaft durch Verwaltung im 19. Jahrhundert, Frankfurt/Main 2000.

Rechtslexikon für Juristen aller teutschen Staaten enthaltend die gesamte Rechtswissenschaft, hrsg. von Julius Weiske, Leipzig 1839-1862. (zit. Verfasser, Weiske, Rechtslexikon).

REGGE, Jürgen: Chronologische Übersicht über die Reformgeschichte des Straf- und Strafprozeßrechts in Preußen, in: Gesetzrevision (1825-1848), I. Abteilung, Straf- und Strafprozeßrecht, hrsg. von Werner Schubert und Jürgen Regge, Band 1, Vaduz 1981, S. XXV-XLVII. (zit. Regge, Gesetzrevision)

- Das Reformprojekt eines ‚Allgemeinen Criminalrechts für die Preußischen Staaten (1799-1806), in: Das nachfriderizianische Preußen 1786-1806, hrsg. von Hans Hattenhauer, Götz Landwehr, Heidelberg 1988, Motive - Texte - Materialien (MTM), Band 46, S. 189-233 (zit. Regge, Das nachfriderizianische Preußen).

REHM, Hermann: Die rechtliche Natur des Staatsdienstes nach deutschem Staatsrecht, Hirths Annalen 1884 (Band 17), S. 575-687.

REJEWSKI, Harro-Jürgen: Die Pflicht zur politischen Treue im preußischen Beamtenrecht (1850-1918) (Diss. Würzburg 1972), Schriften zur Rechtsgeschichte, Heft 4, Berlin 1973.

RIEß, Peter: Bemerkungen zur Bedeutung des Preußischen Allgemeinen Landrechts von 1794 für die heutige Strafrechtsreform, GA 1978, S. 138-142.

RÖNNEBERG, Johann Friedrich: Über Dienstentlassung und Dienstaufkündigung, Berlin 1799.

ROGAN, Karl: Katechismus des preußischen Kriminalrechts, Berlin 1846.

ROßHIRT, Conrad Franz: Beiträge zur Lehre von der Anstiftung zum Verbrechen, ArchCrimR (NF) 1851, S. 498-553.

- Einiges von der Lehre vom crimen de residuis, NArchCrimR, Band 10 (1828/29), S. 453-475.

- Geschichte und System des deutschen Strafrechts, Band 3, Stuttgart 1839 (zit. Roßhirt, Geschichte und System).

- Lehrbuch des Criminalrechts nach den Quellen des gemeinen deutschen Rechts und mit besonderer Berücksichtigung auf die Darstellung des römischen Criminalrechts, Heidelberg 1821 (zit. Roßhirt, Lehrbuch).

ROTH, Paul von: System des Deutschen Privatrechts, Band 1, Tübingen 1880.

ROTTECK/WELCKER: s. Staatslexikon.

RUBO, Ernst-Traugott: Kommentar über das Strafgesetzbuch für das Deutsche Reich, Berlin 1879, Nachdruck: Frankfurt/Main 1992.

RÜPING, Hinrich: Grundriß der Strafrechtsgeschichte, 3. Auflage, München 1998.

SAFRANSKI, Rüdiger: E.T.A. Hoffmann, das Leben eines skeptischen Phantasten, Frankfurt/Main 1987.

SALCHOW, Johann Christian Daniel: Lehrbuch des gemeinen peinlichen in Deutschland gültigen peinlichen Rechts mit besonderer Rücksicht auf das preußische Recht, 3. Auflage, Halle 1823, Nachdruck: Goldbach 1997.

SCHILD, Wolfgang: 1577 Paragraphen aufgeklärter Strafrechtsvernunft, zum ALR als philosophischem Gesetzbuch, in: Gemeinwohl - Freiheit - Vernunft - Rechtsstaat, 200 Jahre Allgemeines Landrecht für die Preußischen Staaten, hrsg. von Friedrich Ebel, Berlin/New York 1995, S. 41-101.

SCHLEMMER, Hans: Der Begriff des Vorteils und seine Stellung innerhalb der Bestechungstatbestände (Diss. München 1962), München 1962.

SCHMIDT, Eberhard: Beiträge zur Geschichte des preußischen Rechtsstaats, Schriften zur Verfassungsgeschichte, Band 32, Berlin 1980 (zit. Schmidt, Beiträge).

- Einführung in die Geschichte der deutschen Strafrechtspflege, unveränderter Nachdruck der dritten Auflage, Göttingen 1983 (zit. Schmidt, Einführung).

- Fiskalat und Strafprozeß, Archivalische Studien zur Geschichte der Behördenorganisation und des Strafprozeßrechts in Brandenburg-Preußen, Veröffentlichungen des Vereins für Geschichte der Mark Brandenburg, München, Berlin 1921 (zit. Schmidt, Fiskalat).

- Die Kriminalpolitik Preußens unter Friedrich Wilhelm I. und Friedrich II. (Diss. Göttingen 1914), Abhandlungen des kriminalistischen Seminars Berlin, Folge 3, Band 1, Heft 2, Berlin 1914 (zit. Schmidt, Kriminalpolitik).

- Strafrechtliche Vorbeugungsmittel im Preußischen Allgemeinen Landrecht von 1794, ZStW 86 (1974), S. 621-625.

- Strafrecht und Disziplinarrecht, in: Beiträge zum öffentlichen Recht, hrsg. von Ernst Wolff, Sonderveröffentlichung der Zeitschrift für ausländisches und internationales Privatrecht, Berlin/Tübingen 1950, S. 859-878 (zit. Schmidt, Beiträge zum öffentlichen Recht).

SCHMIDT-SPEICHER, Ursula: Hauptprobleme der Rechtsbeugung (Diss. Köln 1980), Schriften zum Strafrecht Band 43, Berlin 1982.

SCHMITT-WEIGAND, Adolf: Rechtspflegedelikte in der fränkischen Zeit (Diss. Münster 1961), Münsterische Beiträge zur Staats- und Rechtswissenschaft, Band 7, Berlin 1962.

SCHMOLLER, Gustav: Der deutsche Beamtenstaat vom 16. bis 18. Jahrhundert, in: Umrisse und Untersuchungen zur Verfassungs-, Verwaltungs- und Wirtschaftsgeschichte, Leipzig 1898, S. 289-313.

SCHNEIDER, Erika: Gallus Aloys Kleinschrod, Sein Leben und Wirken, insbesondere der Entwurf zu einem peinlichen Gesetzbuche für die kurpfalzbaierischen Staaten (Diss. Hamburg) Hamburg 1976.

SCHNEIDER, Hans: Der preußische Staatsrat (erweiterte HabilSchr.) München/Berlin 1952.

SCHÖN, Theodor von: Woher und Wohin?, Straßburg 1842.

SCHÖNKE, Adolf, SCHRÖDER, Horst: Strafgesetzbuch Kommentar, 26. Auflage, München 2001.

SCHRÖDER, Peter: Der strafrechtliche Beamtenbegriff in der Entwicklung der Rechtsprechung und der Entwürfe (Diss. Münster 1965), Münster 1965.

SCHWARZE, Friedrich Oskar: Commentar zum Strafgesetzbuch für das Deutsche Reich, Leipzig 1873, Nachdruck: Frankfurt/Main 1992.

SCHWENNICKE, Andreas: Die allgemeinen Strafrechtslehren im Allgemeinen Landrecht für die Preußischen Staaten von 1794 und ihre Entwicklung bis zum preußischen Strafgesetzbuch von 1851, in: 200 Jahre Allgemeines Landrecht für die preußischen Staaten, hrsg. von Barbara Dölemeyer, Heinz Mohnhaupt, Veröffentlichungen des Max-Planck-Instituts für Europäische Rechtsgeschichte, Sonderhefte, Studien zur Europäischen Rechtsgeschichte, Band 75, Frankfurt/Main 1995.

SCHWEPPE, Albert: Römische Rechtsgeschichte und Rechtsalterthümer, 1. Auflage, Göttingen 1822.

SIMON, August: Die preußischen Richter und die Gesetze vom 29. März 1844, Leipzig 1845.

SIMON, August Heinrich: Bericht über die szientivische Redaktion der Materialien der preußischen Gesetzgebung, Mathis Zeitschrift, Band 11 (1811), S. 191 ff.

Staatslexikon oder Encyklopädie der Staatswissenschaften, 2. Auflage, hrsg. von Carl von Rotteck, Carl Welcker, Altona, 1835-1843 (zit. Verfasser, Rotteck/Welcker).

STEIN, Heinrich Friedrich Karl vom: Über die zweckmäßige Bildung der obersten und der Provizial-, Finanz- und Polizeibehörden in der Preußischen Monarchie (Nassauer Denkschrift), in: Karl vom Stein, Briefe und amtliche Schriften hrsg. von Walther Hubatsch, Band 2/I, Stuttgart 1959, S. 380-403.

STIRKEN, Angela: Der Herr und Diener, Karl Moser und das Beamtenwesen seiner Zeit (Diss. Bonn 1982/83), Bonner historische Forschungen, Band 51, Berlin 1984.

STOCK, Ulrich: Entwicklung und Wesen der Amtsverbrechen, Leipziger rechtswissenschaftliche Studien, Heft 4, Leipzig 1932.

STÖLZEL, Adolf: Brandenburg-Preußens Rechtsverwaltung und Rechtsverfassung dargestellt im Wirken seiner Landesfürsten und obersten Justizbeamten, 2 Bände, Berlin 1888.

STRAMPFF, Heinrich Leopold von: Kritische Briefe über den Entwurf des Strafgesetzbuches für die Preußischen Staaten, Berlin 1844 (zit. Strampff, Kritische Briefe).

- Über die Ausgaben und Auflagen des allgemeinen Landrechts für die preußischen Staaten, Zeitschrift für die wissenschaftliche Bearbeitung des preußischen Rechts, Band 1 (1830), S. 214-232.

STRAUSS, Walter: Zum Andenken an den Preußischen Geheimen Ober-Justizrat Friedrich Wilhelm August Bischoff, JZ 1967, S. 517-518.

STURM, Richard: Änderungen des Besonderen Teils des Strafgesetzbuches durch das Einführungsgesetz zum Strafgesetzbuch, JZ 1975, S. 6-14.

STURM, Walter: Die Entwicklung der Sonderverbrechen in Wissenschaft und Rechtsprechung seit dem 19. Jahrhundert (Diss. Freiburg 1939), Schramberg 1939.

SVAREZ, Karl Gottlieb: Vorträge über Recht und Staat, hrsg. von Hermann Conrad und Gerd Kleinheyer, Wissenschaftliche Abhandlungen der Arbeitsgemeinschaft für Forschung des Landes Nordrhein-Westfalen, Band 10, Köln/Opladen 1960.

TEMME, Jodocus Donatus Hubertus: Augenzeugenberichte der deutschen Revolution, hrsg. von Michel Hettinger, Darmstadt 1996 (zit. Temme, Augenzeugenberichte).

- Über die Fortschritte der Revision der Preußischen Gesetzgebung über das Strafverfahren, Zeitschrift für deutsches Strafverfahren (NF), 1844, S. 325-330.

- Handbuch des preußischen Criminalrechts, Leipzig 1837 (zit. Temme, Handbuch).

- Glossen zum Strafgesetzbuche für die preußischen Staaten, Breslau 1853 (zit. Temme, Glossen).

- Kritik des Entwurfs des Strafgesetzbuchs für die Preußischen Staaten, 2 Bände, Berlin 1843 (zit. Temme, Kritik [1843]).

- Zur Kritik des Entwurfs des Strafgesetzbuchs für die Preußischen Staaten, Berlin 1848 (zit. Temme, Kritik [1848]).

- Lehrbuch des Gemeinen Deutschen Strafrechts, Stuttgart 1876 (zit. Temme, Lehrbuch [1876]).

- Lehrbuch des preußischen Strafrechts, Berlin 1853 (zit. Temme, Lehrbuch [1853]).

- Die Lehre von den sogenannten allgemeinen und besonderen Gehülfen (Kann ein Dritter, der bei dem Gemeinschuldner bei Verübung eines betrüglichen Bankerottes Hülfe leistet, wegen Theilnahme an diesem Verbrechen bestraft werden?). Nebst Hindeutungen auf den neuesten Entwurf des Strafgesetzbuches für die Preußischen Staaten, in: Beiträge zum Preußischen Strafrechte, Berlin 1842, S. 1-63 (zit. Temme, Beiträge).

- Der tolle Graf, hrsg. von Winfried Freund, Schöninghs kleine westfälische Bibliothek, Band 3, Paderborn 1991 (zit. Temme, Der tolle Graf).

THÄLE, Brigitte: Die Verdachtsstrafe in der kriminalwissenschaftlichen Literatur des 18. und 19. Jahrhunderts (Diss. Augsburg 1992), Europäische Hochschulschriften, Reihe 2, Rechtswissenschaft, Band 1390, Frankfurt/Main u.a.

TITTMANN, Karl August: Grundlinien der Strafrechtswissenschaft und der deutschen Strafgesetzkunde, Leipzig 1800, Nachdruck: Aalen 1978 (zit. Tittmann, Grundlinien).

- Handbuch der Strafrechtswissenschaft und der deutschen Strafgesetzkunde, Band 2, Halle 1823 (zit. Tittmann, Handbuch).

TREIPEL, Heinrich: Staatsdienst und staatlich gebundener Beruf, in: Festschrift für Karl Binding zum 4. Juni 1911, Band 2, Leipzig 1911, Nachdruck: Aalen 1974, S. 1-85.

UNRUH, Georg-Christoph von: Staatsverwaltung und Rechtsprechung unter Friedrich dem Großen, Die Verwaltung 20 (1987), S. 355-372.

- Die Verwaltung der einzelnen Staaten - Preußen. in: Deutsche Verwaltungsgeschichte, hrsg. von Kurt G. A. Jeserich, Hans Pohl, Georg Christoph von Unruh, Band 2, Stuttgart 1983, S. 399-470.

VOGEL, Barbara: Beamtenkonservatismus. Sozial- und verfassungsgeschichtliche Voraussetzungen der Parteien in Preußen im frühen 19. Jahrhundert, in: Deutscher Konservatismus im 19. und 20. Jahrhundert, Festschrift für Fritz Fischer, hrsg. von Dirk Stegmann, Bernd-Jürgen Wendt, Peter-Christian Witt, Bonn 1983, S. 1-31.

VOSSIEG, Michael Alexander: Parlamentarische Justizkritik in Preußen 1847-1870 (Diss. Kiel 1975), Kiel 1974.

WACHINGER, Michael: Verbrechen und Vergehen im Amte, Allgemeine Erörterungen, in: Vergleichende Darstellung des Deutschen und Ausländischen Strafrechts, Besonderer Teil (VDB), Band 9, Berlin 1906, S. 194-307.

WÄCHTER, Karl Georg: Lehrbuch des Römisch-Teutschen Strafrechts, Stuttgart 1825/26.

WAGNER, Albrecht: Der Kampf der Justiz gegen die Verwaltung in Preußen (Diss. Berlin o.J.), Hamburg 1936.

WALTER, Ferdinand: Über die Verbrechen der Geistlichen nach dem neuen Entwurfe des Preußischen Strafgesetzbuches, Bonn 1848.

WEHLER, Hans-Ulrich: Preußen ist wieder chic ... Politik und Polemik in zwanzig Essays, Frankfurt/Main 1983.

WEISKE: s. Rechtslexikon

WEIẞLER, Adolf: Geschichte der Rechtsanwaltschaft, Leipzig 1905.

WIETHÖLTER, Rudolf: Julius Hermann von Kirchmann (1802-1884) Der Philosoph als wahrer Rechtslehrer, in: Streitbare Juristen, Festschrift für Jürgen Seifert, hrsg. von Thomas Blanke u.a., Baden-Baden 1998, S. 44-58.

WIESE, Walter: Der Verfassungsgrundsatz ne bis in idem - Art. 103 Abs. 3 GG - und das Verhältnis von Kriminalrecht und Dienststrafrecht, Verwaltungsarchiv 1965, S. 203-223; 354-373.

WILDA, Wilhelm Eduard: Das Strafrecht der Germanen, Halle 1842.

WOLF, Erik: Große Rechtsdenker der deutschen Geistesgeschichte, 4. Auflage, Tübingen 1963.

WÜRTENBERGER, Thomas: Das System der Rechtsgüterordnung in der deutschen Strafgesetzgebung seit 1532, Strafrechtliche Abhandlungen, Heft 326, Breslau 1933.

ZACHARIÄ, Heinrich Albert: Zur Lehre von der Theilnahme am Verbrechen, insbesondere der Anstiftung, ArchCrimR (NF) 1850, S. 265-286.

ZACHARIÄ: Karl Salomo: Strafgesetzbuch, Entwurf, Heidelberg 1826.

II. Quellen

1. Ungedruckte Quellen

GStA, Rep. 75 a	Preußische Gesandtschaft am Bundestag, 1816-1866.
GStA, Rep. 84, Abt. XVI, Nr. 7	Materialien zum Allgemeinen Landrecht, 88 Bände, Band 89: Registerband, Bände 90-92: Entwurf eines Lehrbuchs über das preußische Recht.
GStA, Rep. 84, Abt. IX, Jahrg. 1801, Nr. 26	Akten der Gesetzkommission betr. die Revision und Umarbeitung des 20. Tit. II. Teils des ALR, 2 Bände.
GStA, Rep. 84 II. 4. I.	Akten des Justizministeriums zur Revision des Gesetzgebung und Gesetzrevisionskommission, Strafrecht.
GStA, Rep. 10107-10116	Geschäftsberichte des Justizministeriums über Justizverwaltung.
GStA, Rep. 10121-10122	Geschäftsübersichten (Geschäftstabellen) der Justizbehörden.

2. Gedruckte Quellen

AGO	Allgemeine Gerichtsordnung für die Preußischen Staaten, Neue unveränderte mit dem Abdruck der letzt vorhergehenden vom Jahre 1816 wörtlich übereinstimmende Auflage, Berlin 1822, Nachdruck: Goldbach 1994.
ALR	Allgemeines Landrecht für die Preußischen Staaten, mit einer Einführung von Hans Hattenhauer und einer Bibliographie von Günter Bernert, 3. Auflage, Neuwied 1997.

Ausschußprotokolle — Sitzungsprotokolle des Vereinigten ständischen Ausschusses, hrsg. von Eduard Bleich, Berlin 1848.

Begründung (1925) — Amtlicher Entwurf eines allgemeinen deutschen Strafgesetzbuches nebst Begründung,, Berlin 1925, Nachdruck in: Quellen zur Reform des Straf- und Strafprozeßrechts, Abteilung 1, Band 1, hrsg. von Werner Schubert u.a., Berlin/New York 1995, S. 239-435.

Buschmann, Textbuch — Textbuch zur Strafrechtsgeschichte der Neuzeit, Die klassischen Texte, hrsg. von Arno Buschmann, München 1998.

CCM — Corpus Constitutionum Marchicarum, Oder Königl. Preußis. und Churfürstl. Brandenburgische in der Chur- und Mark Brandenburg, auch incorporierten Landen publicirte und ergangene Ordnungen, Edicta, Mandata, Rescripta etc., hrsg. von Christian Otto Mylius, Halle/Berlin 1737-1747.

Code pénal — Code pénal, Deutsch von Wilhelm Blanchard, 2. Auflage, Köln 1812.

Codex Juris Bavarici — Codex Juris Bavarici Criminalis von 1751, abgedruckt in: Buschmann, Textbuch, S. 179-223.

Corpus Juris Fridericianum — Corpus Juris Fridericianum, Berlin 1781, Nachdruck: Goldbach, S. 1994.

Entwurf (1804/05) — Entwurf eines Strafgesetzbuchs für die Preußischen Staaten, Allgemeiner Teil abgedruckt als Anhang zu: Das Reformprojekt eines ‚Allgemeinen Criminalrechts für die Preußischen Staaten (1799-1806), Das nachfriderizianische Preußen 1786-1806, hrsg. von Hans Hattenhauer, Götz Landwehr, Heidelberg 1988, Motive - Texte - Materialien (MTM), Band 46, S. 189-233, S. 219-233.

Entwurf (1827) — Entwurf des Criminal-Gesetz-Buches für die Preußischen Staaten, Berlin 1827, Nachdruck in: Gesetzrevision, Band 1, S. 1-23 (Entwurf umfaßt nur Allgemeinen Teil)

Entwurf (1828) Entwurf des Straf-Gesetz-Buches für die Preußischen Staaten, Berlin 1828, Nachdruck in: Gesetzrevision, Band 1, S. 271-368.

Entwurf (1830) Entwurf des Straf-Gesetz-Buches für die Preußischen Staaten, Erster Theil, Criminal-Straf-Gesetze, Berlin 1830, Nachdruck in: Gesetzrevision, Band 2, S. 467-552.

Entwurf (1833) Revidierter Entwurf des Strafgesetzbuches für die Königl. Preußischen Staaten, Erster Theil, Kriminal-Strafgesetze, Berlin 1833, Nachdruck in: Gesetzrevision, Band 3, S. 1-134.

Entwurf (1836) Revidierter Entwurf des Strafgesetzbuchs für die Königlich-Preußischen Staaten, Berlin 1836, Nachdruck in: Gesetzrevision, Band 3, S. 785-1037.

Entwurf (1842) Abgedruckt in: Zusammenstellung der drei Entwürfe des Preußischen Strafgesetzbuchs, von Karl Albert von Kamptz, Berlin 1844 (Kommissionsentwurf).

Entwurf (1843) Entwurf des Strafgesetzbuchs für die Preußischen Staaten nach den Beschlüssen des Königlichen Staatsraths, Berlin 1843, Nachdruck in: Gesetzrevision, Band 5, S. 1-103 (Staatsratsentwurf).

Entwurf (1845) Revidierter Entwurf des Strafgesetzbuchs für die Preußischen Staaten, Berlin 1845, Nachdruck, Gesetzrevision, Band 6, S. 1-108.

Entwurf (1846) Entwurf eines Strafgesetzbuchs für die Preußischen Staaten, von der Königlichen Immediat-Kommission dem Plenum des Staatsraths vorgelegt, Berlin 1846, Nachdruck, Gesetzrevision, Band 6, S. 349-444.

Entwurf (1847) Entwurf des Strafgesetzbuchs für die Preußischen Staaten. Zur Vorlegung an die vereinigten Ständischen Ausschüsse bestimmt, Berlin 1847, Nachdruck in: Gesetzrevision, Band 6, S. 735-834.

Entwurf (1848) Entwurf des Strafgesetzbuchs für die Preußischen Staaten 1848, abgedruckt in: Waldemar Banke, Der erste Entwurf eines Deutschen Einheitsstrafrechts, Band 2, Berlin 1915, S. 41-104.

Entwurf (1849) Erster Entwurf eines Deutschen Einheitsstrafrechts von 1849, abgedruckt in: Waldemar Banke, Der erste Entwurf eines Deutschen Einheitsstrafrechts, Band 1, Berlin 1912, S. 37-120.

Entwurf (1851) Entwurf des Strafgesetzbuchs für die Preußischen Staaten, Berlin 1851, Nachdruck: Frankfurt/Main 1991 (Der Entwurf wurde beiden Kammern bereits 1850 vorgelegt).

Entwurf (1922) Entwurf eines allgemeinen deutschen Strafgesetzbuches nebst Begründung, ohne Ort und Jahr, Nachdruck in: Quellen zur Reform des Straf- und Strafprozeßrechts, Abteilung 1, Band 1, hrsg. von Werner Schubert u.a., Berlin/New York 1995, S. 145-198 (Radbruch-Entwurf).

Entwurf (1925) Amtlicher Entwurf eines allgemeinen deutschen Strafgesetzbuches nebst Begründung, Berlin 1925, Nachdruck in: Quellen zur Reform des Straf- und Strafprozeßrechts, Abteilung 1, Band 1, hrsg. von Werner Schubert u.a., Berlin/New York 1995, S. 199-238.

Entwurf (1962) Entwurf eines Strafgesetzbuches (StGB) mit Begründung, Bonn 1962.

Entwurf (AGB) Entwurf eines allgemeinen Gesetzbuches für die preußischen Staaten, Berlin, Leipzig 1784-1788, Nachdruck: Frankfurt/Main 1984.

Entwurf StPO (1828) Vom Revisor vorgelegter Erster Entwurf der Straf-Prozeß-Ordnung für die Preußischen Staaten, Berlin 1828, Nachdruck in: Gesetzrevision, Band 2, S. 553-692

Entwurf/Motive (1868)	Entwurf mit Motiven zu einem Strafgesetzbuche für den Norddeutschen Bund, Berlin 1868, von Eduard John.
Entwurf/Motive Disziplinargesetz (1837)	Entwurf des Gesetzes über das Strafverfahren gegen Beamte und über die Entlassung und Versetzung derselben im Wege der gerichtlichen oder Disciplinar-Untersuchung mit den Motiven desselben, Berlin 1837, Nachdruck in: Gesetzrevision, Band 3, S. 1039-1076.
Fernere Verhandlungen der Kommission des Staatsrats	Fernere Verhandlungen der Kommission des Staatsraths über den revidierten Entwurf des Strafgesetzbuchs, Berlin 1847, Nachdruck in: Gesetzrevision, Band 6, S. 609-692.
Franz, Staatsverfassungen	Staatsverfassungen, hrsg. von Günther Franz, 3. Auflage München/Wien 1975.
Heidelberger Rechtsgutachten	Rechtsgutachten und Entscheidungen des Spruchkollegii der Universität Heidelberg, hrsg. von Christoph Martin, Heidelberg 1808.
Huber, Dokumente	Dokumente zur deutschen Verfassungsgeschichte, Band 1, deutsche Verfassungsdokumente 1803-1850, Stuttgart u.a. 1978.
Gesetzrevision	Gesetzrevision (1825-1848), I. Abteilung, Straf- und Strafprozeßrecht, hrsg. von Werner Schubert, Jürgen Regge, Vaduz 1981-1996.
Gesetzrevision, Pensum XII	Gesetzrevision - Pensum XII, Entwurf Allgemeines Landrecht Th. II Tit. 10. Tit. 14. Tit. 15 Tit. 16. Abschn. 1-3 Tit. 17. Abschn. 2. Tit. 19. Als Manuscript bei den Berathungen gedruckt, Berlin 1830.
Gräff/Rönne/Simon	Ergänzungen und Erläuterungen der Preußischen Rechtsbücher durch Gesetzgebung und Wissenschaft, hrsg. von Heinrich Gräff, Christoph Friedrich Koch, Ludwig Moritz von Rönne, Heinrich Simon, August Wentzel, Band 6, Ergänzungen zur Criminal-Ordnung und zum Criminal-Rechte, 3. Auflage, Breslau 1847.

Gutachten zur Vorbereitung — Gutachten der zur Vorberathung ernannten Abtheilungen des Vereinigten ständischen Ausschusses, betreffend den Entwurf eines Strafgesetzbuchs für die Preußischen Staaten, abgedruckt in: Gesetzrevision, Band 6, S. 1019-1347 (Das Deckblatt trägt den Titel Gutachten zur Vorberathung, im Gutachten selber wird der Titel: Gutachten der zur Vorbereitung ernannten Abtheilung des Vereinigten Ständischen Ausschusses verwandt.).

Josephina — Allgemeines Gesetz über Verbrechen und deren Bestrafung von 1787, abgedruckt in: Buschmann, Textbuch, S. 225-272.

Kaiser und Reich — Kaiser und Reich, Klassische Texte und Dokumente zur Verfassungsgeschichte des Heiligen Römischen Reiches Deutscher Nation, hrsg. von Arno Buschmann, München 1984.

Karolina — Die peinliche Gerichtsordnung Kaiser Karls V. von 1532, hrsg. von Gustav Radbruch, 6. Auflage hrsg. von Arthur Kaufmann, Stuttgart 1975 u.ö.

Kommissionsbericht, 1. Kammer — Bericht der Kommission für Rechtspflege über die Berathung des Entwurfs des Strafgesetzbuchs für die Preußischen Staaten, abgedruckt in: Verhandlungen der ersten und zweiten Kammer über die Entwürfe des Strafgesetzbuchs für die Preußischen Staaten und des Gesetzes über die Einführung desselben, nebst Kommissionsberichten und sonstigen Aktenstücken, Berlin 1851, S. 445-506, Nachdruck: Frankfurt/ Main 1991.

Kommissionsbericht, 2. Kammer — Bericht der Kommission zur Prüfung des Entwurfs des Strafgesetzbuchs für die Preußischen Staaten, abgedruckt in: Verhandlungen der ersten und zweiten Kammer über die Entwürfe des Strafgesetzbuchs für die Preußischen Staaten und des Gesetzes über die Einführung desselben, nebst Kommissionsberichten und sonstigen Aktenstücken, Berlin 1851, S. 44-206, Nachdruck: Frankfurt/Main 1991.

Kriminalordnung	Allgemeines Criminalrecht für die Preußischen Staaten, Theil 1, Criminalordnung, Berlin 1806.
Materielle Abweichungen	Materielle Abweichungen des revidierten Entwurfs des Strafgesetzbuchs vom Allgemeinen Landrecht und den bisherigen Criminal-Strafgesetzen, Berlin 1833, Nachdruck in: Gesetzrevision, Band 3, S. 135-257.
Motive (1827-30)	Motive zu dem, vom Revisor vorgelegten, Ersten Entwurf des Criminal-Gesetzbuches für die Preußischen Staaten, Band 1, Berlin 1827, Band 3, 1. Abteilung, Berlin 1830, Nachdruck: Gesetzrevision, Band 1, S. 25-270, S. 517-655.
Motive (1833)	Motive zum revidierten Entwurf des Strafgesetzbuchs für die Preußischen Staaten, Erster Theil. Kriminal-Strafgesetze, Berlin 1833, Nachdruck in: Gesetzrevision, Band 3, S. 259-701.
Motive (1847)	Motive zu dem Entwurf des Strafgesetzbuchs für die Preußischen Staaten und den damit verbundenen Gesetzen vom Jahre 1847, Berlin 1847, Nachdruck in: Gesetzrevision, Band 6, S. 841-1008.
Motive (1851)	Motive zum Entwurf des Strafgesetzbuchs für die Preußischen Staaten, Berlin 1851.
Motive StPO (1828)	Motive zu dem von dem Revisor vorgelegten Entwurfe der Straf-Prozeß-Ordnung für die Preußischen Staaten, Berlin 1828 Nachdruck in: Gesetzrevision, Band 2, S. 693-946.
Motive (VO 10. Juli 1849)	Motive zur Disziplinarverordnung vom 10 Juli 1849, in: Stenographische Berichte, Zweite Kammer 1849, Band 1, Von der Eröffnungs-Sitzung am 7. August bis zur achtundzwanzigsten Sitzung am 5. Oktober 1849, Berlin 1849, S. 137-145.

Motive (VO 11. Juli 1849)	Motive zur Disziplinarverordnung vom 11 Juli 1849, in: Stenographische Berichte, Zweite Kammer 1849, Band 1, Von der Eröffnungs-Sitzung am 7. August bis zur achtundzwanzigsten Sitzung am 5. Oktober 1849, Berlin 1849, S. 153-156.
NCC	Novum corpus Constitutionum Prussico-Brandeburgensium Marchiarum, Oder Neue Sammlung Königl. Preuß. und Churfürstl. Brandeburgischer, sonderlich in der Chur- und Mark-Brandenburg publicirten und ergangenen Verordnungen, Edicten, Mandaten, Rescripten, etc. etc. etc. hrsg. von der Academie der Wissenschaften, Berlin 1751-1806.
Nitze	Die Verfassungs- und Verwaltungsgesetze der evangelischen Landeskirche in Preußen, hrsg. von Eduard Nitze, Berlin 1894.
prGS	Gesetzsammlung für die Königlichen Preußischen Staaten, Berlin, ab 1806 (Band 1806-1810 ist betitelt: Sammlung der für die Königlich Preußischen Staaten erschienen Gesetze und Verordnungen 1806. bis zum 27sten Oktober 1810.).
Promemoria	Promemoria von Madihn, von Ammon und Grimm vom 13. 10. 1847; gedruckt als Anlage C zu: Fernere Verhandlungen der Kommission des Staatsrats, Berlin 1847; Nachdruck in: Gesetzrevision, Band 6, S. 701-715.
Protokolle der Staatsratskommission (1839)	Berathungsprotokolle der zur Revision des Strafrechts ernannten Kommission des Staatsraths, über den Ersten Theil des Entwurfs des Strafgesetzbuchs betreffend, Berlin 1839, Nachdruck, Gesetzrevision, Band 4, S. 1-212.

Protokolle der Staatsratskommission (1842) — Berathungsprotokolle der zur Revision des Strafrechts ernannten Kommission des Staatsraths, über den Zweiten Theil des Entwurfs des Strafgesetzbuchs. Zweite Abtheilung. Betreffend die Titel 17 bis 29 des speziellen Theils, sowie die Umarbeitung des ganzen Entwurfs, Berlin 1842, Nachdruck, Gesetzrevision, Band 4, S. 657-872 (Die Seitenzählung dieses Teiles ist 349-560; die Seiten 1-348 sind bereits erschienen Berlin, 1840, Nachdruck in: Gesetzrevision, Bd. 4, S. 305-656).

Protokolle der Staatsratskommission (1846) — Verhandlungen der Kommission des Staatsraths über den revidierten Entwurf des Strafgesetzbuchs, Berlin 1846, Nachdruck in: Gesetzrevision, Band 6, S. 109-347.

PrStGB — Strafgesetzbuch für die Preußischen Staaten, abgedruckt in: Textbuch zur Strafrechtsgeschichte der Neuzeit, Die klassischen Texte, hrsg. von Arno Buschmann, München 1998, 539-613.

Rabes Gesetzsammlung — Sammlung Preußischer Gesetze und Verordnungen, hrsg. von Carl Ludwig Heinrich Rabe, Band 6, Berlin/Halle 1818.

Revision (1845) — Revision des Entwurfs des Strafgesetzbuchs von 1843, Bände 1 und 3, Berlin 1845, Nachdruck in: Gesetzrevision, Band 5, S. 211-492; 675-831.

rhein. GS — Sammlung derjenigen Gesetze und Verordnungen, welche sich auf die Bestrafung von Dienstvergehen der Verwaltungs-Beamten in den Rheinprovinzen und das dabei stattfindende Verfahren beziehen, Köln 1825.

RStGB — Strafgesetzbuch für das Deutsche Reich, abgedruckt in: Das Strafgesetzbuch, Band 1, 1870-1953, hrsg. von Thomas Vormbaum, Jürgen Welp, Baden-Baden 1999, S. 2-89.

Sachsenspiegel — Sachsenspiegel (Landrecht), hrsg. von Claus von Schwerin, eingeleitet von Hans Thieme, Stuttgart 1987 u.ö.

Theresiana	Constitutio Criminalis Theresiana, Wien 1769.
Verbessertes Landrecht	Friedrich Wilhelms, Königes in Preußen, Verbessertes Landrecht des Königreichs Preußen, Königsberg 1721.
Verhandlungen des ständischen Ausschusses	Verhandlungen des im Jahre 1848 zusammenberufenen ständischen Ausschusses, hrsg. von Eduard Bleich, Band 4, Berlin 1848, Nachdruck, Frankfurt/Main.
Vormbaum/Welp	Das Strafgesetzbuch, Band 1, 1870-1953, Band 2, 1954-1974, Band 3 1975-1992, Band 4 1993-2000, hrsg. von Thomas Vormbaum, Jürgen Welp, Baden-Baden 1999-2002.
Zerboni, Aktenstücke	Aktenstücke zur Beurtheilung der Staatsverbrechen des südpreußischen Kriegs- und Domainenrathes Zerboni, hrsg. von Joseph Zerboni, Mainz, 1800.
Zusammenstellung (1841)	Zusammenstellung der Strafgesetze auswärtiger Staaten nach der Ordnung des revidierten Entwurfs des Strafgesetzbuchs für die Königlich-Preußischen Staaten, Band 5, Von den einzelnen Verbrechen und deren Strafen, Berlin 1841.
Zusammenstellung (1844)	Zusammenstellung der drei Entwürfe des Preußischen Strafgesetzbuchs, von Karl Albert von Kamptz, Berlin 1844.

RECHTSHISTORISCHE REIHE

Band 1 Studien zu den germanischen Volksrechten. Gedächtnisschrift für Wilhelm Ebel. Vorträge gehalten auf dem Fest-Symposion anläßlich des 70. Geburtstages von Wilhelm Ebel am 16. Juni 1978 in Göttingen. Götz Landwehr (Hrsg.) 1982.

Band 2 Hans Poeschel: Die Statuten der Banken, Sparkassen und Kreditgenossenschaften in Hamburg und Altona von 1710 bis 1889. 1978.

Band 3 Thomas Kolbeck: Juristenschwemmen, Untersuchungen über den juristischen Arbeitsmarkt im 19. und 20. Jahrhundert. 1978.

Band 4 Norbert Hempel: Richterleitbilder in der Weimarer Republik. 1978.

Band 5 Rolf Stratmann: Die Scheinbußen im mittelalterlichen Recht. 1978.

Band 6 Martin C. Lockert: Die niedersächsischen Stadtrechte zwischen Aller und Weser. Vorkommen und Verflechtungen. Eine Bestandsaufnahme. 1979.

Band 7 Joachim Rückert/Wolfgang Friedrich: Betriebliche Arbeiterausschüsse in Deutschland, Großbritannien und Frankreich im späten 19. und frühen 20. Jahrhundert. Eine vergleichende Studie zur Entwicklung des kollektiven Arbeitsrechts. 1979.

Band 8 Peter Bender: Die Rezeption des römischen Rechts im Urteil der deutschen Rechtswissenschaft. 1979.

Band 9 Friedrich Karl Alsdorf: Untersuchungen zur Rechtsgestalt und Teilung deutscher Ganerbenburgen. 1980.

Band 10 Dietmar Willoweit/Winfried Schich (Hrsg.): Studien zur Geschichte des sächsisch-magdeburgischen Rechts in Deutschland und Polen (Sammelband). 1980.

Band 11 Brigitte Hempel: Der Entwurf einer Polizeiordnung für das Herzogtum Sachsen-Lauenburg aus dem Jahre 1591. 1980.

Band 12 Klaus-Detlev Godau-Schüttke: Rechtsverwalter des Reiches. Staatssekretär Dr. Curt Joël. 1981.

Band 13 Rainer Polley: Anton Friedrich Justus Thibaut (AD 1772-1840) in seinen Selbstzeugnissen und Briefen. Teil 1: Abhandlung. Teil 2: Briefwechsel. Teil 3: Register zum Briefwechsel. 1982.

Band 14 Michael Wettengel: Der Streit um die Vogtei Kelkheim 1275-1276. Ein kanonischer Prozeß.1981.

Band 15 Otto Wilhelm Krause: Naturrechtler des sechzehnten Jahrhunderts. Ihre Bedeutung für die Entwicklung eines natürlichen Privatrechts. 1982.

Band 16 Helga Spindler: Von der Genossenschaft zur Betriebsgemeinschaft. Kritische Darstellung der Sozialrechtslehre Otto von Gierkes. 1982.

Band 17 Holger Otte: Gustav Radbruchs Kieler Jahre 1919 - 1926. 1982.

Band 18 Rüdiger Teuner: Die fuldische Ritterschaft 1510 - 1656. 1982.

Band 19 Gerhard Dilcher/Rudolf Hoke/Gian Savino Pene Vidari/Hans Winterberg (Hrsg.): Grundrechte im 19. Jahrhundert. 1982.

Band 20 Karl-Hans Schloßstein: Die westfälischen Fabrikengerichtsdeputationen - Vorbilder, Werdegang und Scheitern. 1982.

Band 21 Birger Schulz: Der Republikanische Richterbund (1921-1933). 1982.

Band 22 Engelbert Krause: Die gegenseitigen Unterhaltsansprüche zwischen Eltern und Kindern in der deutschen Privatrechtsgeschichte. 1982.

Band 23 Meent W. Francksen: Staatsrat und Gesetzgebung im Großherzogtum Berg (1806-1813). 1982.

Band 24 Gerd von Sonnleithner: Bearbeitung des Handelsrechts durch Ignaz von Sonnleithner in seinem "Leitfaden über das österreichische Handels- und Wechselrecht". 1982.

Band 25 Rudolf Palme: Rechts-, Wirtschafts- und Sozialgeschichte der inneralpinen Salzwerke bis zu deren Monopolisierung. 1983.

Band 26 Helen Bosshard: Pestalozzis Staats- und Rechtsverständnis und seine Stellung in der Aufklärung. 1983.

Band 27 Jens Jessen: Die Selbstzeugnisse der deutschen Juristen. Erinnerungen, Tagebücher und Briefe. Eine Bibliographie. 1983.

Band 28 Günter Martin Jensen: Das Domanium Waldeck. Die rechtliche Zuordnung eines Fürstenvermögens. 1984.

Band 29 Johann Heinrich Kumpf: Petitionsrecht und öffentliche Meinung im Entstehungsprozeß der Paulskirchenverfassung 1848/49. 1983.

Band 30 Sabine Frey: Rechtsschutz der Juden gegen Ausweisungen im 16. Jahrhundert. 1983.

Band 31 Dietrich Joswig: Die germanische Grundstücksübertragung. 1984.

Band 32 Andreas Baryli: Konzessionssystem contra Gewerbefreiheit. Zur Diskussion der österreichischen Gewerberechtsreform 1835 bis 1860. 1984.

Band 33 Gerhard Oberkofler: Studien zur Geschichte der österreichischen Rechtswissenschaft. 1984.

Band 34 Rudolf Lauda: Kaufmännische Gewohnheit und Burgrecht bei Notker dem Deutschen. Zum Verhältnis von literarischer Tradition und zeitgenössischer Realität in der frühmittelalterlichen Rhetorik. 1984.

Band 35 Jens Jensen: Die Ehescheidung des Bischofs Hans von Lübeck von Prinzessin Julia Felicitas von Württemberg-Weiltingen AD 1648-1653. Ein Beitrag zum protestantischen Ehescheidungsrecht im Zeitalter des beginnenden Absolutismus. 1984.

Band 36 Horst Schröder: Friedrich Karl von Savigny. Geschichte und Rechtsdenken beim Übergang vom Feudalismus zum Kapitalismus in Deutschland. 1984.

Band 37 Andreas Hatzung: Dogmengeschichtliche Grundlagen und Entstehung des zivilrechtlichen Notstands. 1984.

Band 38 Matthias Klasen: Das Billwerder Landrecht. Landrecht und Landgericht in den Hamburger Elbmarschen. 1985.

Band 39 Rainer Jamin: Aufbau, Tätigkeit und Verfahren der Auseinandersetzungsbehörden bei der Durchführung der preußischen Agrarreformen. 1985.

Band 40 Henry Winter: Teilschuld, Gesamtschuld und unechte Gesamtschuld. Zur Konzeption der §§ 420 ff. BGB - Ein Beitrag zur Entstehungsgeschichte des BGB. 1985.

Band 41 Hermann Eichler: Verfassungsbewegung in Amerika und Europa. 1985.

Band 42 Dagmar Bandemer: Heinrich Albert Zachariae. Rechtsdenken zwischen Restauration und Reformation. 1985.

Band 43 Eva-Christine Frentz: Das Hamburgische Admiralitätsgericht (1623-1811). Prozeß und Rechtsprechung. 1985.

Band 44 Karl Lillig: Rechtsetzung im Herzogtum Pfalz-Zweibrücken während des 18. Jahrhunderts. Ein Beitrag zur Geschichte der territorialen Rechtsbildung. 1985.

Band 45 Walter Weber: Die Entwicklung der Sparkassen zu selbständigen Anstalten des öffentlichen Rechts. Ein Beitrag zur Entwicklung des Anstaltsbegriffs im 19. Jahrhundert. 1985.

Band 46 Bärbel Baum: Der Stabreim im Recht. Vorkommen und Bedeutung des Stabreims in Antike und Mittelalter. 1986.

Band 47 Hans Popp: Die nationalsozialistische Sicht einiger Institute des Zivilprozeß- und Gerichtsverfassungsrechts. 1986.

Band 48 John Karl-Heinz Montag: Die Lehrdarstellung des Handelsrechts von Georg Friedrich von Martens bis Meno Pöhls. Die Wissenschaft des Handelsrechts im ersten Drittel des 19. Jahrhunderts. 1986.

Band 49 Volker D. Anhäusser: Das internationale Obligationenrecht in der höchstrichterlichen Rechtsprechung des 19. Jahrhunderts. 1986.

Band 50 Udo Beer: Die Juden, das Recht und die Republik. Verbandswesen und Rechtsschutz 1919-1933. 1986.

Band 51 Herbert Grziwotz: Der moderne Verfassungsbegriff und die "Römische Verfassung" in der deutschen Forschung des 19. und 20. Jahrhunderts. 1986.

Band 52 Ralf Conradi: Karl Friedrich Eichhorn als Staatsrechtslehrer. Seine Göttinger Vorlesung über "Das Staatsrecht der deutschen Bundesstaaten" nach einer Kollegmitschrift aus dem Wintersemester 1821/22. 1987.

Band 53 Dieter Dannreuther: Der Zivilprozeß als Gegenstand der Rechtspolitik im Deutschen Reich 1871 - 1945. Ein Beitrag zur Geschichte des Zivilprozeßrechts in Deutschland. 1987.

Band 54 Stephan Felix Pauly: Organisation, Geschichte und Praxis der Gesetzesauslegung des (Königlich) Preußischen Oberverwaltungsgerichtes 1875 - 1933. 1987.

Band 55 Rüdiger Schulz: Die Entstehung des Seerechts des Allgemeinen Deutschen Handelsgesetzbuches unter besonderer Berücksichtigung der Bestimmungen über die Reederei, den Schiffer und die Schiffsmannschaft. 1987.

Band 56 Reinhold Reis: Deutsches Privatrecht in den Weistümern der Zenten Schriesheim und Kirchheim. 1987.

Band 57 Jürgen Christoph: Die politischen Reichsamnestien 1918 - 1933. 1987.

Band 58 Gerhard Oberkofler/Eduard Rabofsky: Hans Kelsen im Kriegseinsatz der k.u.k.-Wehrmacht. Eine kritische Würdigung seiner militärtheoretischen Angebote. 1988.

Band 59 Arne Wulff: Staatssekretär Prof. Dr. Dr. h.c. Franz Schlegelberger. 1876-1970. 1991.

Band 60 Gerhard Köbler (Hrsg.): Wege europäischer Rechtsgeschichte. Karl Kroeschell zum 60. Geburtstag. 1987.

Band 61 Rüdiger Hütte: Der Gemeinschaftsgedanke in den Erbrechtsreformen des Dritten Reichs. 1988.

Band 62 Markus Göldner: Politische Symbole der europäischen Integration. Fahne, Hymne, Hauptstadt, Paß, Briefmarke, Auszeichnungen. 1988.

Band 63 Wolfgang Kröner: Freiheitsstrafe und Strafvollzug in den Herzogtümern Schleswig, Holstein und Lauenburg von 1700 bis 1864. 1988.

Band 64 Werner Gaile: Die Norder Theelacht. 1988.

Band 65 Karl v. Kempis: Andreas Gaill (1526 - 1587). Zum Leben und Werk eines Juristen der frühen Neuzeit. 1988.

Band 66 Wolf-Rüdiger Osburg: Die Verwaltung Hamburgs in der Franzosenzeit. 1811-1814. 1988.

Band 67 Christian Schudnagies: Hans Frank. Aufstieg und Fall des NS-Juristen und Generalgouverneurs. 1988.

Band 68 Otmar Jung: Senatspräsident Freymuth. Richter, Sozialdemokrat und Pazifist in der Weimarer Republik. Eine politische Biographie. 1989.

Band 69 Joachim Lohner: Das landeshauptmannschaftliche Gericht in Oberösterreich zu Beginn der Neuzeit. Eine Darstellung des oberösterreichischen Prozeßrechts am obersten Territorialgericht des Landes anhand der oberösterreichischen Landtafel.1989.

Band 70 Bernd Klemann: Rudolf von Jhering und die Historische Rechtsschule. 1989.

Band 71 Adalbert Langer: Männer um die österreichische Zivilprozeßordnung 1895. Zusammenspiel / Soziales Ziel. 1990.

Band 72 Robert-Dieter Klee: Die Landessuperintendentur Lauenburg. Ursprung und Entwicklung sowie Ende der Sonderstellung des Kirchenkreises Herzogtum Lauenburg durch die nordelbische Kirchenvereinigung. 1989.

Band 73 Heinrich Herrmann: Die Gehöferschaften im Bezirk Trier. 1989.

Band 74 Wilhelm Brauneder, Franz Baltzarek (Hrsg.): Modell einer neuen Wirtschaftsordnung. Wirtschaftsverwaltung in Österreich 1914 - 1918. 1991.

Band 75 Thomas Dreyer: Die "Assecuranz- und Haverey-Ordnung" der Freien und Hansestadt Hamburg von 1731. 1990.

Band 76 Bernhard Sendler: Die Rechtssprache in den süddeutschen Stadtrechtsreformationen. 1990.

Band 77 Brigitte Lehmann: Ehevereinbarungen im 19. und 20. Jahrhundert. 1990.

Band 78 Michael Sunnus: Der NS-Rechtswahrerbund (1928-1945). Zur Geschichte der nationalsozialistischen Juristenorganisation. 1990.

Band 79 Stefan Schulz: Die historische Entwicklung des Rechts an Bienen. (§§ 961 - 964 BGB). 1990.

Band 80 Gerhard Lingelbach, Heiner Lück (Hrsg.): Deutsches Recht zwischen Sachsenspiegel und Aufklärung. Rolf Lieberwirth zum 70. Geburtstag dargebracht von Schülern, Freunden und Kollegen, herausgegeben von Gerhard Lingelbach und Heiner Lück. 1991.

Band 81 Manfred Krohn: Die deutsche Justiz im Urteil der Nationalsozialisten 1920 - 1933. 1991.

Band 82 Angelika Kühn: Privilegierung nationaler Minderheiten im Wahlrecht der Bundesrepublik Deutschland und Schleswig-Holsteins. 1991.

Band 83 Georg Brun: Leben und Werk des Rechtshistorikers Heinrich Mitteis unter besonderer Berücksichtigung seines Verhältnisses zum Nationalsozialismus. 1991.

Band 84 Wolfgang Simon: Claudius Freiherr von Schwerin. Rechtshistoriker während dreier Epochen deutscher Geschichte. 1991.

Band 85 Friedrich-Carl Wachs: Das Verordnungswerk des Reichsdemobilmachungsamtes. Stabilisierender Faktor zu Beginn der Weimarer Republik. 1991.

Band 86 Jens-Uwe Petersen: Die Vorgeschichte und die Entstehung des Mieterschutzgesetzes von 1923 nebst der Anordnung für das Verfahren vor dem Mieteinigungsamt und der Beschwerdestelle. 1991.

Band 87 Ulrike Haibach: Familienrecht in der Rechtssprache. Die historische Entwicklung zentraler Ausdrücke des geltenden Familienrechts. 1991.

Band 88 Joern Christian Nissen: Die Beratungen des Seeversicherungsausschusses der Akademie für Deutsches Recht zu einem neuen Seeversicherungsgesetz (1934-1939). Ein Beitrag zur Entwicklung der allgemeinen Lehren des Seeversicherungsrechts unter besonderer Berücksichtigung des Handelsgesetzbuchs und der Allgemeinen Deutschen Seeversicherungs-Bedingungen 1919. 1991.

Band 89 Diethard Bühler: Die Entstehung der allgemeinen Vertragsschluß-Vorschriften im Allgemeinen Deutschen Handelsgesetzbuch (ADHGB) von 1861. Ein Beitrag zur Kodifikationsgeschichte des Privatrechts im 19. Jahrhundert. 1991.

Band 90 Gerhard Oberkofler: Die Vertreter des Römischen Rechts mit deutscher Unterrichtssprache an der Karls-Universität in Prag. Vom Vormärz bis 1945. 1991.

Band 91 Ulrich Andermann: Ritterliche Gewalt und bürgerliche Selbstbehauptung. Untersuchungen zur Kriminalisierung und Bekämpfung des spätmittelalterlichen Raubrittertums am Beispiel norddeutscher Hansestädte. 1991.

Band 92 Heinz Marcus Hanke: Luftkrieg und Zivilbevölkerung. Der kriegsvölkerrechtliche Schutz der Zivilbevölkerung gegen Luftbombardements von den Anfängen bis zum Ausbruch des Zweiten Weltkrieges. 1991.

Band 93 Kirsten Kraglund: Familien- und Erbrecht. Materielles Recht und Methoden der Rechtsanwendung in der Rechtsprechung des Oberappellationsgerichts der vier Freien Städte Deutschlands zu Lübeck. 1991.

Band 94 Reinhard Lorenz: Die politische und rechtliche Stellung des Proletariats in Preußen in der Zeit zwischen den Reformen und der Revolution 1848/49. 1991.

Band 95 Eric Hilgendorf: Die Entwicklungsgeschichte der parlamentarischen Redefreiheit in Deutschland. 1991.

Band 96 Hans J. Reiter: Die Handelsgesellschaft Villeroy & Boch von der Gründung 1836 bis zum Jahr 1878. 1992.

Band 97 Martin Johannes Heller: Reform der deutschen Rechtssprache im 18. Jahrhundert. 1992.

Band 98 Michael Kotulla: Die Tragweite der Grundrechte der revidierten preußischen Verfassung vom 31.01.1850. 1992.

Band 99 Michael Siefener: Hexerei im Spiegel der Rechtstheorie. Das crimen magiae in der Literatur von 1574 bis 1608. 1992.

Band 100 Andreas Ebert-Weidenfeller: Hamburgisches Kaufmannsrecht im 17. und 18. Jahrhundert. Die Rechtsprechung des Rates und des Reichskammergerichtes. 1992.

Band 101 Enno Bommel: Die Entstehung der Verwirkungslehre in der Krise des Positivismus. 1992.

Band 102 Ralph Steppacher: Die Berücksichtigung der bäuerlichen Postulate bei der Entstehung des ZGB und der Revision des OR. Ein Beitrag zur schweizerischen Kodifikationsgeschichte (1893 - 1912). 1992.

Band 103 Martin Fleckenstein: Die Todesstrafe im Werk Carl Joseph Anton Mittermaiers (1787 - 1867). Zur Entwicklungsgeschichte eines Werkbereichs und seiner Bedeutung für Theorie- und Methodenbildung. 1992.

Band 104 Jörn Eckert: Der Kampf um die Familienfideikommisse in Deutschland. Studien zum Absterben eines Rechtsinstitutes. 1992.

Band 105 Jörg Grotkopp: Beamtentum und Staatsformwechsel. Die Auswirkungen der Staatsformwechsel von 1918, 1933 und 1945 auf das Beamtenrecht und die personelle Zusammensetzung der deutschen Beamtenschaft. 1992.

Band 106 Andreas Rohde: Die Garantiehaftung des Vermieters und ihr Verhältnis zum Unmöglichkeitsrecht in dogmengeschichtlicher und modernrechtlicher Sicht. 1992.

Band 107 Tjark Siefke Kunstreich: Gesamtvertretung. Eine historisch-systematische Darstellung. 1992.

Band 108 Jürgen Krüger: Blindheit und Königtum. Die Blindheit des Königs Georg V. von Hannover als verfassungsrechtliches Problem. 1992.

Band 109 Wolfgang Putschek: Ständische Verfassung und autoritäre Verfassungspraxis in Österreich 1933-1938 mit Dokumentenanhang. Verfassung und Verfassungswirklichkeit. Mit einem Anhang: Denkschriften von Rechtsanwalt Dr. Erich Führer 1936/37. 1993.

Band 110 Klaus Hofmann: Die Verdrängung der Juden aus öffentlichem Dienst und selbständigen Berufen in Regensburg 1933-1939. 1993.

Band 111 Franz Kilger: Die Entwicklung des Telegraphenrechts im 19. Jahrhundert mit besonderer Berücksichtigung der technischen Entwicklung. Telegraphenrecht im 19. Jahrhundert. 1993.

Band 112 Wilhelm Brauneder (Hrsg.): Heiliges Römisches Reich und moderne Staatlichkeit. 1993.

Band 113 Thomas Heinrich: Das preußische Nichtehelichenrecht: Von der Aufklärung zur Reaktion. 1993.

Band 114 Gerald Kohl: Jagd und Revolution. Das Jagdrecht in den Jahren 1848 und 1849. 1993.

Band 115 Christian Schudnagies: Der Kriegs- oder Belagerungszustand im Deutschen Reich während des Ersten Weltkrieges. Eine Studie zur Entwicklung und Handhabung des deutschen Ausnahmezustandsrechts bis 1918. 1994.

Band 116 Elisabeth Bellmann: Die Internationale Kriminalistische Vereinigung (1889-1933). 1994.

Band 117 Julia Pfannkuch: Volksrichterausbildung in Sachsen 1945-1950. 1993.

Band 118 Jörg Offen: Von der Verwaltungsgemeinschaft des BGB von 1896 zur Zugewinngemeinschaft des Gleichberechtigungsgesetzes von 1957. 1994.

Band 119 Dorothee Kohlhas-Müller: Untersuchungen zur Rechtsstellung Theoderichs des Großen. 1995.

Band 120 Monika Rose: Das Gerichtswesen des Herzogtums Pfalz-Zweibrücken im 18. Jahrhundert. Ein Beitrag zur territorialen Gerichtsbarkeit im Alten Reich. 1994.

Band 121 Jörn Eckert / Hans Hattenhauer (Hrsg.): Bibel und Recht. Rechtshistorisches Kolloquium 9. - 13. Juni 1992 an der Christian-Albrechts-Universität zu Kiel. 1994.

Band 122 Robert Martin Mizia: Der Rechtsbegriff der Autonomie und die Begründung des Privatfürstenrechts in der deutschen Rechtswissenschaft des 19. Jahrhunderts. 1995.

Band 123 Walther Graf von Plettenberg: Das Fortleben des Liber Iudiciorum in Asturien/León (8. - 13. Jh.). 1994.

Band 124 Wolfgang Schulz: Das deutsche Börsengesetz. Die Entstehungsgeschichte und wirtschaftlichen Auswirkungen des Börsengesetzes von 1896. 1994.

Band 125 Frank Hagemann: Der Untersuchungsausschuß Freiheitlicher Juristen. 1949 – 1969. 1994.

Band 126 Andreas Rethmeier: "Nürnberger Rassegesetze" und Entrechtung der Juden im Zivilrecht. 1995.

Band 127 Edith Grether: Die Poesie der Throne. Die Juristen in der Fruchtbringenden Gesellschaft. 1995.

Band 128 Anna Bartels-Ishikawa: Der Lippische Thronfolgestreit. Eine Studie zu verfassungsrechtlichen Problemen des Deutschen Kaiserreiches im Spiegel der zeitgenössischen Staats. 1995.

Band 129 Jörg Schmidt: Otto Koellreutter 1883-1972. Sein Leben, sein Werk, seine Zeit. 1995.

Band 130 Christian Hattenhauer: Wahl und Krönung Franz II. AD 1792. Das Heilige Reich krönt seinen letzten Kaiser - Das Tagebuch des Reichsquartiermeisters Hieronymus Gottfried von Müller und Anlagen. 1995.

Band 131 Jutta v. der Decken: Das Seearbeitsrecht im Hamburger Stadtrecht von 1301 bis 1603. 1995.

Band 132 Detlev Schmidt: Die Reform des Rechts der Handelsvertreter von 1953. 1995.

Band 133 Gabi Roßdeutscher: Privatautonomie im Scheidungsrecht. Scheidungsbezogene Vereinbarungen in den letzten 200 Jahren. 1995.

Band 134 Harald Kahlenberg: Leben und Werk des Rechtshistorikers Walther Merk. Ein Beispiel für das Verhältnis von Rechtsgeschichte und Nationalsozialismus. 1995.

Band 135 Michael Steitz: Adelbert Düringer am Reichsgericht (1902-1915). Seine aktienrechtlichen Entscheidungen und sein Einfluß auf das Aktienrecht in Deutschland. 1995.

Band 136 Christian Becker: Beata Justorum Translatio. Juristen in schleswig-holsteinischen Leichenpredigten. 1996.

Band 137 Christoph Seiler: Vom Allgemeinen Landrecht zum Bürgerlichen Gesetzbuch. Dargestellt am Beispiel der höchstrichterlichen Judikatur zum kaufrechtlichen Sachmängelgewährleistungsrecht. 1996.

Band 138 Bernd Mayer: Die Vertrauensmännerausschüsse auf den preußischen Steinkohlegruben an der Saar. Entstehung und Wirken. Eine rechtshistorische Untersuchung. 1996.

Band 139 Rochus Scholl: Juden und Judenrecht im Herzogtum Pfalz-Zweibrücken. Ein Beitrag zur Rechtsgeschichte eines deutschen Kleinstaates am Ende des alten Reiches. 1996.

Band 140 Meike Bursch: Judentaufe und frühneuzeitliches Strafrecht. Die Verfahren gegen Christian Treu aus Weener/Ostfriesland 1720-1728. 1996.

Band 141 Markus Hillenbrand: Fürstliche Eheverträge. Gottorfer Hausrecht 1544 - 1773. 1996.

Band 142 Ulf Häder: Das gemeinschaftliche Oberappellationsgericht thüringischer Staaten in Jena. Ein Beitrag zur Geschichte des Gerichtswesens im 19. Jahrhundert. 1996.

Band 143 Andreas Bauer: Das Gnadenbitten in der Strafrechtspflege des 15. und 16. Jahrhunderts. Dargestellt unter besonderer Berücksichtigung von Quellen der Vorarlberger Gerichtsbezirke Feldkirch und des Hinteren Bregenzerwaldes. 1996.

Band 144 Christian Wirth: Der Jurist Johann Andreas Georg Friedrich Rebmann zwischen Revolution und Restauration. 1996.

Band 145 Stefanie Müller: Die Rechtsprechung des Hanseatischen Oberlandesgerichts zum persönlichen Eherecht in Hamburgischen Gerichtsfällen von 1879 -1900. 1996.

Band 146 Jean-Nicolas Morisset: Der Frachtvertrag in der *Ordonnance de la marine* von 1681. 1996.

Band 147 Dirk Lentfer: Die Glogauer Landesprivilegien des Andreas Gryphius von 1653. 1996.

Band 148 Wencke Mull: Die Haftung für Einsturzschäden nach den §§ 836-838 BGB in der Rechtsprechung des Reichsgerichts. 1996.

Band 149 Renate Zelger: Teufelsverträge. Märchen, Sage, Schwank, Legende im Spiegel der Rechtsgeschichte. 1996.

Band 150 Guido Kraß: Das Arrestverfahren in Frankfurt am Main im Spätmittelalter. 1996.

Band 151 F. Benedict Heyn: Die Entwicklung des Eisenbahnfrachtrechts von den Anfängen bis zur Einführung des Allgemeinen Deutschen Handelsgesetzbuches (ADHGB). 1996.

Band 152 Thomas Lang: Die Staats- und Verfassungslehre Carl Salomo Zachariaes. 1996.

Band 153 Michael Hebeis: Karl Anton von Martini (1726-1800). Leben und Werk. 1996.

Band 154 Gerald Hubert: Die Diskussion um die rechtliche Natur der Bizone in den Jahren 1947-1949. 1996.

Band 155 Christof Horn: Die Rechtsprechung des Reichsgerichts in Ehescheidungssachen der Jahre 1900 bis 1905. 1996.

Band 156 Hermann Nehlsen / Georg Brun (Hrsg.): Münchener rechtshistorische Studien zum Nationalsozialismus. 1996.

Band 157 Jan Otto Clemens Kehrberg: Die Entwicklung des Elektrizitätsrechts in Deutschland. Der Weg zum Energiewirtschaftsgesetz von 1935. 1997.

Band 158 Johannes Tradt: Der Religionsprozeß gegen den Zopfschulzen (1791-1799). Ein Beitrag zur protestantischen Lehrpflicht und Lehrzucht in Brandenburg-Preußen gegen Ende des 18. Jahrhunderts. 1997.

Band 159 Dietmar Olsen: Das kaufrechtliche Sachmängelgewährleistungsrecht des Code civil in der Rechtsprechung deutscher Gerichte im 19. Jahrhundert. Ein Beitrag zur Ablösung der Partikularrechte durch das BGB. 1997.

Band 160 Ulrich Bernhardt: Die Deutsche Akademie für Staats- und Rechtswissenschaft „Walter Ulbricht" 1948-1971. 1997.

Band 161 Claudia Susan Hoppe: Die Bürgschaft im Rechtsleben Hamburgs von 1600 bis 1900. 1997.

Band 162 Franz-Rudolf Ecker: Die Entwicklung des Bergrechts im Saarbrücker Steinkohlenrevier bis zum Ende des 18. Jahrhunderts. Ein Vergleich mit dem älteren deutschen Bergrecht. 1997.

Band 163 Anne Katrin Rückert: Politik und Privatrecht in der „konservativen Revolution". 1997.

Band 164 Gisbert Laube: Der Reichskunstwart. Geschichte einer Kulturbehörde 1919-1933. 1997.

Band 165 Nicolas Lührig: Die Diskussion über die Reform der Juristenausbildung von 1945 bis 1995. 1997.

Band 166 Regula Gerber Jenni: Die Emanzipation der mehrjährigen Frauenzimmer. Frauen im bernischen Privatrecht des 19. Jahrhunderts. 1997.

Band 167 Mischa A. Färber: Das gemeinschaftliche Testament in der höchstrichterlichen Rechtsprechung zum Allgemeinen Preußischen Landrecht und zum BGB. Ein Beitrag zur Ablösung der Partikularrechte durch das BGB. 1997.

Band 168 Catherine Antoinette Gasser: Philipp Lotmar 1850-1922. Professor der Universität Bern. Sein Engagement für das Schweizerische Arbeitsrecht. 1997.

Band 169 Lars Immisch: Der sozialistische Richter in der DDR und seine Unabhängigkeit. Der Versuch eines Rechtsvergleiches zum Unabhängigkeitsbegriff in der bundesdeutschen Rechtsordnung. 1997.

Band 170 Jessica Jacobi: Besitzschutz vor dem Reichskammergericht. Die friedenssichernde Funktion der Besitzschutzklagen am Reichskammergericht im 16. Jahrhundert, dargestellt anhand von Kameralisten. 1998.

Band 171 Ewald Hügemann: Die Geschichte des öffentlichen und privaten Mietpreisrechts vom Ersten Weltkrieg bis zum Gesetz zur Regelung der Miethöhe von 1974. 1998.

Band 172 Lutz Rentzow: Die Entstehungs- und Wirkungsgeschichte der Vernewerten Landesordnung für das Königreich Böhmen von 1627. 1998.

Band 173 Sabine Stürmer: Mühlenrecht im Herzogtum Pfalz-Zweibrücken während des 18. Jahrhunderts. Ein Beitrag zum Wirtschaftsrecht eines deutschen Kleinstaates im Alten Reich. 1998.

Band 174 Mario Bogisch: *Nemo testis in re sua*. Das Problem der Zeugnisfähigkeit bei der Anwendung der deutschen Zivilprozeßordnung von 1877. 1998.

Band 175 Rainer Oßwald: Pactane sunt servanda? Freiwilligkeit, Zwang und Unverbindlichkeitserklärungen im islamischen Vertragsrecht malikitischer Schule. 1998.

Band 176 Bettina Kern: Der preußische BGB-Entwurf von 1842. 1998.

Band 177 Inken Fuhrmann: Die Diskussion über die Einführung der fakultativen Zivilehe in Deutschland und Österreich seit Mitte des 19. Jahrhunderts. 1998.

Band 178 Annette Rieck: Der Heilige Ivo von Hélory (1247-1303). Advocatus pauperum und Patron der Juristen. 1998.

Band 179 Frank Bottenberg: Die Hamburgische Strafprozeßordnung von 1869. 1998.

Band 180 Matthias Krauß: Das kursächsische Postrecht von seinen Anfängen bis zum Ende des Alten Reichs. 1998.

Band 181 Torsten Schmidt: Die Entmündigung von den Anfängen des BGB bis zu ihrer Ablösung durch das Institut der Betreuung. 1998.

Band 182 Christian Nunn: Rudolf Müller-Erzbach. 1874-1959. Von der realen Methode über die Interessenjurisprudenz zum kausalen Rechtsdenken (Leben und Werk). 1998.

Band 183 Christian Ortloff: Das staatskirchenrechtliche System Wilhelm Traugott Krugs. Glaubens- und Gewissensfreiheit – eine Forderung der Vernunft. 1998.

Band 184 Christian Hattenhauer: Schuldenregulierung nach dem Westfälischen Frieden. Der sog. § *de indaganda* und seine Umsetzung im Jüngsten Reichsabschied (AD 1648 und 1654). 1998.

Band 185 Werner Schubert: Preußen im Vormärz. Die Verhandlungen der Provinziallandtage von Brandenburg, Pommern, Posen, Sachsen und Schlesien sowie – im Anhang – von Ostpreußen, Westfalen und der Rheinprovinz (1841-1845). 1998.

Band 186 Silvia Schumacher: Das Rechtsverhältnis zwischen Eltern und Kindern in der Privatrechtsgeschichte. 1999.

Band 187 Kai Sommer: Die Strafbarkeit der Homosexualität von der Kaiserzeit bis zum Nationalsozialismus. Eine Analyse der Straftatbestände im Strafgesetzbuch und in den Reformentwürfen (1871-1945). 1998.

Band 188 Jan Erik Backhaus: Volksrichterkarrieren in der DDR. 1999.

Band 189 Ralf Ruhnau: Die Fürstlich Thurn und Taxissche Privatgerichtsbarkeit in Regensburg. Ein Kuriosum der deutschen Rechtsgeschichte. 1999.

Band 190 Antonio Grilli: Die französische Justizorganisation am linken Rheinufer 1797-1803. 1999.

Band 191 Stephanie Kammerloher-Lis: Die Entstehung des Gesetzes über die religiöse Kindererziehung vom 15. Juli 1921. 1999.

Band 192 Jan Telp: Ausmerzung und Verrat. Zur Diskussion um Strafzwecke und Verbrechensbegriffe im Dritten Reich. 1999.

Band 193 Kurt von Pannwitz: Die Entstehung der Allgemeinen Deutschen Wechselordnung. Ein Beitrag zur Geschichte der Vereinheitlichung des deutschen Zivilrechts im 19. Jahrhundert. 1999.

Band 194 Sylvia Busch: Die Entstehung der Allgemeinen Gerichtsordnung für die Preussischen Staaten von 1793/95. Ein Beitrag zur Geschichte der Kodifikationsbewegung und der Reform des Zivilprozesses in Preußen im 18. Jahrhundert. 1999.

Band 195 Dirk Bieresborn: Klage und Klageerwiderung im deutschen und englischen Zivilprozeß. Eine rechtshistorische und rechtsvergleichende Untersuchung unter besonderer Berücksichtigung der Beeinflussung durch das römisch-kanonische Verfahren. 1999.

Band 196 Andreas Thier / Guido Pfeifer / Philipp Grzimek (Hrsg.): Kontinuitäten und Zäsuren in der Europäischen Rechtsgeschichte. Europäisches Forum Junger Rechtshistorikerinnen und Rechtshistoriker München 22.-24. Juli 1998. 1999.

Band 197 Franz Smola: Die Fürstlich Liechtenstein'sche Kunstsammlung. Rechtsfragen zur Verbringung der Sammlung von Wien nach Vaduz in den Jahren 1944/45. 1999.

Band 198 Frank Martin Krauss: Das geteilte Eigentum im 19. und 20. Jahrhundert. Eine Untersuchung zum Fortbestand des Teilungsgedankens. 1999.

Band 199 Matthias Frey: Die spanische Aktiengesellschaft im 18. Jahrhundert und unter dem Código de Comercio von 1829. 1999.

Band 200 Alexandra Gilde: Die Stellung der Frau im Reichsstrafgesetzbuch von 1870/71 und in den Reformentwürfen bis 1919 im Urteil der bürgerlichen Frauenbewegung. Eine Analyse ausgewählter Straftatbestände. 1999.

Band 201 Malte Dießelhorst / Arne Duncker: Hans Kohlhase. Die Geschichte einer Fehde in Sachsen und Brandenburg zur Zeit der Reformation. 1999.

Band 202 Jörg Hillmann: Territorialrechtliche Auseinandersetzungen der Herzöge von Sachsen-Lauenburg vor dem Reichskammergericht im 16. Jahrhundert. 1999.

Band 203 Carsten Engler: Die Kommanditgesellschaft (KG) und die stille Gesellschaft im Allgemeinen Deutschen Handelsgesetzbuch (ADHGB) von 1861. 1999.

Band 204 Vesta Hoffmann-Steudner: Die Rechtsprechung des Reichsgerichts zu dem Scheidungsgrund des § 49 EheG (EheG 1938) in den Jahren 1938-1945. 1999.

Band 205 Michaela Thiele: Die Auflösung von Arbeitsverhältnissen aufgrund Anfechtung und außerordentlicher Kündigung nach der Rechtsprechung des Reichsarbeitsgerichts (1927-1945). 2000.

Band 206 Peter Landau / Hermann Nehlsen / Mathias Schmoeckel (Hrsg.): Karl von Amira zum Gedächtnis. 1999.

Band 207 Marcus Flinder: Die Entstehungsgeschichte des Zivilgesetzbuches der DDR. 1999.

Band 208 Boris Franz Leo Bromm: Die Entstehungsgeschichte des Berufs des Handelsvertreters. Unter besonderer Berücksichtigung der Sozialgesetzgebung in den Jahren von 1871-1933. 2000.

Band 209 Winfried C. J. Eberstein: Das Tierschutzrecht in Deutschland bis zum Erlaß des Reichs-Tierschutzgesetzes vom 24. November 1933. Unter Berücksichtigung der Entwicklung in England. 1999.

Band 210 Patrick Deller: Der „nach dem Vertrage" vorausgesetzte Gebrauch (§ 459 Absatz 1 Satz 1 BGB). Eine kaufrechtliche Untersuchung unter Berücksichtigung rechtshistorischer wie rechtsvergleichender Grundlagen. 2000.

Band 211 Eckard Freiherr von Bodenhausen: Haftung des Geschäftsherrn für Verrichtungsgehilfen im Straßen- und Schienenverkehr. Eine Analyse der Entscheidungen des Reichsgerichts zu § 831 BGB (1900-1945). 2000.

Band 212 Birte Gast: Der Allgemeine Teil und das Schuldrecht des Bürgerlichen Gesetzbuchs im Urteil von Raymond Saleilles (1855-1912). 2000.

Band 213 Hansjörg Michael Huber: Koloniale Selbstverwaltung in Deutsch-Südwestafrika. Entstehung, Kodifizierung und Umsetzung. 2000.

Band 214 Ulf Björner: Die Verfassungsgerichtsbarkeit im Norddeutschen Bund und Deutschen Reich (1867-1918). Eine rechtshistorische Untersuchung über Gerichtsbarkeit im Spannungsfeld von Politik und Recht innerhalb der von Bismarck geschaffenen deutschen Bundesstaaten. 2000.

Band 215 Mathias Freiherr von Rosenberg: Friedrich Carl von Savigny (1779-1861) im Urteil seiner Zeit. 2000.

Band 216 Reinhard Binder-Krieglstein: Österreichisches Adelsrecht 1868-1918/19. Von der Ausgestaltung des Adelsrechts der cisleithanischen Reichshälfte bis zum Adelsaufhebungsgesetz der Republik unter besonderer Berücksichtigung des adeligen Namensrechts. 2000.

Band 217 Claudia-Regine Nerius: Johannes Lehmann-Hohenberg (1851-1925). Eine Studie zur völkischen Rechts- und Justizkritik im Deutschen Kaiserreich. 2000.

Band 218 Ludger Meuten: Die Erbfolgeordnung des Sachsenspiegels und des Magdeburger Rechts. Ein Beitrag zur Geschichte des sächsisch-magdeburgischen Rechts. 2000.

Band 219 Christoph Alexander von Wilcken: Die Reformbestrebungen zum Genossenschaftsgesetz in der Frühzeit der Bundesrepublik. Die Beratungen der Sachverständigenkommission zur Überprüfung des Genossenschaftsrechts 1954 bis 1958 und der Referentenentwurf von 1962. 2000.

Band 220 Verein Junger RechtshistorikerInnen Zürich (Hrsg.): ¿Rechtsgeschichte(n)? ¿Histoire(s) du droit? ¿Storia/storie del diritto? ¿Legal Histori(es)? Europäisches Forum Junger Rechtshistorikerinnen und Rechtshistoriker Zürich 28.-30. Mai 1999. 2000.

Band 221 Hans Christian Schüler: Die Entstehungsgeschichte der Bundesnotarordnung vom 24. Februar 1961. 2000.

Band 222 Nils-Eberhard Schramm: Die Vereinigung demokratischer Juristen (1949-1999). 2000.

Band 223 Silke Anke Torp: Das Rechtsverhältnis zwischen den Eltern und ihren Kindern. Dienstleistungspflicht, Aussteuer und Ausstattung. Eine Analyse der Rechtsprechung des Reichsgerichts und des Reichsarbeitsgerichts zu den Vorschriften der §§ 1616 bis 1625 des Bürgerlichen Gesetzbuches in der Zeit von 1900 bis 1945. 2000.

Band 224 Martin Jürgen Maaß: Die Geschichte des Eigentumsvorbehalts, insbesondere im 18. und 19. Jahrhundert. 2000.

Band 225 Stefanie Langer: Rechtswissenschaftliche Itinerarien. Lebenswege namhafter europäischer Juristen vom 11. bis zum 18. Jahrhundert. 2000.

Band 226 Ulrich Schmitz: Der Unterhaltsanspruch des nichtehelichen Kindes gegen seinen Erzeuger. Die rechtsgeschichtliche und dogmatische Entwicklung im deutschen Recht. 2000.

Band 227 Sebastian Günther: Friedrich Carl von Savigny als Grundherr. 2000.

Band 228 Henning Ibs: Hermann J. Held (1890-1963). Ein Kieler Gelehrtenleben in den Fängen der Zeitläufe. 2000.

Band 229 Matthias Rücker: Wirtschaftswerbung unter dem Nationalsozialismus. Rechtliche Ausgestaltung der Werbung und Tätigkeit des Werberats der deutschen Wirtschaft. 2000.

Band 230 Hendrik Sandmann: Die Entwicklung von Begriff und Inhalt des Wirtschaftsrechts durch die Rechtswissenschaft in der Weimarer Republik. 2000.

Band 231 Sibylle Müller: Gibt es Menschenrechte bei Samuel Pufendorf? 2000.

Band 232 Karin Olechowski-Hrdlicka: Die gemeinsamen Angelegenheiten der Österreichisch-Ungarischen Monarchie. Vorgeschichte – Ausgleich 1867 – Staatsrechtliche Kontroversen. 2001.

Band 233 Johannes Mierau: Die juristischen Abschluß- und Diplomprüfungen in der SBZ/DDR. Ein Einblick in die Juristenausbildung im Sozialismus. 2001.

Band 234 Jörg Wolff (Hrsg.): Stillstand, Erneuerung und Kontinuität. Einsprüche zur Preußenforschung. 2001.

Band 235 Friedo Schröder: Die anwaltliche Tätigkeit während der nationalsozialistischen Herrschaft. Eine Analyse der anwaltlichen Argumentation in Zivilprozessen anhand der vorhandenen Prozeßakten der Landgerichte Frankenthal, Wiesbaden, Limburg und Frankfurt und der Handakten der *jüdischen Konsulenten* des OLG-Bezirks Frankfurt. 2001.

Band 236 Der Code pénal des Königreichs Westphalen von 1813 mit dem Code pénal von 1810 im Original und in deutscher Übersetzung. Herausgegeben und mit einer Einleitung versehen von Werner Schubert. 2001.

Band 237 Klaus Richter: Deutsches Kolonialrecht in Ostafrika 1885-1891. 2001.

Band 238 Kai von Lewinski: Deutschrechtliche Systembildung im 19. Jahrhundert. 2001.

Band 239 Alexander Herzog: Sittenwidrige Rechtsgeschäfte in der höchstrichterlichen Rechtsprechung aus den Jahren 1948-1965. 2001.

Band 240 Claudia Rönnau: Die Beratungen des Wasserrechtsausschusses der Akademie für Deutsches Recht zu einem Reichswassergesetz (1934-1941). Ein Beitrag zur Dogmatik der Begriffe *Gemeingebrauch* und *Sondergebrauch* in der Zeit des Nationalsozialismus. 2001.

Band 241 Momme Rohlack: Kriegsgesellschaften (1914-1918). Arten, Rechtsformen und Funktionen in der Kriegswirtschaft des Ersten Weltkrieges. 2001.

Band 242 Rolf Geyer: Der Gedanke des Verbraucherschutzes im Reichsrecht des Kaiserreichs und der Weimarer Republik (1871-1933). Eine Studie zur Geschichte des Verbraucherrechts in Deutschland. 2001.

Band 243 Felix Lorenz Benjamin Lehmann: Der Rote Adlerorden. Entstehung und rechtliche Grundlagen (1705-1918). 2002.

Band 244 Marc Ludwig: Der Pfändungsschutz für Lohneinkommen. Die Entstehungs- und Entwicklungsgeschichte der Vorschriften zum Schutz vor Lohnpfändung in Deutschland. 2001.

Band 245 Alexander Wachter: Dorfschule zwischen Pastor und Schulmeister. Zur Säkularisierung des niederhessischen Schulwesens im 19. Jahrhundert. 2001.

Band 246 Richard Scholz: Analyse der Entstehungsbedingungen der reichsgerichtlichen Aufwertungsrechtsprechung. Untersuchung unter besonderer Berücksichtigung der konservativen Geldpolitik der Reichsbank und der Inflationspolitik der Reichsregierung. 2001.

Band 247 Judith Laeverenz: Märchen und Recht. Eine Darstellung verschiedener Ansätze zur Erfassung des rechtlichen Gehalts der Märchen. 2001.

Band 248 Christina Schenk: Bestrebungen zur einheitlichen Regelung des Strafvollzugs in Deutschland von 1870 bis 1923. 2001.

Band 249 Nils Werner: Die Prozesse gegen die Landvolkbewegung in Schleswig-Holstein 1929/32. Ein Beitrag zur Justizkritik in der späten Weimarer Republik. 2001.

Band 250 Wolfgang Walter: Das Duell in Bayern. Ein Beitrag zur bayerischen Strafrechtsgeschichte. 2002.

Band 251 Jörn Eckert / Kjell Å. Modéer (Hrsg.): Geschichte und Perspektiven des Rechts im Ostseeraum. Erster Rechtshistorikertag im Ostseeraum 8.–12. März 2000. 2001.

Band 252 Jan Könighaus: Die Inauguration der Christian-Albrechts-Universität zu Kiel 1665. Symbolgehalt und rechtliche Bedeutung des Universitätszeremoniells. 2002.

Band 253 Andreas Görgen: Rechtssprache in der Frühen Neuzeit. Eine vergleichende Untersuchung der Fremdwortverwendung in Gesetzen des 16. und 17. Jahrhunderts. 2002.

Band 254 Ralf Schäfer: Die Rechtsstellung der Haigerlocher Juden im Fürstentum Hohenzollern-Sigmaringen von 1634-1850. Eine rechtsgeschichtliche Untersuchung. 2002.

Band 255 Regine Schmalhorst: Die Tierhalterhaftung im BGB von 1896. Die Entstehung und Änderung des § 833 BGB sowie eine Analyse der Rechtsprechung des Reichsgerichts bis 1908. 2002.

Band 256 Thomas Hense: Konrad Beyerle. Sein Wirken für Wissenschaft und Politik in Kaiserreich und Weimarer Republik. 2002.

Band 257 Christian Mahlmann: Die Strafrechtswissenschaft der DDR. Klassenkampftheorie und Verbrechenslehre. 2002.

Band 258 Henning Kahmann: Die Bankiers von Jacquier & Securius 1933–1945. Eine rechtshistorische Fallstudie zur "Arisierung" eines Berliner Bankhauses. Mit einem Geleitwort von John Kornblum. 2002.

Band 259 Volker Friedrich Drecktrah: Die Gerichtsbarkeit in den Herzogtümern Bremen und Verden und in der preußischen Landdrostei Stade von 1715 bis 1879. 2002.

Band 260 Andreas Klass: Standes- oder Leistungselite? Eine Untersuchung der Karrieren der Wetzlarer Anwälte des Reichskammergerichts (1693-1806). 2002.

Band 261 Wolfgang Eder: Das italienische Tribunale Speciale per la Difesa dello Stato und der deutsche Volksgerichtshof. Ein Vergleich zwischen zwei politischen Gerichtshöfen. 2002.

Band 262 Albrecht Cordes / Bernd Kannowski (Hrsg.): Rechtsbegriffe im Mittelalter. 2002.

Band 263 Thomas Hildebrandt: Die Brandenburgischen Provinziallandtage von 1841, 1843, und 1845 anhand ausgewählter Verhandlungsgegenstände. 2002.

Band 264 Jan Finzel: Georg Adam Struve (1619–1692) als Zivilrechtler. 2003.

Band 265 Björn Carsten Frenzel: Das Selbstverständis der Justiz nach 1945. Analyse der Rolle der Justiz unter Berücksichtigung der Reden zur *Wiedereröffnung* der Bundes- und Oberlandesgerichte. 2003.

Band 266 Nils Reichhelm: Die marxistisch-leninistische Staats- und Rechtstheorie Karl Polaks. 2003.

Band 267 Raik Schneider: Altrechtliche Personenzusammenschlüsse. Ihre Entwicklung unter besonderer Berücksichtigung des Rechts des Großherzogtums Sachsen-Weimar-Eisenach sowie der Herzogtümer Sachsen-Meiningen und Sachsen-Gotha. 2003.

Band 268 Anke Meier: Die Geschichte des deutschen Konkursrechts, insbesondere die Entstehung der Reichskonkursordnung von 1877. 2003.

Band 269 Stefan Jens Jordan: Leben und Werk des Tübinger Rechtsprofessors Wilhelm Gottlieb Tafinger 1760–1813. 2003.

Band 270 Stefanie Hubig: Die historische Entwicklung des § 23 ZPO. Zum Ursprung und Fortleben des Vermögensgerichtsstandes im deutschen Prozeßrecht des 19. Jahrhunderts. 2003.

Band 271 Michael G. Perband: Der Grundsatz der freien Beweiswürdigung im Zivilprozeß (§ 286 ZPO) in der Rechtsprechung des Reichsgerichts. 2003.

Band 272 Mathias Bouveret: Die Stellung des Staatsoberhauptes in der parlamentarischen Diskussion und Staatsrechtslehre von 1848 bis 1918. 2003.

Band 273 Barbara Széchényi: Rechtliche Grundlagen bayerischer Zensur im 19. Jahrhundert. 2003.

Band 274 Sylvia Scharfenberg: Die Entstehungsgeschichte des Beurkundungsgesetzes vom 28. August 1969. 2003.

Band 275 Urte Nesemann: Die schwedische Familiengesetzgebung von 1734 bis zu den Reformgesetzen von 1915 bis 1920 und deren Einfluss auf die Gesetzgebungsprojekte der Weimarer Republik. Unter besonderer Berücksichtigung der Rechtsstellung der Frau und des unehelichen Kindes. 2003.

Band 276 Alexandra Brück: Die Polizeiordnung Herzog Christians von Braunschweig-Lüneburg vom 6. Oktober 1618. 2003.

Band 277 Torsten Landwehr: Das Kommissionsgeschäft in Rechtswissenschaft, Gesetzgebung und Rechtspraxis vom 16. bis zum Ende des 18. Jahrhunderts. 2003.

Band 278 Tassilo Wilhelm Maria Englert: Deutsche und italienische Zivilrechtsgesetzgebung von 1933–1945. Parallelen in der Rechtsetzung und gegenseitige Beeinflussung unter besonderer Berücksichtigung des Familien- und Erbrechts. 2003.

Band 279 Tobias Prang: Der Schutz der Versicherungsnehmer bei der Auslegung von Versicherungsbedingungen durch das Reichsgericht. 2003.

Band 280 Thorsten Lieb: Privileg und Verwaltungsakt. Handlungsformen der öffentlichen Gewalt im 18. und 19. Jahrhundert. 2004.

Band 281 Michael Rühling: Das Ladenschlussgesetz vom 28. November 1956. Vorgeschichte, Entstehung des Gesetzes und weitere Entwicklung. 2004.

Band 282 Kathrin Nawotki: Die schleswigsche Deichstavengerechtigkeit. Vom 17. Jahrundert bis in die Gegenwart. Eine gewohnheitsrechtliche Superfizies an nordfriesischen Deichgrundstücken und ihre Entwicklung. 2004.

Band 283 Erik Nils Voigt: Die Gesetzgebungsgeschichte der militärischen Ehrenstrafen und der Offiziersehrengerichtsbarkeit im preußischen und deutschen Heer von 1806 bis 1918. 2004.

Band 284 Dorothea Riedi Hunold: Die Einführung der allgemeinen Wechselfähigkeit in der Schweiz in der zweiten Hälfte des 19. Jahrhunderts. Unter besonderer Berücksichtigung der politischen, wirtschaftlichen und sozialen Verhältnisse. 2004.

Band 285 Thomas Gergen: Pratique juridique de la paix et trêve de Dieu à partir du concile de Charroux (989–1250). Juristische Praxis der Pax und Treuga Dei ausgehend vom Konzil von Charroux (989–1250). 2004.

Band 286 Kathrin Bethkenhagen: Die Entwicklung des Luftrechts bis zum Luftverkehrsgesetz von 1922. 2004.

Band 287 Heiko Lüpkes: Die Verbrechen der Diener des Staats im Allgemeinen Landrecht für die Preußischen Staaten von 1794 und ihre Entwicklung zu den Vergehen und Verbrechen im Amte im Strafgesetzbuch für die Preußischen Staaten von 1851. 2004.

www.peterlang.de

FSC
www.fsc.org
MIX
Papier | Fördert
gute Waldnutzung
FSC® C083411

Kolibri 360 GmbH
Ferdinand-Jühlke-Straße 7
99095 Erfurt, Deutschland
produktsicherheit@kolibri360.de

Druck:
CPI Druckdienstleistungen GmbH
im Auftrag der
Kolibri 360 GmbH
Ferdinand-Jühlke-Str. 7
99095 Erfurt